"十二五"职业教育国家规划教材
经全国职业教育教材审定委员会审定

U0649206

城市轨道交通客运服务

（第 2 版）

任义娥　主　编

张哲勋　王　谱　姚金娈　副主编

张甲华　主　审

人民交通出版社股份有限公司

北京

内 容 提 要

本书为"十二五"职业教育国家规划教材,经全国职业教育教材审定委员会审定。其主要内容包括:城市轨道交通客运服务概述、城市轨道交通客运服务人员的日常礼仪及素养、城市轨道交通客运服务规范及基本工作流程、城市轨道交通乘客投诉、城市轨道交通客运服务质量评价,共五个项目。

本书可供职业院校城市轨道交通运营管理专业教学使用,也可作为企业岗位培训用书或从业人员自学用书。

＊本书配有多媒体课件,任课教师可通过加入"职教轨道教学研讨群"获取(教师专用 QQ 群号: 229879783)。

图书在版编目(CIP)数据

城市轨道交通客运服务/任义娥主编. —2 版. —
北京:人民交通出版社股份有限公司,2021.12
 ISBN 978-7-114-17594-7

Ⅰ. ①城…　Ⅱ. ①任…　Ⅲ. ①城市铁路—客运服务—职业教育—教材　Ⅳ. ①U239.5

中国版本图书馆 CIP 数据核字(2021)第 210243 号

"十二五"职业教育国家规划教材
Chengshi Guidao Jiaotong Keyun Fuwu

书　名:	城市轨道交通客运服务(第2版)
著 作 者:	任义娥
责任编辑:	司昌静
责任校对:	孙国靖　魏佳宁
责任印制:	刘高彤
出版发行:	人民交通出版社股份有限公司
地　　址:	(100011)北京市朝阳区安定门外外馆斜街 3 号
网　　址:	http://www.ccpcl.com.cn
销售电话:	(010)59757973
总 经 销:	人民交通出版社股份有限公司发行部
经　　销:	各地新华书店
印　　刷:	北京印匠彩色印刷有限公司
开　　本:	787×1092　1/16
印　　张:	13.5
字　　数:	320 千
版　　次:	2016 年 8 月　第 1 版
	2021 年 12 月　第 2 版
印　　次:	2022 年 12 月　第 3 次印刷　总第 9 次印刷
书　　号:	ISBN 978-7-114-17594-7
定　　价:	40.00 元

前言

编写背景

第一版教材按照"工学结合,校企合作"的理念构建新型编写框架,以岗位技能分析为基础设置教学单元,以学生为中心,突出职业教育特点,在当时具有一定的创新引领性。

第二版教材在原有基础上,进一步"深化产教融合,加强校企深度合作",对标专业教学标准、职业技能等级要求,以工作过程为导向,设计任务和情境,以典型工作任务为基点,进行真正的项目任务转化,设计理论知识、操作技能和职业素养融为一体的理实一体化教材。

教材定位

本教材适用于职业教育层次城市轨道交通运营管理专业,主要职业面向是城市轨道交通站务员。城市轨道交通客运服务这门课程,是对前导专业基础课和专业核心课学习的巩固强化,为后续更加突出综合职业技能培养的课程奠定学习基础,从而使学生强根固基,为就业打下知识、素养和能力的坚实基础。

教材特点

1. 落实双元合作,进行真项目任务转化

编写团队吸纳近两年的教改理念和成果,依托我校与北京地铁深度合作的基础,继续深化"校企双元,岗位对接",梳理企业岗位对服务礼仪、服务规范及基本工作流程、乘客投诉处理等技能要求,形成了本版教材真实的项目任务。

2. 以学生为中心,教学做考评有机结合

强调以学生为中心,突出职业教育的特点。本教材通过典型的案例,结合企业实践经验介绍相关知识,并配有大量的图片,以便于学生能更感性地认知。每个项目学习结束后,增加实训部分的训练设计,完善理实一体训练考核安排。这部分内容也可单独提炼出来,做成工单活页,根据教学需要,形式可灵活安排。通过复习与思考进行自我考核,从而及时检验理论与实践学习效果。

3. 对标岗位技能,岗课赛证融通

本教材采用了最新政策文件、专业教学标准、职业技能等级证书(1＋X)、国家标准《城市轨道交通客运服务》(GB/T 22486—2008)、行业标准《城市轨道交通客运服务认证要求》(RB/T 310—2017)、《城市轨道交通客运组织与服务管理办法》等内容,增加了车站服务设施监管、站容环境保持等内容。

4. 深化课改成果,优化教学内容

结合中高职专业教学标准中课程内容要求,对教材结构进行梳理整合,增加了"客运服务专项技能"任务,包括"手语服务"与"急救服务"等拓展课程内容。这样调整结构安排,使得教学内容更加合理化,更加符合学生的认知规律和技能要求,也更加适合课程改革要求增加实训学时的需要。

编写团队

本教材编写分工如下:项目一由郑倩、毕丽丽编写,项目二由张哲勋、李洪芬编写,项目三由王秀芬、任义娥、王谱编写,项目四由姚金姿、王彩娥编写,项目五由卢凌、白思影编写。全书由任义娥担任主编并负责统稿,张哲勋、王谱、姚金姿担任副主编。由北京华鑫智业有限公司张甲华担任主审。

配套资源

本教材配多媒体课件,以及动画、视频、教案、课件、课程标准、习题、案例等,供任课教师根据课程安排灵活组织教学。

致　　谢

教材经过本次修编,编写团队进行了调整和优化。在修编过程中,认真吸取广大使用教材的教师与行业专家提出的意见和建议,在此谨向参与本教材建设的同行表示感谢。同时,也向人民交通出版社股份有限公司为教材出版和配套工作所付出的努力表示感谢。

最后,希望有关院校师生及读者对本教材多提宝贵意见,以便及时修订完善。

作　者
2021 年 5 月

目录

注:标※号的任务是城市轨道交通行车值班员职业技能大赛和 X 证书的相关理论考核和实操考核内容。

数字资源索引

序号	资源名称	所在页码	二维码	序号	资源名称	所在页码	二维码
1	男士正装穿着规范	25		12	福利票发售服务	85	
2	女士正装穿着规范	27		13	一卡通充值一次作业程序	88	
3	化淡妆的步骤	29		14	TVM购票引导服务	91	
4	站姿基本要求及禁忌	31		15	站台岗岗位职责	102	
5	行姿基本要求及禁忌	35		16	遗失物品查找服务	114	
6	蹲姿基本要求及禁忌	36		17	乘客被扶梯夹伤事件	115	
7	微笑服务的要求	37		18	乘客打架处理	121	
8	见面礼仪	38		19	乘客吵架处理	121	
9	交谈礼仪	42		20	乘客擦伤处理	121	
10	服务用语要求	73		21	服务态度差顶撞乘客	136	
11	出售单程票一次作业程序	85					

项目一 城市轨道交通客运服务概述

学习目标

1. 认识城市轨道交通客运服务。
2. 了解城市轨道交通运营企业文化。
3. 熟悉城市轨道交通客运服务的基本内容。
4. 理解城市轨道交通的基本特性。
5. 掌握影响城市轨道交通客运服务质量的因素。

项目导入

近年来,我国城市轨道交通建设快速发展,技术手段不断更新、经营多元化,对岗位工作人员技术要求高。城市轨道交通运营企业将"服务乘客为中心"作为城市轨道交通客运服务的重中之重。因此,城市轨道交通运营企业对复合型专业人才的需求增加,并对从业者的专业技能、职业素养提出了更高的要求。

某汽车公司进行客服招聘,一面试者以为工作就是简单的电话回访、客户信息登记,很轻松地去面试,结果到了公司顿时陷入沉默。文件中要求:①要有机动车驾驶证。②必须要有高级办公软件应用证书,并现场测试办公软件使用熟练度。③要掌握汽车销售流程、售后流程以及相关的专业知识。可见,企业对员工综合技能的重视程度是非常高的。

思考:在城市交通运营系统内,为了给乘客提供安全、舒适、快捷、经济的乘车环境,作为城市轨道交通运营管理人员应具备怎样的综合素质,如何提升这些素质呢?

俗话讲,"顾客是上帝"。那么这句话在城市轨道交通客运服务工作中该怎样理解呢?

任务一　认识城市轨道交通客运服务

📺 **情境导入**

　　某城市刚开通地铁,有一位不识字的老人第一次乘坐地铁,对于地铁一无所知,对这个新的交通工具充满了好奇与疑问。

　　当客运服务人员发现这位无助的老人时,应以怎样的方式帮助他呢?

一、城市轨道交通基本知识

1.城市轨道交通系统

　　系统是由要素组成的有机整体,其相对更高一级的系统则是一个子系统。系统最基本的特性是整体性,其功能是各组成要素在孤立状态时所没有的。

　　城市轨道交通系统由具有不同结构、不同性质、不同功能的八个要素(图1-1)组成。这八个要素缺一不可,协调统一,有联系、有区别、有层次,组成一个统一的整体,形成了复杂而又高度集中的综合性系统。

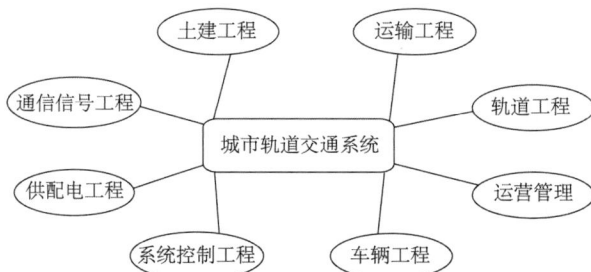

图1-1　城市轨道交通系统

2.城市轨道交通发展的人才需求

　　城市轨道交通行业的设备先进,技术含量高、发展快,对从业人员专业技术要求也较高。随着全国城市轨道交通建设步伐的加快,尤其是北京、上海、广州、深圳客流量较大的一线城市,对行业人才需求大量增加。城市轨道交通需要的人才有下列几大类,如表1-1所示。

城市轨道交通需要人才类型表　　　　　　　　　　　　表1-1

类　　型	要　　求
城市轨道交通运营管理	城市轨道交通企业需要大量能从事轨道交通运营管理(如调度、行车值班、服务乘客等)工作的高级应用型专门人才
城市轨道交通通信信号技术	城市轨道交通通信信号人才是保证城市轨道交通通信信号系统正常工作的高级工程技术人才
城市轨道交通机电技术	城市轨道交通中的机电设备包括自动售票系统、电梯和自动扶梯、暖通和环控、给排水、消防安全、站台门等。城市轨道交通机电设备技术人才是为城市轨道交通运营保驾护航的应用型工程技术人才

续上表

类 型	要 求
城市轨道车辆应用技术	城市轨道车辆应用技术人才是负责城市轨道交通车辆驾驶、运用与管理、车辆故障诊断处理、车辆保养与维护方面的一线工程技术人才
城市轨道交通供配电技术	供电工程与接触网人才是指能从事轨道交通供变电系统设计、安装、调试、维护与维修、变配电等工作的高级应用型人才
城市轨道交通工程技术	城市轨道交通工程涉及线路规划、设计、工务管理、线路日常维护等环节,直接影响城市轨道交通顺畅与安全运营,相关人才的重要性不言而喻

二、我国部分城市轨道交通发展的现状与特色

1. 北京地铁(图 1-2)

我国城市轨道交通的发展一波三折。直到 1969 年 10 月 1 日北京第一条地铁才成功通车。截至 2020 年 12 月,北京地铁拥有 24 条运营线路,共 428 座车站,线路总长 727km。2022 年底,北京市所有轨道交通车站将实现 AED 设备全覆盖。

2. 天津地铁(图 1-3)

天津地铁始建于 1970 年 4 月,受"7·28"唐山地震的影响,1984 年才建成通车。天津地铁 1 号线部分区段(7km)利用人防设施,借鉴北京地铁模式。2001 年该线停止运营,进行了改造并延伸了线路。截至 2020 年 12 月,天津地铁运营线路 6 条,总里程 238.8km。

图 1-2 北京地铁

图 1-3 天津地铁

3. 上海地铁(图 1-4)

上海第一条城市轨道交通线路于 1995 年 4 月 10 日正式运营。上海城市轨道交通系统也是目前我国乃至世界运营线路最长的城市轨道交通系统。截至 2020 年底,上海城市轨道交通线路长度为 834.2km,车站数量为 432 座。

4. 广州地铁(图 1-5)

广州地铁 1 号线首段于 1997 年 6 月 28 日开通。截至 2020 年 11 月,广州地铁营运线路 14 条,运营里程为 531.1km,共设 282 座车站。截至 2020 年 3 月 20 日,广州地铁单日客流纪录达到 1156.94 万人次。

图1-4　上海地铁

图1-5　广州地铁

三、城市轨道交通运营企业文化建设

案例导学

相亲相爱一家人

某公司每天上班的晨会和下班的夕会都要唱一首歌——《相亲相爱一家人》。会上还会玩一个游戏：随机抽一个人出来，让他去叫公司其他员工的名字。

通过这样的形式，公司的员工就像兄弟姐妹一样，互相帮助，互相体谅，工作氛围相当融洽。大家每天晚班之后还有培训等活动，但仍乐此不疲。尤其是销售部门员工，他们比其他的部门更加努力。付出总会有回报，公司每个月的销售业绩都有新的突破。大家的干劲也越来越足，形成一种很好的良性循环。

相亲相爱一家人，原本只是一首歌的名字，只是一首歌而已。后来，在接触了其他同行业的公司之后，才渐渐明白那是一种精神、一种力量。

思考：什么是企业文化？

企业文化是企业的灵魂，是企业发展的不竭动力。企业文化作为一种非技术、非经济因素的软实力，对企业的经营管理有着至关重要的影响，小至企业员工的行为举止，大到企业决策的产生。它给企业带来的有形和无形、经济和社会的复合效益，成为促进经营业绩增长的有效手段和精神之源。

城市轨道交通行业是面向大众、服务大众的社会性行业，由此决定了其不仅要注重经济效益，更要注重社会效益，重视企业文化建设，充分展示企业管理水平。

不同的城市轨道交通运营企业，有不同的企业文化，不同的企业文化也彰显了不同的企业内涵，不同的企业内涵对城市轨道交通客运服务人员的工作有着不同的要求。

1. 现代企业制度与城市轨道交通运营企业

我国现代企业制度是一种适应现代社会化大生产和市场经济体制要求的企业制度，也是一种具有中国特色的企业制度。

现代企业制度一方面要解决企业财产的归属主体与财产的经营主体的产权边界，以及它们在企业经营中的地位、权利和义务问题；另一方面要确立企业独立的市场竞争主体地位，确认企业是市场经济这一物质运动的一个物质载体，有着独立的经济利益，具有受市场规律支配，但又有独立意志的行为。

　　建立现代城市轨道交通运营企业制度是发展社会化大生产和市场经济的必然要求,也是企业改革的方向。

　　2.建立现代企业制度是城市轨道交通运营企业发展的方向

　　城市轨道交通是重要的城市基础设施。我国从 1965 年修建北京地铁 1 号线开始,一直由政府发展城市轨道交通。政府与城市轨道交通运营企业是"父子"关系,政企不分的体制会带来相应的问题(表1-2)。

政企不分体制带来的影响　　　　　　　　　　　　　　　　表 1-2

影 响 方 面	具 体 表 现
成本失控	在这种体制下,经营者经济意识薄弱,该采用什么标准,实现什么功能,该上什么档次的系统,主要不是由经济论证决定,而是靠决策者决定。决策者往往重视设备的技术水平,而忽视财务准则。经营成本缺乏有效约束机制,容易产生机构臃肿、浪费严重、人浮于事等问题
难以树立为乘客服务的意识	高成本必然要求政府补贴。形式上受惠的是乘客,而实际操作上则是城市轨道交通运营企业代表政府施惠于乘客。在这种情况下,城市轨道交通运营企业员工的服务意识很难真正树立,表现为服务质量一般或较差
缺乏自主权,经营僵化	在政企不分的体制下,地方政府基于"福利改革"立场,对城市轨道交通运营企业监督、干扰较多,造成城市轨道交通运营企业缺乏内部管理及经营业务上的自主权。许多决策须经过上级机关审核,决策过程烦琐,造成时间延误和决策责任不明

　　城市轨道交通运营企业发展的方向如下:

　　(1)必须摒弃老体制,寻求新发展。

　　(2)政企分开、权责明确、产权清晰和管理科学。

　　(3)社会公益型与企业效益型相结合——寻求经济发展的同时服务社会;事业型体制转变为企业型体制;由单纯城市轨道交通经营管理型企业转变为以公共运输为主。

　　3.城市轨道交通管理体制的类型

　　纵观全国大中城市轨道交通的发展,其管理体制的类型可概括为表1-3所示四种。

城市轨道交通管理体制　　　　　　　　　　　　　　　　表 1-3

管理体制	实 例 展 现
集中统一的总、分公司型	以天津、南京、深圳地铁为典型代表。天津地下铁道集团有限公司于 2000 年 8 月 7 日成立,按照"政府支持和市场运营相结合"的建设方针,全面履行轨道交通建设甲方业主职能,具体包括:建设、融资、经营开发和运营管理四大职能。该公司是具有法人资格的国有独资公司。2002 年 10 月,由原一级管理模式调整为二级管理模式。总公司本部设置"四部两室"六个职能部门,下设四个分公司,分别是:地铁投资公司、地铁建设公司、经营开发公司、地铁运营公司
事业总部制的总、分公司型	以广州地铁为典型代表。广州地铁集团负责广州市快速轨道交通系统的建设、运营、沿线房地产物业的经营与开发,但不负责融资,由广州市委专设"地铁筹资办"统筹解决。 　　从 1992 年 12 月 28 日成立至 2001 年底,该总公司下设建设公司、运营公司和实业公司,实行两级管理、两级核算。2000 年初改为总、分公司,实行一级核算,并推进了以建立现代企业制度为目标的体制改革,总公司设立"八部二室一委",即建设职业总部(承担地铁建设施工管理)、运营事业总部(承担地铁运营管理)、资源开发事业总部(承担资源开发、多种经营和对非主业公司管理)、企业管理总部、人力资源总部、财务总部、监察审计部、党群工作总部、办公室、总工办、技术委员会。此外,还设七个子公司,即地铁设计院、地铁咨询公司、地铁物资公司、环境工程公司、广告公司、通信公司和物业管理公司

续上表

管理体制	实 例 展 现
事权分设制的独立法人型	以上海地铁为典型代表。上海地铁在建设初期曾实行总公司制。2000 年进行管理体制改革,将原地铁总公司融资、建设、运营、监督四位一体的职能按属性划分为相对独立的四块: ①申通公司:上海地铁的真正业主,由当时的市计委久事公司和市建委城投公司共同投资组建,负责上海地铁公司的投融资。 ②地铁建设公司:属市建委,负责地铁建设施工管理,包括土建和设备选型、采购、安装、调试等。 ③地铁运营公司:属市交通局,负责地铁运营管理,是经营独立法人,公司本部设置 10 个职能处室,包括设施处、客运处、安保处、经营管理处、监察办、行办、党办等,下设 8 个专业分公司,包括车辆分公司、通信信号分公司、机电分公司、客运分公司、工务分公司、票务分公司、后勤分公司和总调度室,全部实行独立核算。另外,设有 12 个实业开发公司,全部为法人,实行独立核算。 ④上海轨道交通管理处:设于上海市交通局,对地铁轻轨实行行业监管
多元互补性企业集团型	以北京地铁为典型代表。北京地铁一直实行总公司制,2002 年初改制为企业集团模式,下设建设公司和运营公司。融资、建设、通信、开发、监管是地铁行业所包含的主要职能,除监管属于典型的政府职能外,其余职能均属于企业行为。从全国大中城市建设地铁的实践经验看,在地铁工程建设初期,往往将四大企业功能纳入集中统一管理,实行总公司制,成为一级法人,独立核算。这样有利于工程集中管理和统一组织协调,也有利于建设和运营的衔接、融资、建设、运营及经营开发工作的统筹安排,但缺少相互制衡的手段及方式

四、城市轨道交通行业的职业道德规范建设

职业道德,就是同人们的职业活动紧密联系的符合职业特点要求的道德准则、道德情操与道德品质的总和。它既是对本职人员在职业活动中行为的要求,又是职业对社会所负的道德责任与义务。

1.职业道德的特点

(1)职业道德具有适用范围的有限性。

每种职业都担负着特定的职业责任和职业义务。由于各种职业的职业责任和义务不同,从而形成各自特定的职业道德的具体规范。

(2)职业道德具有发展的历史继承性。

由于职业具有不断发展和世代延续的特征,不仅其技术世代延续,其管理员工的方法、与服务对象打交道的方法也有一定的历史继承性。如"有教无类""学而不厌,诲人不倦",从古至今始终是教师的职业道德。

(3)职业道德表现形式多种多样。

由于各种职业道德的要求都较为具体、细致,因此其表现形式多种多样。

(4)职业道德兼有强烈的纪律性。

纪律也是一种行为规范,但它是介于法律和道德之间的一种特殊的规范。它既要求人们能自觉遵守,又带有一定的强制性。就前者而言,它具有道德色彩;就后者而言,它带有一定的法律色彩。也就是说,一方面,遵守纪律是一种美德;另一方面,遵守纪律又带有强制性,具有法令的要求。例如,工人必须执行操作规程和安全规定;军人要有严明的纪律等。因此,职业道德有时又以制度、章程、条例的形式表达,使从业人员认识到职业道德具有

纪律的规范性。

2.城市轨道交通行业职业道德的主要内容

作为城市轨道交通行业工作人员,所要遵守的职业道德是:爱岗敬业,诚实守信,办事公道,服务热情,乐于助人。

城市轨道交通行业职业道德的含义包括表1-4中八个方面。

城市轨道交通行业职业道德的含义　　　　　　　　　　　表1-4

城市轨道交通行业职业道德的含义	(1)职业道德是一种职业规范,受社会普遍的认可,要文明待人,遵章守纪,维护列车的正常运营,使乘客舒心满意
	(2)职业道德是长期以来自然形成的,要坚持仪表端庄,整洁大方
	(3)职业道德没有固定形式,通常体现为观念、习惯、信念等,在服务过程中要讲究艺术
	(4)职业道德依靠文化、内心信念和习惯,通过员工的自律实现
	(5)职业道德大多没有实质的约束力和强制力,靠自己本身的自控力
	(6)职业道德的主要内容是对员工义务的要求
	(7)职业道德标准多元化,代表了不同企业可能具有不同的价值观
	(8)职业道德承载着企业文化和凝聚力,影响深远,需引起每位员工的重视

3.城市轨道交通行业职业道德的基本特征

(1)忠于职守,乐于奉献

尊职敬业,是从业人员应该具备的一种崇高精神,是做到求真务实、优质服务、勤奋奉献的前提和基础。从业人员要安心工作、热爱工作、献身所从事的行业,把自己远大的理想和追求落到工作实处,在平凡的工作岗位上做出非凡的贡献。从业人员有了尊职敬业的精神,就能在实际工作中积极进取,忘我工作,把好工作质量关,对工作认真负责和务实,把工作的成果作为自己的天职和莫大的荣幸,同时认真分析工作的不足并积累经验。

敬业奉献是从业人员的职业道德的内在要求。随着经济的发展,对从业人员的职业观念、态度、技能、纪律和作风不断提出新的更高的要求。

案例导学

点滴积累的温暖

在寒冷的北方城市,每场大雪过后,滴水成冰的清晨,在凛冽的寒风中行人匆匆,地铁站各个出入口好几位清洁工,一遍一遍擦拭乘客踩在台阶上的泥水,以保证人们安全出行和地铁车站干净整洁。作为乘客的你可曾想过他们是否穿得够暖和?是否能够在寒冷之中有杯热水驱寒?年复一年,冬天走了又会再来,但是清洁工们依旧坚守在他们的岗位上。他们不辞辛苦、忠于职守的形象,对行色匆匆赶路的人们是温暖,更是激励。

你了解的身边地铁工作温暖瞬间有哪些呢?

(2)实事求是,勇于担当

实事求是,不仅是思想和认识的问题,也是一个道德问题,而且是职业道德的核心。作为一名工作者,必须有对岗位、对乘客高度负责的精神,把实事求是作为履行责任和义务的最基本的道德要求。

案例导学

谁弄丢了钥匙?

小王和小罗都是某地铁车站售票员。有一天,他们两个交接班。由于小王上班来晚了,小罗着急下班,两个人就匆匆忙忙交接了工作,之后发现票卡柜子的钥匙找不到了。两个人你推我、我推你,都不承认。之后,小王去找值班站长:"是小罗没给我钥匙,不关我什么事情。"值班站长没有回应。第二天,小罗拿着检讨书去找值班站长:"对不起,是我们工作不到位,给大家添了这么多麻烦,我愿意承担后果,以后在工作中我会注意的。"

如果你是值班站长,会怎么解决这件事情呢?

(3)公正客观,服务社会

个人以及社会都认可的服务是优质服务,是职业道德所追求的最高目标。

案例导学

谁来帮他们?

在社会服务中,不仅在地铁中会发生以下情况,其他场合也会存在。这是一个以貌取人的故事。车站同时进来了两位乘客,一位是相貌英俊、西装革履、派头十足的商务男士,另一位是刚从外地过来的携带大包行李、衣衫普通,满脸岁月痕迹的中年妇女。这个时候他们走向了工作人员,询问乘车路线。工作人员满脸笑容,很细致地为商务男士进行了解答,并且目送其离开一段距离。接着才注意到站在旁边的中年妇女,随意应付几句之后迅速离开。

换位思考,如果你是工作人员会怎样做,如果你是中年妇女心里会怎样想。

巩固提高

为了增进学生对企业文化的深入了解和感受,按班级人数进行分组,每组2~4人,收集所在地地铁运营企业的企业文化资料,可以通过视频、图片、文字、故事等形式展现,最后以小组为单位做出总结,选出2个比较好的例子,进行小组评选。企业文化案例见表1-5,评价标准见表1-6。

深圳地铁企业文化   表1-5

项　目	具体内容
企业使命	经营地铁,创造城市发展空间
企业愿景	成为最好的地铁公司,引领行业发展方向

续上表

项　目	具　体　内　容
经营理念	公益为先、效益为源、三位一体、科学发展
管理理念	管理 = (规范 + 严格 + 人性化) × 执行
质量理念	明尺度、讲速度、重力度、求高度 服务理念:用心服务、贴心一路
人才理念	揽有用之才,育可塑之才,用敬业之才,建铁人之军
安全理念	对安全尽一分责任,就是对生命的十分尊重
廉洁理念	干干净净尽职,清清白白退休
创新理念	尊重、思进、求索、致远
企业价值观	共同承担责任,共同创造价值,共同分享成果 企业精神:"铁魂"精神;铁的意志,铁人品格,铁的纪律,铁军行动 企业座右铭:感恩、尚德、笃学、执着
职业道德规范	热爱地铁　感恩社会(职业态度) 弘扬铁魂　敢于负责(职业精神) 专业执着　协同廉洁(职业素养) 科学严谨　精益求精(职业品质) 乐于奉献　追求卓越(职业境界)

评 价 标 准　　　　　表1-6

评价方面	评 价 要 求	评 价 分 数
项目	从企业使命、愿景以及各种理念方面进行整理,选取10个项目	30分(每个项目为3分)
具体内容	每个项目的具体内容要简单明了,积极向上	70分(每个项目后面的具体内容为7分)
职业道德	自愿收集	10分,为附加分

任务二　认识城市轨道交通客运服务工作

情境导入

　　某新生入学后,很好奇城市轨道交通客运服务工作的具体内容与其他行业(如铁路、公交公司等)服务的不同之处有哪些。

　　聪明的你能不能想到答案呢?

一、城市轨道交通服务的基本内容

1. 城市轨道交通运营企业客运服务结构（图1-6）

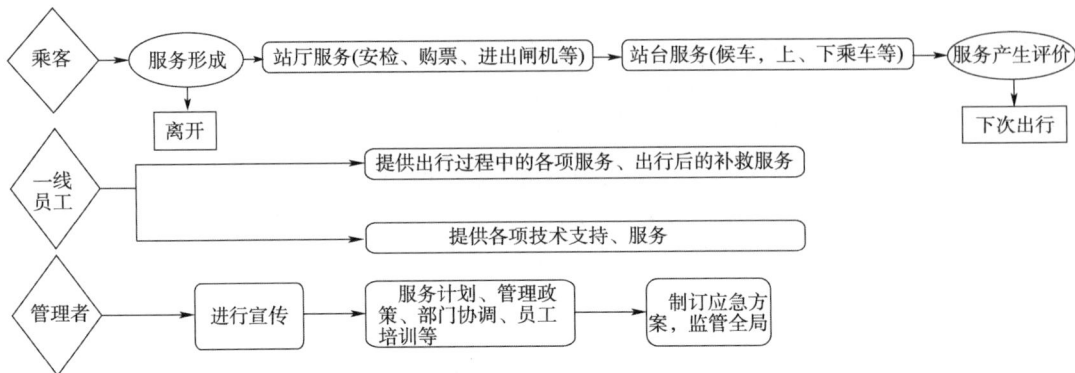

图1-6　城市轨道交通运营企业客运服务管理结构

2. 乘客出行对交通服务人员的要求

城市轨道交通是乘客出行的一种选择。乘客在出行时会选择什么类型的交通工具还取决于交通带给乘客的服务是否舒适、快速、安全。

（1）尊重他人

案例导学

有这样一个故事：纽约某商人看到一个衣衫褴褛的铅笔推销员，出于怜悯，他塞给那人一元钱。不一会儿，他返回来，从卖笔人那里取出几支铅笔，并抱歉地解释自己忘取笔了，还说："你跟我都是商人，你有东西要卖。"几个月后，再次相遇，那位卖笔人已成为推销商，并感谢这位商人，"你重新给了我自尊，告诉了我，我是个商人。"

当你用诚挚的心灵使对方在情感上感到温暖、愉悦，在精神上得到充实和满足，就会体验到一种美好、和谐的人际关系，就会拥有许多的朋友，并获得最终的成功。在人际交往中，只要不失敬人之意，哪怕具体做法微不足道，也容易获得服务对象的肯定。

（2）热情主动

案例导学

"您好！请问有什么需要帮助吗？""您好，请往前走，请乘坐自动扶梯下楼乘车！"当乘客踏入地铁车站时，地铁工作人员脸上洋溢着热情的微笑，一遍遍亲切的"您好"响起。这些语言虽然简单，一天却要讲上几百甚至上千遍，但他们相信一个信念："为乘客服务是所有员工的光荣使命。"就这样，每位工作人员尽最大努力服务于每位乘客。其间也不排除乘客有不理解和埋怨，尽管如此，他们仍在坚持着。

乘客既希望得到服务人员的尊重，又希望在精神上感受到被人服务的满足，所以服务人员的主动服务显得非常重要。主动服务要做在乘客开口之前。积极主动满足乘客的需求，是城市轨道交通客运服务工作的根本。这既体现了精神风貌，又意味着要有更强的情感投入，真正把乘客当作朋友,当作需要帮助的人,真正从心里理解他们、关心他们,使自己的服务更具有人情味,让乘客倍感亲切,并从中体会到城市轨道交通客运服务的与众不同之处。

(3)控制情绪

案例导学

在候车时,有一位中年男子正在接打电话,吸引了周边人的目光,因为这位男子的声音异常响亮,已经影响到了车站秩序。突然,不远处的一个少年大吼一声,满嘴脏话,威胁道:"再吵,就把你扔下去……"这个时候工作人员前来制止,少年又对工作人员恶语相向,但工作人员异常冷静地说:"吵闹只会让你比他大声讲话,更加影响大家的心情,使你英俊潇洒的气质减分,你自己想想要不要冷静下来解决?"顺便给了少年一个温暖的微笑。不一会儿气氛缓和了。工作人员在保持冷静的情况下,用语言和微笑的魅力解决了这个小插曲。

在服务过程中我们会遇到各种各样的突发状况、形形色色的人,应善于控制自己的情绪、约束自己的情感、克制自己的举动,不失礼于人。当愤愤不已的情绪即将爆发时,要用意识控制自己,提醒自己应当保持理性,无论发生什么事情,都能做到镇定自若。当乘客开始在公开场合向服务人员疾言厉声时,往往会使人难以接受。遇到这种情况,客运服务人员首先需要冷静,不要急于与之争辩,切不可针锋相对,使矛盾激化。如果乘客无理取闹,可联系相关部门和人员解决。

(4)冷静沉稳

凡事先想再做。当你想冲动做什么事情的时候,先想想事情的来龙去脉,心里默念 1 到 10,给自己几秒的冷静时间,再去和乘客沟通处理。遇到自己处理不了的问题可以转交其他工作人员处理。在面对一些喜怒无常、无理纠缠的乘客时,在遇到列车晚点、突发事件时,都需要客运服务人员临变不乱,从容应对。这就要求服务人员熟知各类应急处置预案,具备良好的心理素质。

3.城市轨道交通服务内容(图 1-7)

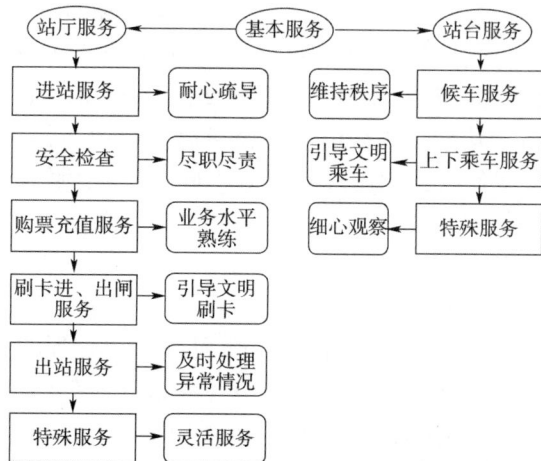

图 1-7 城市轨道交通服务内容

二、城市轨道交通客运服务的基本特性

客运服务是城市轨道交通为了满足乘客的需要而和乘客之间接触的活动以及工作人员内部活动所产生的结果。一般具有如下五个特点。

1.无形性

无形性是城市轨道交通客运服务最基本、最主要的特点。服务的无形性体现为乘客在购买服务前的无形——抓不到、看不见、闻不着。这就决定了衡量城市轨道交通客运服务质量水平时,会有浓厚的主观性和非量化的色彩,但我们要尽量做到有形化,比如设备使用的指导、进出站的方向标志、热情的工作人员等。

2.易逝性

客运服务的易逝性是指城市轨道交通服务具有无法储存的特点。

第一,服务过程一结束,服务也就随之消失,乘客即使不满意也无法更换或退回服务。这样,就不能像有形产品那样通过更换产品来使乘客满意,挽回影响。一旦在客运服务中出现缺失,固然可以及时补救,但造成的不良影响将一直存在。

第二,服务的易逝性使得城市轨道交通对乘客服务的需求、服务的供给量及服务的时间等因素难以进行准确的预测,从而使得城市轨道交通运营企业不能准确根据服务市场的供求变化调节服务的供给,容易造成客运服务能力供给不足或过剩。如客流低峰期,有些车次的列车尚有大量空座,而节假日、上下班高峰期间却运力压力很大。

第三,服务的易逝性使得服务无法通过"储存"这一重要的缓冲手段来解决。由于需求变动会带来波动,因而迫使城市轨道交通运营企业必须十分重视服务能力的提升,否则就会出现企业无法满足乘客需求的不良状况。

3.同时性

服务的同时性是指服务的生产过程和消费过程在空间和时间上是同时并存、同时进行的。在城市轨道交通运营企业提供客运服务的过程中,企业与乘客之间相互关联、相互作用。一方面,乘客可以成为服务提供过程中一个重要的环节,即"参与"服务提供的过程;另一方面,由于乘客的"参与",从而使得城市轨道交通运营企业在提供服务过程中,对于服务提供的时间、服务的质量、服务设施的需求都具有不确定性,给服务质量的管理和控制带来困难。

4.差异性

服务的水准和质量常因人、因地、因时而异,任何条件和心理的变化都有可能出现服务的差异。客运服务的差异性一方面是指服务是由客运服务人员通过劳动来完成的,而由于年龄、性别、性格、素质和文化程度等不同,每位客运服务人员为乘客提供的服务也不尽相同;另一方面,同一员工在不同的场合、不同的时间,面对不同的乘客,其服务态度和服务方式也会有一定的差异。同一个乘客在不同的时间选择同一车次的列车出行,其个人也会存

在服务需求的差异。服务的差异性也造成了服务的波动性,无论是地铁还是铁路,都希望服务能在一个合理的区域内进行,其波动不能超出该区域。

5.可靠性

可靠性是指企业准确无误地完成对乘客的承诺,避免在服务中出现差错。服务差错给企业带来的不仅是直接意义上的经济损失,更为重要的是会影响企业在乘客心目中的形象。城市轨道交通运营企业需要认真落实向乘客做出的承诺,增强服务可靠性。如果出现列车故障、车票无效等问题,如果处理不当,将给乘客乘车造成极大困难和不必要的紧张,使服务的可靠性降低,引起乘客不满。提高客运服务的可靠性,一定要把兑现承诺放在第一位,努力实现全过程、全方位的服务承诺。

三、城市轨道交通客运服务质量影响因素

在城市轨道交通客运服务过程中,影响客运服务质量的因素可以分为以下四大类。

1.环境因素

（1）内部环境

一般情况下,内部环境通常是指作业环境,即作业现场人为形成的环境条件,包括周围的空间和一切工作设施所构成的人工环境。

（2）外部环境

运营系统是一个非常复杂的大系统,是由运营基础设备和运营技术设备、各级管理人员及一线（服务、技术）工作人员、运行部门等社会各方面因素互相作用而构成的技术与服务的综合系统。所以,影响客运服务的并不只有自然环境,还包括通过管理所营造的运营系统内部的社会环境和运营系统外部的社会环境在运营系统内的反映,例如经济、法律等。

①自然环境是指自然界提供的、人难以改变的生产环境。自然环境是影响客运服务质量的重要因素。在自然灾害中,尤其地震会严重影响客运服务的质量,危害极大。

②社会因素包括社会的政治、经济、技术、管理等,以及社会风气、个人修养等,这些对客运服务也会造成不同程度的影响。

案例导学

下雨天,乘客使用过的伞上会有雨水。在进入地铁站后没有及时将伞装进袋子中,雨伞上的水一直滴到地板上,导致车站内地面积水。甚至有人会把伞顺手放在空着的座椅上。这会使清洁人员的清理工作量加大,也很难保证乘客良好的乘车环境。

你作为乘客和车站工作人员应怎样保证下雨天地铁良好的乘车环境?

2.人员因素

城市轨道交通客运服务涉及多方面的工作,各项工作依赖于高效、安全和可靠的人的

行为。在每个工作环节(操控和监管各项设备,完成各项作业,与周边环境进行信息反馈和交流,与其他作业相互协调)起主导地位的都是人。所以,人在运营工作中起着至关重要的作用,这也是客运服务中人的关键性作用。

人对客运服务的特殊作用,可归纳为下述三点。

(1)人的主动性

在人与运行设备的协调作业中,人是主导方面。设备必须由人来设计、制造、使用和维护。再先进的高科技设备,也只有通过发挥人的主动性才能实现功能。

(2)人的主观能动性

当有突发事件时,人能立即运用相应的处理方案,正确恰当地解决突发的问题,使乘客能够满意乘车。

(3)人的创造性

人只有通过不断研究和学习,才能改善和提高客运服务质量。

案例导学

上海市劳动模范、上海申通地铁集团有限公司站务员刘连锁同志,在多年的站务员基层岗位工作中耐心细致地服务,总结出"三本一图"工作方法,全心全意为乘客服务。

三本就是三个笔记本:一本记载了地铁各条线路上主要公交线路沿途的停靠站名,以便有乘客问路时能及时解答;一本记载了自己在平时工作中遇到的问题及解决的办法,以积累工作经验;一本记载了乘客向他反映的情况,以便能及时向站长汇报。一图指的是针对上海火车站客流量比较大,容易发生乘客因列车关门时没有及时赶上车,与已上车的亲友分隔,因无法用语言交流,容易走散的情况,他率先自创推出"乘客,请您不要着急!请您在下一站,等候您的同伴"的提示卡,以免乘客焦急,避免乘客走失。

通过网络查询刘连锁的劳动模范事迹,分析刘连锁在地铁站务员工作中如何做到的主动性、主观能动性和创造性,并思考未来我们在工作中如何发挥劳模精神,为乘客提供贴心的客运服务。

案例导学

(1)小王在工作中消极怠工,工作效率低下,经常在同事中传播违背职业道德的话语,不遵守公司管理制度,在处理乘客事务时随性而为。

(2)小李是地铁车站的实习站务员。一天,有乘客找他反映自动售票机卡票了,自己的票卡没有出来,小李没有确认,也没有带乘客去售票厅办理相关票务手续,通过安全通道把乘客送进了付费区,导致乘客在出站时没有票卡不能刷卡出闸。

(3)由于列车司机的视力较差,不能准确瞭望,从而发生了不安全事故。

(4)在站台候车时,有乘客不小心摔倒,额头磕在地面后血流不止,工作人员看见后心慌意乱、束手无策,没有及时进行处理。

(5)某班工作人员在工作中只是各干各的,很少进行工作讨论和总结。

结合以上5个事例想一想,客运服务对工作人员的素质要求体现在哪些方面?

分析要点:

(1)思想素质(职业道德、遵守管理制度、法律常识等)。

(2)业务素质(业务知识、解决问题能力、文化素养等)。

(3)生理素质(年龄、体力、耐力、视觉、动作反应等)。

(4)心理素质(能力、性格、情绪、态度、爱好、兴趣等)。

(5)群体素质(群体目标、凝聚力、人际关系、信息交换与沟通等)。

3.设备因素

除了人之外,设备的正常运行也是影响城市轨道交通客运服务的重要因素。设备的良好运行是实现客运服务的物质基础,也是乘客出行的重要保证。

案例导学

在某车站,一位乘客准备购票乘车,车站4台自动售票机坏了2台,乘客不知道该怎么购票,等了半天才有工作人员过来。乘客询问如何购票,工作人员答道:"这个坏了不能用,你想想别的办法。"

作为工作人员,设备不能正常工作时,该如何解决?

4.管理因素

管理具有计划、组织、协调、沟通和指挥控制等职能。虽然人、环境是影响客运服务质量的重要因素,但归根结底,管理水平的高低是决定客运服务质量的根本因素。所以,客运服务质量提升的关键因素是管理。

想一想

为什么要制定岗位职责?

为什么要在工作中严格遵守工作制度?

💻 素养提升

北京地铁、京港地铁、北京市轨道交通运营管理有限公司的企业文化见表1-7~表1-9。

北京地铁企业文化(摘录)　　　　　　　　　　　　　　　　　表1-7

理念方面	企业愿景	国内领先　世界一流
	企业使命	畅通北京　让首都更美好
	核心价值观	安全为基础　服务为根本　效益为目标
	企业精神	忠诚　担当　联动　创新
	安全理念	以人为本创平安　永远追求零风险
	服务理念	需求导向　持续改进　首善服务

续上表

理念方面	人才理念	让平凡者成功　让成功者卓越
	品牌理念	"六型地铁"　快乐出行
行为方面	员工职业道德准则	诚信负责、爱岗敬业、团结协作
	员工共同行为准则	遵章守纪、听从指挥、做好本职、精益求精
	员工誓词	我宣誓： 我是光荣的北京地铁员工； 忠诚地铁事业，铭记公司使命，践行企业精神，恪守职业道德； 遵章守纪，听从指挥，做好本职，精益求精，为建设"六型地铁"，实现"国内领先、世界一流"目标而努力奋斗

京港地铁企业文化　　　　　　　　　　　　　　表1-8

愿景 （Vision）		基于交通带动城市发展的理念，推动多元化业务，以关心的服务，连接和促进社区发展，成为全球领先的城市运营商
使命 （Mission）		提供安全、可靠、舒适、便捷的生活服务，创造文明和谐的出行环境，提高城市生活品质，令京港地铁成为客户的首选；激励员工学习、创新，创造员工发展机会，与公司共同成长；立足轨道交通建设和运营，实现公司可持续发展，为股东提供良好的投资回报
信念 （Values）	安全第一	系统合理地减轻可预见的风险，保障公众、客户及工作人员的安全； 拥有足够的知识和能力，确保工作质量； 遵守制度，精准执行，让安全成为一种习惯
	以客为先	以客户为中心，积极预见、聆听及回应客户的需求； 信守服务承诺，超越客户的期望； 时刻表现专业，赢得客户的尊重和信赖
	效率及有效性	追求公司整体利益最优化； 以目标为导向，突破传统和常规，以创新思维解决问题； 在工作中相互协作，各施所长，发挥专业价值
	Can Do	拥有强烈的主动性和进取心，坚持高标准的专业追求； 直面挑战，勇于担当，善用资源解决问题，从而达到目标； 与内外部伙伴建立紧密互信和协作的工作关系

北京市轨道交通运营管理有限公司企业文化　　　　表1-9

企业宗旨	一个愿景	成为"特色鲜明、行业领先的城市轨道交通综合运营服务商"
	两个意义	服务首都总体发展，创造美好城市生活
	三个目标	全面掌握全自动运行系统的运营管理技术； 全面熟悉掌握市域快线的运营管理技术； 初步实现规模化、网络化运营管理能力
	四个体系	规章制度体系、业务培训体系、管理信息化体系、组织活动体系
	五个文化	经营服务文化、安全文化、管理文化、组织和团队文化、创新文化
	六个模式	战略引导，精准定位； 所有制度标准化； 所有业务信息化；

续上表

企业宗旨	六个模式	所有工作培训先行； 所有体系可复制； 所有任务协同完成
	七个核心价值观	敬业敬客、诚信守规、严谨安全、务实精细、协作共进、学习创新、内省包容
核心价值观	敬业敬客	"业精于勤而荒于嬉"，全体员工，都要热爱行业、热爱公司、热爱岗位，对工作和职责心怀崇敬，干一行，爱一行，干一岗，爱一岗，以人为本，尊重顾客
	诚信守规	推行"公平、公正、公开"的做事原则，以信谋事，以信立身
	严谨安全	崇敬规则规范，崇敬业务流程，崇敬岗位职责，培育一丝不苟的"工匠精神"，用严谨的工作作风和科学的管理手段，保障安全生产，提供安全运营服务
	务实精细	"不唯书、不唯上、只唯实"，鼓励谋实事、说实话、求实效的工作作风； 工作不厌精，管理不厌细，以精细管理，提高公司生产、经营、管理活动的体系性和有效性
	协作共进	主动把本职工作放在全局中去思考、谋划和统筹，处理好局部与整体之间的关系，从而达到"系统最优"的工作效果
	学习创新	始终保持对新鲜事物的好奇心，通过学习，勇猛精进，在个人素养、意志品质、视野格局、沟通协调、待人接物、业务能力等各方面全方位提高，做更优秀、更完善的自己； 在主营业务的领域中，展现"新轨道、心服务、欣体验"的服务理念，为社会提供更好的服务，创造更大的价值
	内省包容	严于律己，宽以待人

📺 项目总结

　　城市轨道交通客运服务工作是城市轨道交通运营管理的重要组成部分。本项目主要从城市轨道交通基本认知、我国部分城市轨道交通发展的现状与特色、城市轨道交通企业文化建设、城市轨道交通行业的职业道德规范建设及城市轨道交通客运服务的基本内容和基本特性等方面进行了介绍。

📖 复习与思考题

一、填空题

　　1. 城市轨道交通系统是集八个要素于一体的、复杂而又高度集中的综合性系统，八个要素分别是＿＿＿＿＿＿、＿＿＿＿＿＿、＿＿＿＿＿＿、＿＿＿＿＿＿、＿＿＿＿＿＿、＿＿＿＿＿＿、＿＿＿＿＿＿和＿＿＿＿＿＿。

　　2. 乘客出行对城市轨道交通服务人员的要求有＿＿＿＿＿＿、＿＿＿＿＿＿、＿＿＿＿＿＿和＿＿＿＿＿＿。

　　3. 站台服务的主要内容有＿＿＿＿＿＿、＿＿＿＿＿＿和＿＿＿＿＿＿。

4. 城市轨道交通客运服务质量的影响因素有 _____、_____、
_____和_____。

二、判断题

1. 2022 年,北京市所有轨道交通车站将全覆盖 AED 设备。　　　　　(　　)

2. 我国建设的第一条地铁线是上海地铁 1 号线。　　　　　　　　　(　　)

3. 北京轨道交通线路有一条磁悬浮线。　　　　　　　　　　　　　(　　)

4. 城市轨道交通企业政企不分体制能精确控制企业的运营成本。　　(　　)

5. 恶劣天气可能对城市轨道交通运营产生影响。　　　　　　　　　(　　)

三、简答题

1. 简述城市轨道交通运营系统的组成。

2. 简述城市轨道交通企业文化。

3. 简述城市轨道交通客运服务基本内容。

4. 试总结城市轨道交通客运服务工作人员的素质要求。

5. 分析影响城市轨道交通客运服务质量的因素。

项目二 城市轨道交通客运服务人员的日常礼仪及素养

学习目标

1. 了解城市轨道交通客运服务人员的日常礼仪及素养。
2. 能够按照仪容仪表礼仪的规范要求为城市轨道交通乘客提供有效服务。
3. 能够按照仪态礼仪的规范要求为城市轨道交通乘客提供有效服务。
4. 能够按照语言礼仪的规范要求为城市轨道交通乘客提供有效服务。
5. 熟悉日常礼仪中不规范现象,能够在工作中有效地避免。

项目导入

城市轨道交通作为一种现代化的交通工具,虽然是一个庞大和复杂的系统,但客运服务工作却十分具体,因为它直接面对广大乘客。客运服务工作是直接反映城市轨道交通运营管理水平的重要标志之一,也是反映城市文明程度的一个窗口。城市轨道交通作为窗口服务行业,客运服务人员在遵守行为礼仪规范的前提下,应深入理解礼仪的内涵,加强礼仪修养,使礼仪修养与礼仪实践有机结合。

城市轨道交通服务礼仪是企业员工在工作岗位上通过言谈、举止等对乘客表示尊重的行为规范,它是城市轨道交通优质服务的重要组成部分,不仅有利于员工提高个人的内在修养,而且能够提升城市轨道交通的企业形象。

思考: 毕业班学生小丽和小明要参加某地铁运营企业的招聘会,他们都在为自己的穿着打扮精心准备,请问你能帮助他们吗?

任务一 仪容仪表礼仪

情境导入

设想你在地铁运营企业工作了几年后晋升为管理人员,那么你要怎样就仪容仪表对员工进行培训呢?

为什么要学习礼仪?礼仪是一种艺术,学习礼仪可以避免很多不必要的麻烦,使问题最小化。礼仪规则:在天平的两端要保持平衡。礼仪可以促进人与人之间的有效联系、加深了解,处理问题方便。礼仪不仅是一门独立的学科,它更是各学科的综合(图2-1),这就要求我们平时在学习礼仪的同时要注意其他学科的学习。

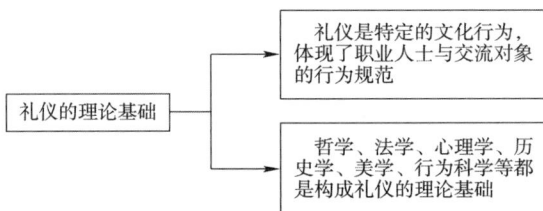

图 2-1 礼仪的理论基础

一、仪容礼仪

所谓仪容,可以从两个层次去加以理解,先是"容"这个字,其次是"美"。"容"即容貌,包括面容、头发、手部等修饰。"美"则具有形容词和动词两层含义。形容词表明美容的结果和目的,是美丽的、好看的;动词则表明美容的过程,即美化和改变的意思。

1.面容方面

我们首先应该遵循的原则是干净,洁净、卫生是仪容美的关键,是礼仪的基本要求。不管长相多好,服饰多华贵,若满脸污垢,浑身异味,那必然破坏一个人的美感。因此,每个人都应该养成良好的卫生习惯,即身体不能散发异味、面部不能有异物等。下面就给大家详细讲一下在面容方面要注意的事项,仪容礼仪面部要求见表2-1。

仪容礼仪的面部要求 表2-1

面部要求	面部	在出席正式的交际场合之前应及时清洁面部,在参加活动过程中应及时用面巾纸等清洁面部的油脂,做到无泪痕、无汗渍、无灰尘等。另外,还应注意及时清理眼角、鼻孔、耳朵、口角、牙缝等细微的残留物
	眼睛	在正式场合及时清理眼角,保证眼角无分泌物、无睡意、不充血、不斜视、清爽明亮;在与人交往、工作中不戴墨镜或有色眼镜,女性不用假睫毛,不画烟熏妆和浓妆
	耳朵	经常做好耳朵清洁,保证耳朵内外干净,不佩戴过分夸张的耳环,男士不能佩戴耳钉等

面部要求	鼻子	保证鼻孔干净,不流鼻涕,鼻毛不外露;不当众挖鼻孔,更不能戴鼻环
	胡子	男士不可以留胡须,每天要刮胡子,保持嘴部周围干净
	嘴	在与他人交流时口中无异味,嘴角无脏污,不嚼口香糖;上班时不吃刺激性食物;女性不用深色或浓重口红,可适当用些淡色唇彩或唇膏,保持唇部红润、不干燥
	牙齿	牙齿整齐洁白、无食品残留物;除早晚刷牙以外,在参加正式的交际场合之前也应该刷牙,至少要嚼口香糖,并尽量避免吃一些带有刺激性气味的食物,如葱、蒜、韭菜、萝卜等;吸烟男士定期除掉牙齿上的尼古丁痕迹

小游戏

先在班级成立一个专业评审组(让学生通过抽签决定,6~8人),其余学生两人一组互相检查面部,检查完之后再经由评审组鉴定、点评。

案例导学

小张下午两点钟要接待一位重要客户。中午的时候,小张在单位食堂吃饭,食堂师傅做了好吃的蒜苗炒鸡蛋以及京酱肉丝,小张吃了很多,尤其是京酱肉丝里的生葱丝。下午客户如约而来,小张坐在客户旁边和客户谈话,没说几句,客户就面露不悦的神色,匆匆告辞了。

思考:客户可能会因为什么原因匆匆离去?

2. 面部表情

面部表情是指眼睛、嘴巴、鼻子以及面部肌肉等综合运用所反映出的心理活动和情感信息。这也是人体语言中最为丰富的部分,人们通过喜、怒、哀、乐等表情来表达内心的感情,见图2-2。在人际沟通时,表情起着重要的作用,现代心理学家总结出一个公式:

感情的表达 = 7% 言语 + 38% 语音 + 55% 表情

a)   b)

图2-2 面部表情

表情是优雅风度的重要组成部分,构成表情的主要因素:一是目光;二是笑容。面部表情组成见表2-2。

面部表情组成 表2-2

内容	作 用		要 求
目光	目光是面部表情的核心,在人际交往时,目光是一种真实的、含蓄的语言。目光应是坦然、亲切、友善、有神的	表示友好	不时注视对方,占相处时间的1/3左右
		表示重视	常把目光投向对方,占相处时间的2/3左右
		表示轻视	目光游离,注视对方时间不到1/3
		表示敌意或不感兴趣	目光死死盯着对方看,一直在注视对方,带有鄙视、斜视、轻视等
笑容	有人把微笑比作全世界通用的"货币",因为它易被世界上所有的人所接受	含笑	不出声音、不露牙齿,表示接受,对人友好
		轻笑	嘴巴稍张开,露出8颗牙齿,表示欣喜和愉快

3. 发型修饰（图2-3）

首先,要了解自己的头发。头发的基本成分是蛋白质,每根头发平均每月可长1cm,头发的平均寿命为4~5年,之后便会自行脱落,每人每天要脱落几十根至100根头发,随之新头发长出来。正常发质,头皮皮脂分泌正常,有光泽、有弹性;油脂性发质,皮脂分泌过多,头的表皮及毛发均有油腻之感;干性发质,由于头皮皮脂分泌过少,头发没有光泽,有干松之感。可以认为,头发的性质与皮肤的性质相同,面部皮脂属于干性的人,头发也是干性的。头发的软硬,可以从烫发后头发是否容易保持较好的卷性断定,较硬的头发保持卷性较好,软发则不然。

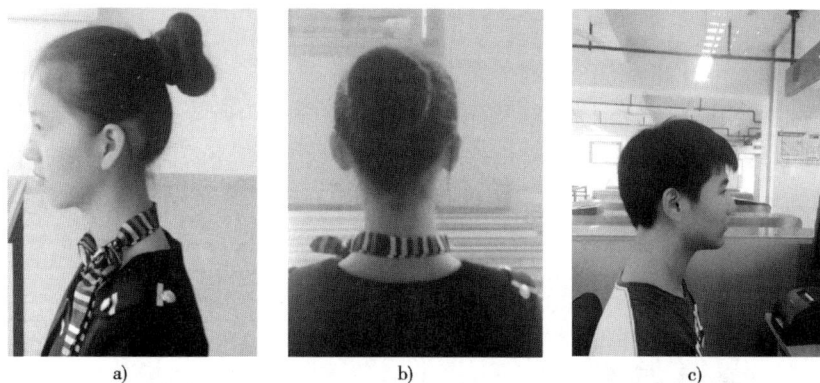

a)   b)   c)

图2-3 发型

其次,要整理好自己的头发。在与人见面之初,对方首先看到的是你的容貌,当然发型是不可忽略的一部分,要给人良好的第一印象,就必须"从头做起"。干净整洁的头部、微笑大方的面容可使男士显得更加潇洒、女士更加秀美。仪容礼仪发型修饰见表2-3。

仪容礼仪发型修饰 表2-3

发部整洁		保持头发顺滑、干净、清爽、整齐;注重头发的养护、清洗、梳理;男士要根据头发长度勤理发,女士根据情况而定
发部的造型选择	男士	长短适中,前发不过双眉,侧发不掩耳,后发不及衣领,不留大鬓角,不剃光头,不选择太新潮的发型

续上表

发部的 造型选择	女士	长发束起盘于脑后,高度不低于后衣领,保持两鬓光洁,无耳发;短发使用发胶定型,不得有蓬乱的感觉;刘海可卷可直,必须保持在眉毛上方,不漂染彩色
	发型整理	不得梳理怪异发型
	发饰帽子	男士帽檐与眉毛保持水平,不露刘海;女士帽檐在额头的1/2处,不露出刘海,两侧不留耳边发,发花与帽子边沿相贴合;发饰为黑色或深蓝色且无花色图案的发卡

练一练

女生学习将头发整齐简单地盘于脑后的方法,练习几次之后,由男生进行检查,并提出建议。

4.手部修饰(图2-4)

(1)要经常保持手部清洁,并且要用护手霜以保持手部皮肤润滑。

(2)指甲的长度要适合,要经常修剪,保持清洁、整齐,以防断裂;不能使用假指甲或工艺指甲;不涂指甲油并且不在指甲上画图案,指甲的长度以从手心看不超过指尖2mm为宜。

(3)男士如果吸烟,要除掉手上的尼古丁痕迹。

(4)手腕除了手表外不戴其他饰物,不戴工艺、卡通、形态夸张的手表,表带以金属或皮质为宜,宽度不超过2cm。

图2-4 手部

二、仪表礼仪

1.场合着装要求

法国时装设计师香奈尔曾经说过:"当你穿得邋邋遢遢时,人们注意的是你的衣服;当你穿着无懈可击时,人们注意的是你。"场合着装是指不同场合的着装规则,以及进行服饰搭配,打造完美形象,又称为着装TPO原则。TPO是西方人最早提出的服饰穿戴原则,它分别是英文Time(时间)、Place(地点)、Occasion(场合)或Objective(目的)的缩写,就是告诉人们在着装时要考虑时间、地点、场合(目的)这三个要素。

在人际交往中,服饰在很大程度上反映了一个人的社会地位、身份、职业、爱好及文化素养、审美品位等。即使沉默不语,我们的衣着与体态也会泄露过去的经历。服饰一直被认为是传递人的思想情感的"非语言信息"。服饰的礼仪文化往往体现着一个人的素养与内涵。这就要求我们穿衣打扮一定要分清楚场合。

(1)场合与服装

①职业类。

美国科学家富兰克林曾说过:"饮食也许可以随心所欲,穿衣却得考虑给他人的印象。"在工作场合应穿着色彩稳重的服饰,见图2-5a)。

②休闲类。

休闲类服饰指适合生活、旅游、出行、运动穿着的服饰,应该平整、干净,即使是牛仔裤,也应熨烫平整,而不是皱巴巴的,见图2-5b)。

a)职业类穿着   b)休闲类穿着

图2-5   不同类型的穿着

③正式社交类。

正式社交场合礼服一般分为午服、小礼服、大礼服。

午服,也称下午服或略礼服,特指白天外出做正式拜会访问时穿着的服装。

小礼服,又称准礼服或鸡尾酒会服,介于午服与大礼服之间,比大礼服简略。

大礼服,又称晚礼服、夜礼服、舞会服,是正式礼服的最高档次,是最具特色,充分展示个性的礼服。

(2)体形与服装

人的高矮胖瘦各有不同,不同的体形,着装应有所区别。

①对于高大的人而言,在服装选择与搭配上,要注意:衣服颜色宜选择深色、单色。太亮、太淡、太花的色彩都有一种夸张感,使着装者显得更高更大。

②对于较矮的人而言,衣服颜色宜稍淡、明快柔和,上下色彩一致可以造成修长之感。

③对于较胖的人而言,在衣服颜色的选择上,应以冷色调为宜,过于强烈的色调显得更胖。

④对于偏瘦的人而言,衣服颜色选择应以明亮柔和为宜,太深、太暗的色彩反而显得瘦弱。

(3)肤色与服装

个人的肤色影响着服饰配套的效果,也影响着服装及饰物的色彩。但反过来说,服饰的色彩同样作用于人的肤色而使肤色发生变化。

肤色发黄或略黑、粗糙的人,在选择衣服颜色时应慎重。颜色过深,会加深肤色偏黑的感觉,使肤色毫无生气;反之,也不宜选择颜色过浅的,色泽过浅,会反衬出肤色黝黑,同样会令人显得暗淡无光。这种肤色的人最适宜选用的是与肤色对比不强的粉色系、蓝绿色。最忌色泽明亮的黄、橙、蓝、紫或色调极暗的褐、黑紫、黑色等。

肤色略带灰黄,则不宜选用米黄色、土黄色、灰色的衣服,会显得精神不振和无精打采。

肤色发红,则应配用稍冷或浅色的服色,但不宜使用浅绿色和蓝绿色,因为这种强烈的色彩对比会使肤色显得更红,甚至发紫。

2. 男士着装礼仪

男士着装礼仪如表 2-4、图 2-6 所示。

男 士 着 装 礼 仪 表 2-4

整体要求	合体挺括、熨烫平整,整体色彩控制在三种颜色以内,同时注意鞋、腰带应为同一颜色,并以黑色为佳
衬衫选择	必须为纯色,以浅色为主,白色最常用; 领口、领型多为方领,领头要硬挺、清洁;衬衫衣领要高出西装衣领,衬衫衣袖要长于西装袖口 1cm 左右,以显示层次; 不论在何种场合,下摆务必塞进裤内,袖扣必须扣上; 内衣应单薄,以保持线条美,如遇天冷时,可在衬衫外面再套一件西装背心或鸡心领羊毛衫,但不能显臃肿之态,衬衫要保持整洁、无皱褶,尤其是衣领和袖口
领带标准	长度以到皮带扣处为佳,切忌垂到裤腰以下; 颜色应与衬衣和西装搭配协调,一般应选择衬衣和西装的中间过渡色;图案以单色无图案的领带为主,有时也可选择条纹、圆点、细格等规则形状为主的图案; 领带夹一般在第四、五粒扣之间,外面穿背心或羊毛衫,则须将领带置于背心或羊毛衫内
纽扣系法	单排三粒扣西服,一般扣中间一粒或上两粒;单排两粒扣,只扣第一粒,或全部不扣; 双排扣全部扣上
西裤要求	应与上装相协调; 长度以触到脚背为宜,裤线应熨烫好,裤扣应扣好,拉链应拉到位
西服口袋	口袋尽量不放物品,名片、笔等轻薄物品可放在上衣左口袋内侧
鞋袜要求	应着深色鞋袜,并保持鞋面清洁光亮;忌穿白色袜子;袜筒要足够高,弹力要好,以免坐下后,露出一截腿,极为不雅

a)

b)

男士正装穿着规范

图 2-6　男士着装礼仪

3. 女士着装礼仪

女士着装礼仪如表 2-5、图 2-7 所示。

女 士 穿 衣 礼 仪   表 2-5

服饰选择		一般以西装、套裙为宜,忌紧、透、露; 服装颜色可有多种选择,统一协调是基本原则,职业套裙的最佳颜色是黑色、藏青色、灰褐色、灰色和暗红色,精致的方格、印花的条纹也可以接受
衬衣		衬衣是多彩的,只要与套装相匹配就可以;纯白色、米白色和淡蓝色与大多数套装相匹配;丝绸、纯棉都是较好的衬衫面料,但要注意熨烫平整
裙子		女士正装裙子以窄裙为主,年轻女性的裙子可选择下摆在膝盖以上 3~6cm,但不可太短; 中老年女性的裙子则应选择下摆在膝盖以下 3cm 左右;裙内应穿着衬裙;真皮或仿皮的西装套裙均不宜在正式场合穿着
丝巾		选择丝巾需要注意包含有套裙颜色;围巾以丝绸材质为佳
鞋子		黑色船鞋最为妥当,穿着舒适,美观大方,建议鞋跟高度 3~4cm; 正式场合不宜穿凉鞋、后跟用带系住的女鞋或露脚趾的鞋; 鞋的颜色应与西服一致或再深一些;衣服从下摆开始到鞋的颜色应保持一致;整体相协调,颜色款式与服装相配
袜子		应当配长筒袜或连裤袜,颜色以肉色、黑色最为常用,肉色长筒丝袜配长裙、旗袍最为得体; 女士袜子要大小相宜,不可在公共场合整理自己的长筒袜,而且袜口不能露出,否则会很失礼; 不要穿戴图案的袜子,因为它们会引人注意你的腿部;要随身携带一双备用的肉色丝袜,以防袜子拉丝或破洞
首饰	发饰	是指在头发上使用的具有约束头发、固定头发或起装饰作用的饰品;女士发饰的常见物品有发夹、发箍、头花、皮筋、发插(或发梳)、发卡等;工作人员的发饰应当简洁、实用,色彩不宜过于鲜艳花俏,材质不宜过于贵重
	耳饰	耳饰是佩戴在耳朵(多为耳垂部位)上的饰品;女士在服务工作岗位上,不适宜佩戴任何大的耳环或长的耳坠,只适宜佩戴小巧含蓄的耳钉,且每只耳朵上只能佩戴一只耳钉;耳钉上若有宝石类镶嵌物,其直径不宜超过 5mm;另外,耳钉的色彩应与制服的色彩搭配协调
	颈饰	佩戴于颈部的饰品,早在原始社会就已出现,常见的颈饰类型有项链、项圈、长命锁等;女性服务人员可以佩戴项链,但其款式应简洁精致,色彩要与工作服装相协调
	胸饰、腰饰	佩戴于服装胸部和腰部的饰品,常见的有胸针(或称胸花)、领带夹等,若单位要求佩戴本单位的徽章、姓名牌等上岗,则不宜同时再佩戴其他装饰性胸针; 腰带是一种既有实用价值又有装饰价值的服装配饰;腰带的材质、款式、颜色均应与身材、肤色、服装等相协调;服务人员穿着制服时,必须按规定使用制式腰带;腰带上不可悬挂手机、钥匙链等物品
	手饰	服务人员在工作岗位上常有较多操作性工作,若佩戴手镯或手链上岗,可能会给工作带来不便,同时也会使手镯或手链受损,因此,服务人员工作时间内不宜佩戴手镯或手链
	足饰	除特殊规定外,服务人员一般不宜佩戴脚镯、脚链、脚趾环等

a)　　　　　　b)　　　　　　c)

图 2-7　女士着装礼仪

知识链接

客运服务人员携带其他物品的礼仪,见表 2-6。

客运服务人员携带其他物品的礼仪　　　　　　表 2-6

胸卡	佩戴在胸前以示工作人员身份的卡片类标志牌,工作时应按照本单位的规定佩戴;应注意将胸卡佩戴于规定的位置,并保持胸卡干净整洁、完好无缺;胸卡上的字迹模糊或缺损时,应及时更换新的胸卡;不可在胸卡上乱写乱画,也不可在胸卡上粘贴或悬挂其他物品;佩戴挂绳式胸卡时,应注意使其正面朝外
笔	在服务过程中常常会用到书写笔,因此,需要随身携带两支书写流畅的笔
记事本	在服务过程中,经常需要把一些重要或复杂的信息记录下来,以免遗忘,因此,随身携带记事本是非常重要的;随身携带的记事本应轻巧便携、易于使用,适当的时候应及时整理、汇总和处理上面所记载的各类信息
纸巾	在工作岗位上还应随身携带一小包纸巾(或一块手绢),以备急用
手表	读取时间,为服务人员"工作守时"提供物质保障;服务人员应当选择走时准确的手表,并经常注意校对时间;不要用手机代替手表读取时间,否则容易造成乘客的误解;手表的颜色、款式应当适合自己的个人风格,并与场合相适应;工作场合佩戴的手表,造型应简洁大方
眼镜	除了能矫正视力之外,还能起到装饰作用;除特殊岗位外,服务人员在室内应佩戴镜片透明无色的眼镜,有色的镜片会妨碍服务人员与乘客的目光交流;眼镜框的颜色和式样应与自己的肤色及整体着装风格相配;在室外强光下可遵照规定佩戴墨镜,但与他人打招呼或谈话时,应当摘掉墨镜
香水	在使用香水时,要注意选择清淡雅致的香型;服务人员在允许使用香水的工作场合使用香水时,必须控制香味的浓度;乘客在与服务人员相距 0.5m 之内才能闻到若有若无的淡淡的香气;如果服务人员周身散发出浓烈的香水味,则是缺乏修养的表现;如果不能准确地把握香水的"度",则以不用为好

4. 制服的穿着要求和规范

案例导学

　　小罗刚刚以优异的成绩毕业。她从众多竞聘者中脱颖而出,成为某地铁公司的工作人员。为了熟悉地铁的服务工作,领导让她先在自动售票机入口处帮助乘客购票。小罗知道在地铁站工作是要穿制服的,可她的制服还没有发下来,该穿什么呢? 小罗心想:反正没有制服,随便穿吧! 于是,小罗穿着她在学校时常穿的一件

T恤衫和一条迷你裙,还特意戴上了男朋友祝贺应聘成功而赠送的项链和耳环,高高兴兴地来上班了。和平时一样,地铁人来人往,乘客陆陆续续走了进来。小罗很有礼貌地与乘客打招呼,但是乘客们都对她不理不睬。小罗看到一位五十岁左右的阿姨犹豫地站在售票机前,似乎不知道该怎么购票。小罗热情地迎上去说:"阿姨您好!请问您想要购买到哪里的票卡?"阿姨抬头看了小罗一眼,竟然转身走了,很快客运值班员带着阿姨回到售票机前,帮她买好了票,并说:"对不起!阿姨,这位小罗是我们新来的同事,我马上让她去换工作服装,让您受惊了,真是对不起!"小罗很是惊讶——乘客竟然把自己当成了坏人。

服装礼仪具有重要的自我表达功能,乘客常常会凭借服装来判断这个人的身份。作为一名车站服务人员,着装应规范、注重细节。正确着装、规范着装是我们留给乘客的第一印象,也是获得乘客信任的第一步。

由此可见,制服真的是个无声的符号。它在客运服务工作中影响力越来越大,它可以传达出你所在的职业信息、行业信息、职业化程度等。在职场中不能片面讲求"人靠衣服马靠鞍"的观点,要从本质上符合公司的职业特点和精神面貌等,才能展现出独特的个人风采,见图2-8。

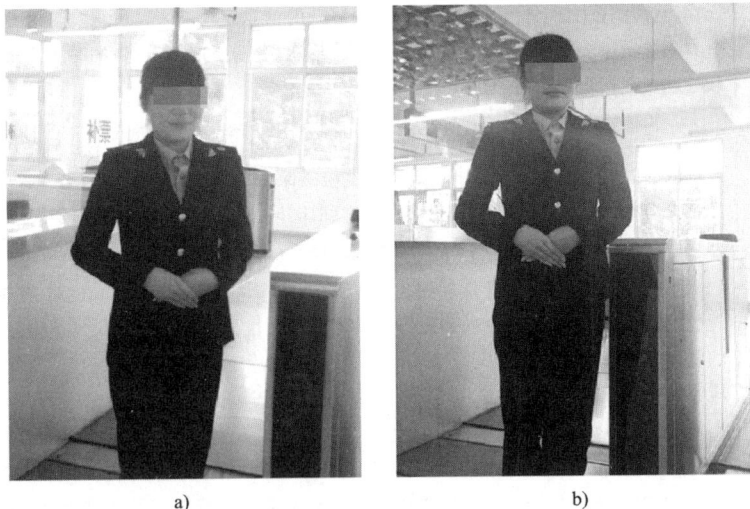

a)   b)

图2-8 制服

制服穿着要求如下:

(1)外观整洁,制服平时要熨烫平整、干净卫生。

(2)着装文明,避免衬衣过分薄透、过分短小,穿适合自己身材的号码的衣服。

(3)搭配得当,体现出落落大方。

试穿制服的方法

将全部的扣子都扣上,看看肩膀等处的线条是否流畅,领围大小是否合适;将手臂抬起、放下,弯弯臂肘,看会不会出现紧绷的感觉;做一个伸展动作,感觉是否有某处太紧、太松;坐下来,感觉一下裤装的臀部是否舒适,看看裙子的长短是否得体;慢慢蹲下身,看看是否有过于紧绷的地方;来回走走,请同事看看袖长、裤长是否太长或太短。

三、化妆礼仪

自然淡雅、扬长避短、整体协调是化职业妆必须遵守的原则,化淡妆步骤技巧如表2-7所示。

自我分析 SWOT 量表,见表2-8。

化淡妆的步骤

化 妆 步 骤 技 巧

表2-7

妆前控油遮毛孔	跟大部分的妆容一样,需要使用遮毛孔产品,将产品以逆毛孔画圈的方式,涂抹在鼻周等毛孔粗大处,需要注意的是不需要太多的量,不要使用过厚
打粉底	(1)选择适合自己肤色的粉底; (2)用粉扑或手指完成打底过程,注意面部与颈部的衔接; (3)底妆要达到调整肤色、遮盖瑕疵、光亮皮肤的效果
眼部化妆	(1)服务人员眼部化妆以浅咖啡色、淡蓝色为宜,睫毛膏以黑色、深棕色为宜; (2)画眼线时要贴着睫毛根部描画,淡妆眼线稍细些; (3)刷睫毛时先用睫毛夹将睫毛夹翘,然后涂抹均匀; (4)妆后要注意检查是否完好,眼线、眼影是否有脱落; (5)尾端睫毛需要夹翘; (6)因为眼尾睫毛和眼线是最容易晕染的,因此对于这些地方,我们需要将睫毛夹以侧面角度夹出卷翘感,这个做法也可以让我们的眼妆更加干净; (7)在睫毛膏方面,我们需要选用防晕染睫毛膏,使用前一定要将多余睫毛膏刮留于瓶口,要不然过量的睫毛膏会让上下睫毛粘在一起

续上表

画眉毛	(1)用眉笔顺着眉毛的生长方向进行描画; (2)用眉刷定型,最好用深棕色、浅棕色眉笔; (3)切记不可将眉毛画成一条重重的黑色
涂腮红	在笑肌刷上腮红,为了平衡妆感,在两颊的笑肌上直接打平,刷上略带珠光的粉色腮红,这个做法能够让粉雾底妆不会失去亮泽 (1)应涂在微笑时面部的最高点,均匀晕染; (2)皮肤白的人一般选用粉色,肤色较深的用桃红或珊瑚色; (3)皮肤红润的可省略
唇	(1)通常使用白色或液体唇膏来保持唇部湿润,并使唇膏颜色保持持久; (2)一般要与胭脂颜色保持协调,属同一色调; (3)避免口红长时间晕染,最好画唇线,与唇膏颜色一致

练一练

自 我 分 析

(1)目的:根据以上理论知识,增强自我认识,找出自己的不足之处,改掉具体的不足之处。

(2)组织:学生根据自身情况填写SWOT量表(表2-8)。

填写完成后,每组3~4人进行讨论,增强自我认识,改掉不足之处。小组活动评价见表2-9。

自我分析SWOT量表　　　　　　表2-8

Strengths［优势(自身具备的优点)］	Weaknesses［劣势(自身不足之处)］

续上表

Opportunities [机会(促进自身改进的情境)]	Threats [威胁(阻碍自身改掉不足之处的原因)]

小组活动评价表　　　　　　　　　　　　　　表 2-9

评价方面	评价标准	评价分数(20分)	得　　分
优势	切合实际表现,符合自身表现	5	
劣势	敢于写出自己的不足之处,并且符合自己的实际情况	5	
机会	思维活跃,想出的情境具有可执行性	5	
威胁	阻碍自身发展的原因充分,实际存在	5	

(3)考核:教师指导学生分析 SWOT 量表中的内容,针对学生自身的优势和不足之处,督促学生制订适合自己的提升方案,并督促其执行。

想一想

某地铁公司运营部招聘,对于许多刚毕业的学生来讲,这是一个好的机会,应很好地把握、抓住机会。

小王(女)和小罗(男)是同届毕业生,如图 2-9 所示,两人同时去地铁公司面试。面试官会怎样和他们沟通呢? 他们的穿着有什么问题吗?

图 2-9　面试着装

任务二　仪 态 礼 仪

情境导入

俗话说"坐有坐相,站有站相"。人们在交谈中的一个眼神、一个动作、一个表情,都能体现出其修养和风格,服务人员在为服务对象提供服务时,优雅的坐、立、行、走仪态都可以起到事半功倍的效果。

一、站姿礼仪

站姿是指人在停止行动之后,直立身体、双脚着地的姿势。正确的站姿会给人以挺拔俊秀、舒展俊美、庄重大方、精力充沛、信心十足、积极向上的印象。优美的站姿是展现人体动态美的起点,是培养仪态美的基础。

站姿基本要求及禁忌

1.站姿标准（表2-10）

站 姿 标 准 表2-10

男　士		女　士	
男士站立时，手可自然下垂，也可在体前或体后交叉；双脚直立，两脚自然分开，身体重心放在两脚中间，两脚张开约60°，不宜超过肩宽		女士站立时，双手自然下垂或于腹前交叉，双肩外扩以使胸部挺出，气沉丹田，收腹提臀。双脚呈丁字状，即前一只脚的脚跟轻轻地靠近后一只脚的脚弓，将重心集中于后一只脚上	

2.站姿的禁忌

（1）没精打采；

（2）倚靠他物；

（3）晃腿、晃动身体；

（4）两臂抱胸；

（5）低头。

3.站姿的分类

（1）前搭手站姿

双手四指并拢，右手放在左手上，并且大拇指自然放到手心处，双手整体放到腹部前。前搭手位站姿是工作时运用最多的站姿体态，一般与乘客交流都采用前搭手位站姿。

（2）后搭手站姿

男士右手在外左手在内，并且左手自然握住右手放于腰部，双脚与肩同宽。适用于前方无人的情况，同时也是客运服务人员在巡视时常用的站姿。

（3）垂直式站姿

双臂自然下垂，双手的中指分别放在两边的裤线上，手指自然放松，整个站立过程要自然放松。适用于训练标准体态或重要领导审查、检阅的情景。

> **练一练**
>
> ### 站 姿 训 练
>
> 1.靠墙站立
>
> 　　两个人一组，一人训练、一人监督，监督者协助训练者做到脚跟、小腿、臀部、双肩、头部和颈部都紧紧贴在墙面上。
>
> 2.顶书训练
>
> 　　在站立过程中，在头上放一本书，颈部挺直，下巴向内收，上身挺直，保持书的平衡的同时也检验自己的身体是否平衡。
>
> 3.夹纸练习
>
> 　　训练过程中，在膝盖处夹一张纸，以此来检验腿是否弯曲。

二、坐姿礼仪

1.坐姿标准

坐姿是指臀部在凳子、椅子等平面物体之上,单脚或双脚放在地上的一种姿势,是常用的静态姿势造型。不同的坐姿可以传达不同的情感,人体的静态美可以通过优雅的坐姿表现出来。

坐姿是以臀部和大腿承受身体的重量,使身体其他部位得以放松。坐姿的要点有立腰、挺胸、上体自然挺直、双膝自然并拢等。在城市轨道交通客运服务中,优雅的坐姿可以通过站务员的票务工作体现出来,城市轨道交通站务员在客运服务工作中坐姿要求见表2-11。

标准坐姿要求   表2-11

名称	基本要求	具体要求
坐姿	(1)入座时要轻稳; (2)入座后上体自然挺直,挺胸,双膝自然并拢,双腿自然弯曲,双肩平整放松,双臂自然弯曲,双手自然放在双腿上,掌心向下; (3)头正、嘴角微闭,下颌微收,双目平视,面容平和自然; (4)坐在椅子上,应坐满椅子的2/3; (5)离座时,要自然稳当	〔男士〕 上身挺直、坐正,胸部挺起,下颌微收,两膝分开、不超过肩宽,两手分别放在膝盖上;或者右腿垂直地面,左腿重叠在膝盖上,脚尖向下,双手放在扶手或双腿上。如长时间端坐,可双腿交叉重叠,但要注意将上面的腿向回收,脚尖向下。 〔女士〕 坐在椅上,应至少坐满椅子的2/3,头平正,上身正直稍向前倾,双膝并拢,两手交叉放在腿上;或者双腿并拢斜向一侧,还可以两腿交叠斜向自己身体一侧。如果着裙装,入座前应先将裙角向前收拢,两腿并拢,双脚同时向左或向右放,两手叠放于左右腿上。不宜将裙子下摆东撩西扇,也不宜在公共场所整理服饰。 如长时间端坐,可将两腿交叉重叠,但要注意上面的腿向回收,脚尖向下
图示		
离座时	(1)先有表示; (2)注意先后; (3)起身缓慢; (4)站好再走; (5)从左离开	(1)离开座位时,身旁如有人在座,须以语言或动作向其示意,方可站起; (2)地位低于对方时,应稍后离开,双方身份相似时,才可同时起身离座; (3)起身离座时,最好动作轻缓,无声无息; (4)离开座椅时,先要采用"基本的站姿",站定后,方可离开; (5)从座椅左侧离开

2. 八种常用坐姿

(1) 正襟危坐式

此种坐姿又称最基本的坐姿,适用于最正规的场合。要求上身与大腿,大腿与小腿,小腿与地面,都呈直角,双膝双脚完全并拢。

(2) 垂腿开膝式

多为男性所使用,也较为正规。要求上身与大腿,大腿与小腿,皆呈直角,小腿垂直地面。双膝分开,但不得超过肩宽。

(3) 双腿叠放式

适合穿短裙的女士采用(或身份地位较高时),造型极为优雅,有一种大方高贵之感。要求将双腿完全地一上一下交叠在一起,交叠后的两腿之间没有任何缝隙,犹如一条直线。双腿斜放于左右一侧,斜放后的腿部与地面呈45°角,叠放在上的脚尖垂向地面。

(4) 双腿斜放式

适用于穿裙子的女性在较低处就座使用。要求双膝先并拢,然后双脚向左或向右斜放,力求使斜放后的腿部与地面呈45°角。

(5) 双脚交叉式

适用于各种场合,男女皆可选用。要求双膝先要并拢,然后双脚在踝部交叉,交叉后的双脚可以内收,也可以斜放,但不宜向前方远远直伸出去。

(6) 双脚内收式

适合一般场合,男女皆宜。要求两大腿首先并拢,双膝略打开,两条小腿分开后向内侧屈回。

(7) 前伸后屈式

女性适用的一种优美的坐姿。要求大腿并紧之后,向前伸出一条腿,并将另一条腿屈后,两脚脚掌着地,双脚前后保持在同一条直线上。

(8) 大腿叠放式

多适用男性在非正式场合使用。要求两条腿在大腿部分叠放在一起,叠放之后位于下方的一条腿垂直于地面,脚掌着地,位于上方的另一条腿的小腿则向内收,同时脚尖向下。

3. 坐姿的注意事项

(1) 坐时不可前倾后仰,歪歪扭扭。

图2-10 不优雅坐姿示例

(2) 双腿不可以过于叉开,或者长长地伸出。

(3) 坐下后不可以随意挪动椅子。

(4) 不可以将大腿并拢,小腿分开,或双手放于臀部下面。

(5) 不可高架"二郎腿"。

(6) 不可腿脚不停抖动。

(7) 不要猛坐猛起。

(8) 与人谈话时不要用手支着下巴。

(9) 坐沙发时不应该太靠里面,不能呈后仰状态。

(10) 双手不要放在两腿之间。

不优雅坐姿如图2-10所示。

練一練

坐 姿 训 练

（1）两人一组,面对面练习或者一人练习一人监督,指出对方的不足。

（2）坐在镜子前练习,按照坐姿的要求加以改正。

三、行姿礼仪

1.行姿的标准

行姿是一种动态的姿势,是立姿的一种延续,行姿可以展现人的动态美。在日常生活或公众场合中,走路是浅显易懂的肢体语言。它能够将一个人的韵味和风度表现出来。正确的行姿能够体现一个人积极向上、朝气蓬勃的精神状态。

城市轨道交通客运服务工作中行姿的要求见表 2-12。

行姿基本要求及禁忌

行 姿 要 求　　　　　　　　　　表 2-12

行姿要求	行走时步态是否美观,关键取决于步度和步位。行进时前后两脚之间的距离称为步度,在通常情况下,男性的步度是 25cm,女性的步度大约为 20cm。女性走路时,倘若两脚分别踩两条线走路,则是有失大雅的。步态美的一个重要方面是步速稳健,使步态保持优美,行进速度应该是保持平稳、均匀,过快或过慢都是不优雅的。在行进过程中,膝盖和脚腕要有弹性,腰部应成为身体重心移动的轴线,双臂要轻松自然地摆动,身体各部位之间要保持动作和谐,使自己的步调一致,显得优美自然,否则就显得没有节奏。 男士步幅以一脚半距离为宜,步速为 108 ~ 110 步/min。 女士步幅以一脚距离为宜,步速 118 ~ 120 步/min	行姿示范

2.不同工作情况下的行姿标准

（1）与乘客迎面相遇时,工作人员应放慢脚步,面带微笑、目视乘客表示歉意,并实时伴随礼貌的问候用语,以规范的"右侧通行"原则,让乘客先行。

（2）陪同引领乘客时,如果乘客同行,应遵循"以右为尊"的原则,工作人员应走在乘客的左侧,引领乘客时应走在乘客的左前方两三步的位置,行进步速需与乘客步幅保持一致。

（3）进出升降式电梯、无人操控电梯时,乘客后进先出,有人操控电梯时乘客先进先出。

（4）搀扶帮助他人时,注意步速与对方保持一致,在行进过程中适当停顿,询问乘客身体情况。

3.行走时的禁忌

行走时切忌摇头晃脑,身体不能左右摆动,脚尖不能向内或向外,摆着"鸭子"步;或者弓背弯腰,六神无主;双手乱放,没有规矩,双手插在衣服口袋、裤袋之中,双手掐腰或倒背双手;或东张西望,左顾右盼,指指划划,对人品头论足;与几个人一路同行,搭背勾肩,或者蹦跳,或者大喊大叫等均为不良表现。

行 姿 训 练

在地上画一条线,在直线上反复走,行走时使双脚的内侧踩在直线上。训练时应特别注意挺胸立腰,腰部不能松懈;还应注意掌握迈步要领:脚跟着地,脚掌紧接着落地,脚后跟离地时要用脚尖蹬地推送,膝部不能弯曲。

四、蹲姿礼仪

在日常生活中,人们对掉在地上的东西,一般是习惯弯腰或蹲下将其捡起。而身为城市轨道交通站务员,对掉在地上的东西,也像普通人一样采用一般随意弯腰蹲下捡起的姿势是不合适的。

蹲姿基本要求及禁忌

1. 蹲姿要求(表 2-13)

蹲 姿 要 求 表 2-13

蹲姿要求	(1)下蹲拾物时,应自然、得体、大方,不遮遮掩掩; (2)下蹲时,两腿合力支撑身体,避免滑倒; (3)下蹲时,应使头、胸、膝关节在一个角度上,使蹲姿优美; (4)女士无论采用哪种蹲姿,都要将腿靠紧,臀部向下; (5)女士标准蹲姿见右图	
注意事项	(1)突然下蹲; (2)背正对着他人下蹲; (3)女士下蹲毫无遮掩; (4)蹲在椅子上; (5)错误蹲姿见右图	

2. 蹲姿种类

(1)交叉式蹲姿

在实际生活中,常常会用到蹲姿,如集体合影前排需要蹲下时,女士可采用交叉式蹲姿,下蹲时右脚在前,左脚在后,右小腿垂直于地面,全脚着地;左膝由后面伸向右侧,左脚跟抬起,脚掌着地;两腿靠紧,合力支撑身体;臀部向下,上身稍前倾。

（2）高低式蹲姿

下蹲时右脚在前,左脚稍后,两腿靠紧向下蹲;右脚全脚着地,小腿基本垂直于地面,左脚脚跟提起,脚掌着地;左膝低于右膝,左膝内侧靠于右小腿内侧,形成右膝高左膝低的姿态,臀部向下,基本上以左腿支撑身体。

> **练一练**
>
> ### 蹲 姿 训 练
>
> 用标准蹲姿在地上拾东西,例如书、钥匙等。

五、微笑（表情）礼仪

微笑可以表现出温馨亲切感,亲切感能有效地缩短沟通双方的距离,给对方留下美好的印象,从而形成融洽的交往氛围。微笑是指轻微的笑,略带笑容,是不显著、不出声的一种笑,微笑要有内涵,不是皮笑肉不笑,微笑要以良好的技能为前提,否则就成了傻笑。

1. 微笑的标准（图2-11）
（1）面部表情和蔼可亲,伴随微笑自然地露出8颗牙齿,嘴角微微上翘。
（2）微笑时真诚、甜美、亲切、善意、充满爱心。
（3）口眼结合,嘴唇眼神含笑。

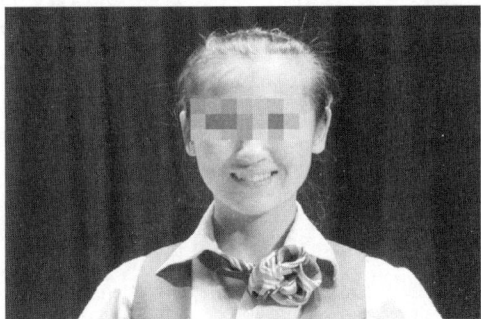
a)

b)

图2-11　微笑的标准

微笑服务的要求

2. 微笑的分类
（1）一度微笑
嘴角微微翘起,做自然轻度微笑,表示友好情绪,适宜社交场合初次见面。
（2）二度微笑
嘴角明显上弯,肌肉较明显舒展,表示亲切、温馨,适宜社交场合与熟人亲友间友谊性微笑。
（3）三度微笑
嘴角大幅上扬,两颊肌肉明显向两侧推展,表示亲爱甜蜜情绪,适宜亲人、恋人。

练一练

微 笑 训 练

可以经常通过咬筷子的方法来进行微笑练习。微笑练习方法如图 2-12 所示。

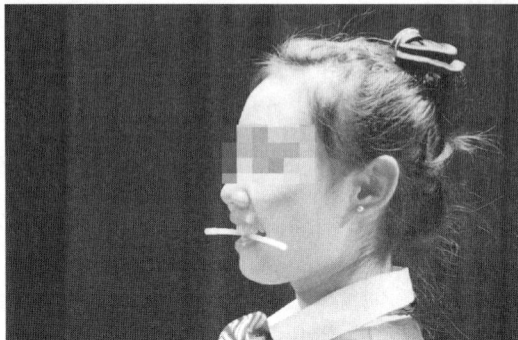

图 2-12　微笑练习方法

六、鞠躬礼仪

鞠躬即弯腰行礼，是表示对他人敬重的一种郑重礼节，它是问候的一部分，充分表达对来者的敬意。

交谈礼仪

1. 鞠躬礼仪的要求（表 2-14）

鞠 躬 礼 仪 要 求　　　　　　　　　　　　　　　表 2-14

适用场合	(1)鞠躬适用于庄严肃穆、喜庆欢乐的场合； (2)日常生活中学生对老师、晚辈对长辈、下级对上级、表演者对观众等都可行鞠躬礼； (3)领奖人上台领奖时，向授奖者及全体与会者鞠躬行礼； (4)演员谢幕时，对观众的掌声常以鞠躬致谢，演讲者也可用鞠躬来表示对听众的敬意； (5)遇到客人表示感谢、回礼或是遇到尊贵客人时，均可行鞠躬礼
动作要领	(1)首先站好，以良好的站姿为基础，双手在身前搭好，双眼注视对方，面带微笑； (2)鞠躬时，以臀部为轴心，将上身挺直地向前倾斜，倾斜的角度也不一样，一般是90°、45°和15°，目光随身体自然下垂到脚尖前1.5m处，鞠躬完之后，再恢复到标准的站姿，目光再注视对方脸部； (3)鞠躬时应做到文明，鞠躬的同时要问好，声音要热情、亲切
鞠躬的禁忌	(1)只弯腰不低头； (2)只低头不弯腰； (3)头部左右晃动； (4)双腿没有并齐； (5)驼背； (6)低头程度过高 鞠躬标准

2.鞠躬按照上身倾斜角度不同分类

（1）一度鞠躬

上身倾斜角度为15°左右，表示致意。

（2）二度鞠躬

上身倾斜角度约为30°，向对方表示敬意，在商业往来中普遍使用。

（3）三度鞠躬。

上身倾斜角度约为45°，向对方表示深度敬礼和道歉。

练一练

鞠　躬　练　习

学生两人一组，一起练习鞠躬礼，同时在行鞠躬礼时辅以相应的语言。

七、助臂(服务手势)礼仪

手是人体态语中最重要的传播媒介，招手、挥手、握手、摆手等都表示着不同的意义，人在紧张、兴奋、焦急时，手都会有意无意地传递出情绪的信息。作为仪态礼仪的重要组成部分，手势是人们交往时不可缺少的动作，是最有表现力的一种"体态语言"。俗话说："心有所思，手有所指"。手的魅力并不亚于眼睛，甚至可以说手是人的第二双眼睛，手势表现的含义非常丰富，表达的感情也非常微妙复杂。城市轨道交通服务人员助臂礼仪见表2-15。

助　臂　礼　仪　　　　　　　　　　表2-15

横摆式——(请进)在表示"请进""请"时常用横摆式。 做法：五指并拢，手掌自然伸直，手心向上，肘稍弯曲，腕低于肘，开始做手势时手掌慢慢从腹部抬起和身体呈15°时便可，但切记此过程中一定要面带微笑，目视宾客，表示对宾客的尊重 	双臂横摆——(大家请)当来宾较多时，表示"请"动作可以大一些，采用双臂横摆式。 动作要领：两肘微曲，向两侧摆出，指向前进方向一侧的臂应该抬高一些

续上表

曲臂式——(里边请)五指并拢,手掌伸直,从身体一侧由下向上抬起,以肩关节为轴,到腰的高度,再由身前左方摆去,摆到距身体15cm,且不超过躯干的位置时停止,目视来宾,面带笑容	直臂式——(请往前走)需要给宾客指明方向时,采用直臂式。 动作要领:手指并拢,手掌伸直,从身前抬起,向抬到的方向摆去,摆到肩的高度时停止,肘关节伸直	斜臂式——(请坐)请客人落座时,手势应摆向座位的地方,从身体的一侧抬起,到高于腰部后再向下摆去,使大小臂呈一斜线

八、握手礼仪

在日常的社会交往中,握手早已经成为一种习以为常的礼节。通常,与人初次见面,熟人久别重逢、恭贺、致谢、告辞或送行等均以握手表示自己的情感。因此,掌握正确、礼貌的握手礼仪可以促进人与人之间的感情关系。工作中握手礼仪的方法见表2-16。

握 手 礼 仪 表2-16

握手的顺序	主人、长辈、上司、女士主动伸出手,客人、晚辈、下属、男士再相迎握手	
握手的方法	(1)记住握手次序,虽然你先伸出手来表示热情,但是有时候也是失礼的,握手一定是上级先伸手、长辈先伸手、女士先伸手、主人先伸手,普通情况下如果女士不先伸手,男士一定不要先向女士伸手; (2)握手前要面带微笑,右边胳膊自然向前伸出,与身体保持50°左右的夹角,手掌向左,四指并拢,掌心和地面保持垂直,虎口一定张开,动作自然放松; (3)握手时五个手指头握住对方手掌,轻轻地握一下,不可用力过大,上身稍微前倾一下,头部略略低下,看着对方,注意要微笑;如果男人和女人握手时,只握住手指部分即可; (4)握手时掌心尽量向上显得谦恭,握手一般时间为2~3s,不要超过4s,握手一定要显示诚意和热情,不可乱看,不可漫不经心	

练一练

握 手 练 习

与家人、朋友进行握手礼练习。

九、视线礼仪

1. 人际交往中的注视范围

与人交谈时,目光应该注视着对方,目光限于上至对方额头,下至对方衬衣的第二粒纽扣以上,左右以两肩为准的区域内。在这个区域内,一般有三种注视方式。

(1)公务注视

一般用于洽谈、磋商等场合,注视的位置在对方的双眼与额头之间的区域。

(2)社交注视

一般在社交场合,如舞会、酒会上使用,注视的位置在对方的双眼与嘴唇之间的三角区域。

(3)亲密注视

一般在亲人之间、恋人之间、家庭成员等亲近人员之间使用,注视的位置在对方的双眼和胸部之间。

2. 注视角度

在服务中,既要方便服务工作,又不至于引起服务对象的误解,就需要有正确的注视角度。

(1)正视对方

即在注视他人的时候,与之正面相向,同时还须将身体前部朝向对方。正视对方是交往中的一种基本礼貌,其含义表示重视对方。

(2)平视对方

在注视他人的时候,目光与对方相比处于相似的高度。在服务工作中,平视服务对象可以表现出双方地位平等和不卑不亢的精神面貌。

(3)仰视对方

在注视他人的时候,本人所处的位置比对方低,就需要抬头向上仰望对方。在仰视对方的情况下,往往可以给对方留下信任、重视的感觉。

任务三　语 言 礼 仪

情境导入

语言是怎么产生的呢?

神授说:语言是上帝或者神灵赐予人类的。

人创说:语言是人自己创作的。

劳动创造说:语言是从劳动中并和劳动一起产生的。

你会怎样定义语言?

国外曾有谚语:"用十秒钟的时间讲,用十分钟的时间听。"社会学家保罗·兰金(Paul Rankin)也指出,在人们日常的语言交往活动(听、说、读、写)中,听的时间占45%,说的时间占30%,读的时间占16%,写的时间占9%,只有把这些结合在一起,才会有人的言行一致。这说明,语言在人们交往中居于非常重要的地位。

一、谈话与倾听礼仪

语言礼仪规范文明的要求见表2-17。

语言礼仪规范文明的要求　　　　　　　　　　　　表2-17

倾听礼仪	(1)善于倾听,给对方说话的机会,可以了解对方的意图或想法,获得必要的信息,提供最新的资料,注意聆听别人的讲话,从其说话的内容、声调、神态中可以了解对方的需要、态度、期望和性格,他们会自然地向你靠近,这样你就可以与很多人进行思想交流,建立较广泛的人际关系。 (2)倾听过程中还可以同时思考自己所要说的话,整理自己的思想,寻找恰当的词句,适时表明自己的观点和态度,给人鲜明的印象。在倾听过程中给予相应的回答,只有既讲又听才可以满足双方的需要,也只有如此,才能使交谈顺利进行。如果只顾自己讲,不想听对方说,则一定是交谈中的"自私者",当然也是不受欢迎的。 (3)要站在对方的立场去听、去反应、去认识、去理解、去记忆,因为这种听话的方式,既能使听者集中注意力全神贯注地听,又能较好地理解说话者的原意,使对方受到尊敬和鼓舞,愿意讲真话,说实话,并发展彼此友好的往来关系
谈话礼仪	(1)交流感情,增进了解。要选择一个安静的环境进行交谈,以减少外界噪声的干扰。 (2)要设法使交谈轻松自如,不要使对方感到拘束,同时消除心理上的障碍,不要预先存在想法,不可显示出不耐烦的样子,也不要过早地做出判断,因为过早表态往往会使谈话夭折。要少讲多听,不要随意打断对方。还要注意听其内容,而不必过多地考虑对方的谈话技巧。 (3)语速不宜过快,语调要低沉明朗,发音清晰,层次清晰,音量大小适中,配合脸部表情,懂得适当停顿。 (4)谈话过程中,不仅要注意倾听,还要善于提问。恰当的提问可从对方那里了解到自己不熟悉的情况,或将对方的思路引导至某个要点上,有时还可以打破冷场,避免僵局。提出的问题对方一时回答不上来,或不愿回答,不宜生硬地追问或跳跃式地乱问,要善于调整话题。 (5)谈话结束的时候尽量不产生异议,能够主动示好,增进感情。比如谈话结束了,主动谈话一方可以说:"非常感谢您给了我许多教诲和帮助。"另一方则可以说:"不必客气,以后有什么需要我帮忙的,尽管说。"
提问礼仪	(1)思考需要提出的问题准确、清晰。 (2)把握好提问的时机,要有时效性。 (3)语气委婉得当,尽量客观友好,避免责问、逼问的不良语气。 (4)对问题本身进行必要的、详尽的说明,以便他人回答时容易理解。 (5)注意问题的分类要正确,以便更快地得到满意的回答。 (6)提问使用礼貌用语:"请问""劳驾"等
拒绝的艺术	(1)该说"不"时就说"不"。 (2)明确地说出事实,及早拒绝,以免更多的伤害。 (3)部分承认或称赞对方的说辞,使拒绝易于接受。 (4)让对方明白,此次被拒,还有下次机会

二、劝告与说服礼仪

古希腊有句民谚:"聪明的人,借助经验说话;而更聪明的人,根据经验不说话。"中国人则流传着"言多必失"和"讷于言而敏于行"这样的醒世名言。这说明,有时功夫并不在说上,相反却是在听、行动上。给对方一个说的机会,自己多思考多做,有时会带来意想不到的好效果。

如果你想成功说服对方,要适时地为对方提供一个说话的机会,对方才会有反应,你的说服工作也会进行得很顺利。

（1）要有足够的了解,即使对方刻意隐瞒,也难免在不自觉中透露出些许有用的信息,如此你就可以知道对方心中的某些想法。

（2）认真关注对方的任何动作、语言信息,会让对方觉得你很重视他。

（3）明白对方的心态,让说服的目标明朗化,借此使你的说服力在无形之中跟着加强。

（4）要认真细心地去发现细节。你的态度会令对方感到你的与众不同,进而增加对你的信任感。当然,对方也会很愿意向你敞开心扉。

（5）认真倾听对方的讲话,判断对方表露出来的心理变化,有针对性地引出说服的话题。

（6）对方一旦敞开心扉,就会把自己的心事向你诉说,这样你就能得到更多有利的信息。

（7）取得对方的信任显然是成功说服的关键,取得了对方的信任再切入说服的主要内容,能够充分利用掌握的信息资源。

三、应答礼仪

在服务的过程中,工作人员回应乘客的询问并提出解答时所表现出的礼仪行为即应答礼仪。在涉及应答礼仪时要注意下列细节:

（1）应答乘客询问时要站立回答,站姿要标准,目视乘客,注意力集中,聆听乘客的问题,尽量做到边听边做记录,给乘客一种备受重视之感,在回答问题时不能漫不经心地应付,表达要清晰,发音标准,讲话声音不宜过大或太小。

（2）应答乘客提问时,语言要精简、准确,语气温和。

（3）在服务时,遇到讲话含糊不清、语速非常快的乘客,要委婉礼貌地请乘客重复一遍,不能自己没听懂或不明白就主观臆断,给出含糊或者错误的解答。

（4）遇很多乘客都在询问时,应沉着冷静,严格按照先后顺序,分清轻重缓急,逐一作答,不能只和一位乘客交流沟通,也要注意用眼神与其他人交流。

（5）对于乘客无理的要求,需要平静处理,或婉言拒绝,或委婉回答,切不可与乘客针锋相对。

（6）对于乘客的当面批评与指责,如果属于工作人员的疏忽所致,应先安抚乘客情绪并且进行道歉,其次对乘客的关注和提出问题表示感谢,并立即报告上级进行处理。

(7)如果乘客提出了过分的要求及某些问题不在自己权限范围内的,需要立即报告上级进行处理。

(8)常用的应答用语包括"好的""我知道了""是的,应该这样"等。

任务实施

仪态礼仪练习

1.实训内容

根据仪态礼仪实训考核评分表(表2-18)上的考核内容进行活动。

仪态礼仪实训考核评分表　　　　　　　　　　表2-18

学生姓名:　　　　　　所在小组:　　　　　　得分:

考核名称	考核内容		分值	自评分	小组评分	实得分
站姿	身体各部位的姿态	头部	2			
		颈部	2			
		肩部	3			
		胸部	3			
		腰部	3			
		手位	6			
		两脚	3			
	不同站姿的展示	肃立	6			
		直立	6			
	顶书训练效果		6			
坐姿	坐姿基本动作要领的展示		6			
	脚的摆放方式		6			
	入座后姿态的整体保持效果		4			
	入座前后的其他要求		3			
身体姿态	身形		6			
微笑	表情	不同情境的表情	2			
	眼神	不同情境的眼神表现	2			
	综合	微笑与眼神的协调情况	6			
行姿	跨步的均匀度		5			
	手位的摆动		5			
	根据音乐情境变换步伐		5			

考核名称	考核内容	分值	自评分	小组评分	实得分
蹲姿	上身姿态	5			
	起身动作	2			
	面部表情	3			

2.实训组织

(1)根据学生人数,4～6人组成一个小组,选出组长,小组合作完成。

(2)穿正装,女同学必须穿高跟鞋进行练习。实训过程中配以适当的音乐,保持愉快的心情。站姿、坐姿等仪态每次不少于15min。

3.实训素材

多媒体形体教室、电脑、桌子、椅子、书、筷子、笔等训练用材料。

4.实训步骤与实施

(1)各小组进行练习,教师根据学生的练习情况给予指导,训练完成后根据"仪态礼仪实训考核评分表"进行模拟比赛。

(2)小组总结和汇报。每个小组由组长负责,充分调动小组成员的积极性来完成活动,一个小组考核时,其他小组可以进行监督,对发言踊跃的小组给予加分,最后小组之间相互打分评价。

5.实训评价与反馈（表2-19）

仪态礼仪训练评分表　　　　　　　　　　表2-19

班级		姓名		小组		
活动名称		仪态礼仪训练				
考核内容	评价标准			参考分值	考核得分	
	优秀	良好	合格		自评（10%）	互评（30%）	师评（60%）
1 活动参与情况	积极参与,按任务要求做,小组合作良好,能够发挥每个人的作用	按时完成任务要求,有个别人没有发挥作用	能够参加任务活动,认真思考,但小组没有合作,主要依赖1～2个人	30			

考核内容		评价标准			参考分值	考核得分		
		优秀	良好	合格		自评（10%）	互评（30%）	师评（60%）
2	技能掌握情况	能够认识仪态礼仪在城市轨道交通中的重要作用，熟练掌握仪态礼仪的动作要求，并严格按照要求进行训练活动	能够初步认识仪态礼仪在城市轨道交通中的重要作用，熟练掌握仪态礼仪的动作要求，初步能够按照动作要求进行训练活动	基本认识仪态礼仪在城市轨道交通中的作用，能够完成基本的仪态礼仪训练活动，个别活动需要小组协助	40			
3	总结归纳相应知识情况	迅速熟练保质完成活动中要求的内容	按时熟练完成活动中要求的内容	基本能够按时完成活动中要求的内容	30			
总体评价					总分			

6. 实训效果（表2-20）

学生学习过程量表

表2-20

姓名：　　　　　　班级：　　　　　　组别：　　　　　　得分：

要素	A 优秀（80～100分）	B 合格（60～79分）	C 不合格（60以下）	总评		
				自评（20%）	互评（30%）	师评（50%）
学习态度	学习态度好，并且能积极主动帮助别人，从而纠正他人的错误	学习态度较好，有时帮助他人，但不思考别人错误的方面	没兴趣参与学习活动，认为本次训练没有任何意义			

续上表

要素	A 优秀 (80~100分)	B 合格 (60~79分)	C 不合格 (60以下)	总　　评		
				自评 (20%)	互评 (30%)	师评 (50%)
参与情况	积极参与到教师所布置的各项任务中来,并且能够配合教师做各种示范动作,在小组练习中能够参与,有团队精神和合作意识	能按照教师的要求参与各项任务的活动,但是需要别人指引,很少能够自己主动参与进来,缺少团队精神和合作意识	参与被动或不愿意参加各项任务,基本没有团队精神和合作意识			
创新情况	在活动过程中,有自己独到的观点或主张,并愿意展示给老师和同学,与大家一起分享成功的喜悦	基本能够按照规程进行训练,按照别人意图进行训练,基本没有自己的观点或主张	没有达到学习和训练的目的,没有新观点			
你在本任务实施活动中有什么收获,有什么不足之处,准备如何改进提高?						

任务四　日常礼仪不规范现象

💻 **情境导入**

古人云:"不学礼,无以立"。礼仪是现代人的处世根本,是成功者的潜在资本,可以有效地展示个人的教养、风度和魅力。告别日常礼仪不规范现象,从这里开始吧!

一、常见现象

1.随便吐痰

吐痰是最容易直接传播细菌的途径之一。随地吐痰是非常没有礼貌而且绝对影响环境、影响我们身体健康的一种行为。如果要吐痰,可以把痰抹在纸巾里,丢进垃圾箱,或去洗手间,但不要忘了清理痰迹和洗手。

2.随手扔垃圾

随手扔垃圾是应当受到谴责的不文明的行为举止之一。

3.当众嚼口香糖

有些人必须嚼口香糖以保持口腔卫生,那么,我们应当注意在公众面前的形象,咀嚼的时候闭上嘴,不能发出声音,并把嚼过的口香糖用纸包起来再扔到垃圾箱。

4.当众挖鼻孔或掏耳朵

有些人,习惯用小指、钥匙、牙签、发夹等当众挖鼻孔或者掏耳朵,这是很不好的习惯,尤其是在餐厅或茶坊,别人正在进餐或喝茶,这种不雅的动作往往令旁观者感到非常恶心。

5.当众挠头皮

有些头皮屑多的人,往往在公众场合忍不住挠头皮,顿时头皮屑飞扬四散,令旁人大感不快,特别是在庄重的场合,这种行为很难得到别人的谅解。

6.在公共场合抖腿

有些人坐着时,双腿会有意无意地颤动不停,或者让跷起的腿像钟摆似的来回晃动,而且自我感觉良好。其实这种行为令他人很不舒服,这是一种不文明的表现,也不是优雅的行为。

二、案例分析

案例1

某晚,班上同学聚餐后,其中一人提议集体发短信给一位因工作忙碌未能参加聚餐的男同学以表示慰问。笔者听到这个提议,第一反应是:这样做合适吗?

【分析】

首先,既然那位同学很忙,一人一个短信发过去,极可能妨碍他的工作;其次,我们待吃喝玩乐结束后才发短信过去,颇有说风凉话的嫌疑;再者,那位同学可能会认为我们是在可怜他(事实上的确是)而因此感到不快。

提议的人无疑是出自一片好心,自以为有礼,但在没有经过仔细思考的情况下,却可能做了坏事而不自知。

"礼仪"存在的目的,是为了让对方感到舒服。"礼"是精神,"仪"是行为,两者必须高度配合。因此,即使抱着"想让对方感到舒服"的心,要是没有做出适当的行为,还是没有用的。何况很多人——如上述的某人根本没想过,只是随心所欲率性而为,就产生了让人感到不舒服的"不规范行为"。

案例2

王某在参加公司客服人员培训时,手机铃声骤然响起,王某无所顾忌地接起电话,"吸引"了所有同事的目光,培训老师的课也不得不中断。

【分析】

手机是现代人们生活中不可缺少的通信工具,如何通过使用现代化的通信工具来展示现代文明,是生活中不可忽视的问题,如果事务繁忙,不得不将手机带到社交场合,那么你至少要做到以下几点:将铃声调至静音或者振动状态,以免惊动他人。铃响时,找安静、人少的地方接听,并控制自己说话的音量。如果在车里、餐桌上、会议室、电梯中等地方通话,应尽量使谈话简短,以免干扰别人。

如果有些场合不方便通话,就告诉来电者说你会打回电话的,不要勉强接听而影响别人。

案例3

李某是一名客服人员,晚上值勤,因为白天没休息好,在乘客向其咨询的时候不自觉地打了个哈欠。

【分析】

在交际场合,打哈欠给对方的感觉是:你对他不感兴趣,表现出很不耐烦了。因此,如果你控制不住要打哈欠,一定要马上用手盖住你的嘴,跟着说:"对不起"。

🖥 拓展提升

一、名片礼仪

名片的使用已成为人与人交往的一种重要手段。名片越来越成为一个人身份、地位的象征,体现了一个人的尊严、一个人的价值。同时,也是使用者要求社会认同、获得社会理解的一种方式。

1.交换名片

交换名片也有一定之规,其具体做法如下。

一是递交自己的名片。递名片给他人时,应郑重其事。最好是起身站立,走上前去,使用双手或者右手,将名片正面向上,交予对方。切勿以左手递交名片,不要将名片背面面对对方或是颠倒着面对对方,不要将名片举得高于胸部,不要以手指夹着名片给人。若对方是少数民族或外宾,则最好将名片上印有对方认得的文字的那一面面对对方。

将名片递给他人时,口头上应有所表示。可以说:请多指教、请多多关照、今后保持联系、我们认识一下吧,或是首先做一下自我介绍。

与多人交换名片,应讲究先后次序,由近而远,或由尊而卑。一定要依次进行,切勿采用跳跃式方法。当然,也没有必要滥发自己的名片。双方交换名片时,最正规的做法是,位卑者应当首先把名片递给位尊者。不过一般也不必过分拘泥于这一规定。

二是接受他人的名片。当他人表示要递名片给自己或交换名片时,应立即停止手中所做的一切事情,起身站立,面含微笑,目视对方。接受名片时,宜双手捧接,或以右手接过,切勿单用左手接过。

接过名片,首先要看,此点至为重要。具体而言,就是在接过名片后,当即要用一分钟左右的时间,从头至尾将其认真默读一遍。若有疑问,则可当场向对方请教,此举意在表示重视对方。若接过他人名片后看也不看便手头把玩,或弃之桌上,或装入衣袋,或交予他人,都是失礼的行为。

接受他人名片时,应口头道谢,或重复对方所使用的谦辞敬语,如请您多关照、请您多指教,切不可一言不发。

若需要当时将自己的名片递过去,则最好在收好对方的名片后再递,不要一来一往同时进行。

2. 索要名片

如果没有必要,最好不要强索他人的名片。若有心索要他人名片,则应采用以下几种方法:

一是明示法。即向对方提议交换名片。

二是交易法。即主动递上本人名片,此所谓将欲取之,必先予之。

三是谦恭法。即询问对方:今后如何向您请教?此法适用于向尊长索取名片。

四是联络法。即询问对方:以后怎样与您联系?此法适用于向平辈或晚辈索要名片。

3. 婉拒他人索取名片

当他人索取本人名片,而自己不想给对方时,不宜直截了当,而应以委婉的方法表达此意。可以说:对不起,我忘记带名片;或者说:抱歉,我的名片用完了。但若手中正拿着自己的名片,并且已被对方看见了,再如上述所讲显然不合适。

若本人没有名片,而又不想明说时,亦可以按上述方法委婉地表述。

如果自己名片真的没有带或是用完了,自然也可以这么说,不过不要忘记加上一句"改日一定补上",并且一定要言出必行,付诸行动。否则会被对方理解为自己没有名片,或故意不想给对方名片。

二、电话礼仪

电话是当今社会中最常用的通信工具之一,尤其是城市轨道交通的"地下"综合控制中心内,有线电话成了客运服务人员与上级、外界沟通的主要渠道,所以必须掌握正确的接打电话方法,如图 2-13、图 2-14 所示。

1. 接听电话礼仪

(1)接电话、问候

①接听要及时,铃响三声要接听,先问好。

②接外线电话要报公司名称,从他人处转来的电话应报部门名称和自己的姓名。

③如接电话稍迟一点儿,应该致歉,说声"让您久等了"。

(2)转接

若对方要找的人正在接听他人的电话,应告诉对方,并主动询问是否愿意转接。

(3)留言

①若对方要找的人不在,应主动询问对方是否希望留言或转告。

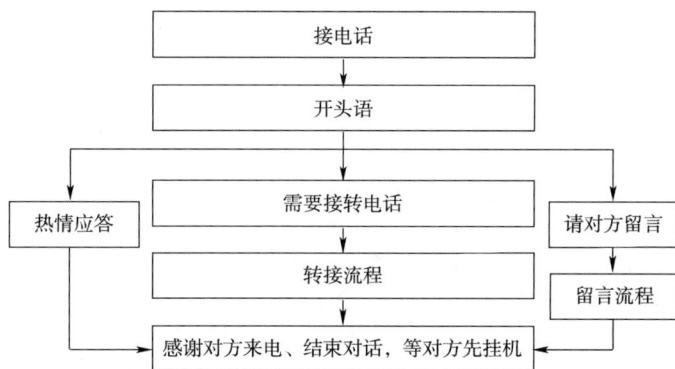

图 2-13 接听电话流程

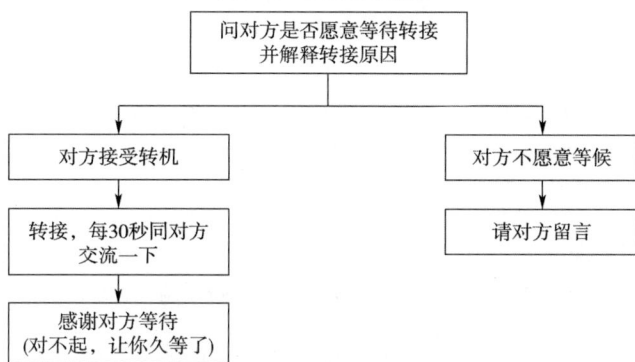

注：转接时应帮助对方找到要找的人，不能多人转接。

图 2-14 转接电话流程

②电话机旁应备有纸、笔供随时记录。

③按 who（谁）、when（什么时间）、where（在哪儿）、why（为什么）、how（怎么样）询问与记录。

④记录后复述内容，勿必记准确、全面；尤其记下人名、地名、日期、电话与数字等。

（4）通话后

①应轻放话筒，并在对方挂断后再放话筒。

②留言或转告要立即执行。将来电所托事项填写在"电话留言便条"上，或以口头形式传达，或以便条形式传递。

2. 接听电话技巧

（1）别轻易说出上司在场或有空，也不要轻易让上司接听电话，先弄清对方的身份和用意。

（2）尽量不要使上司受无意义的电话打扰，但对于自己不了解的人或事情不能轻易表态，尤其是否定，应有不拒绝任何可能的机会的意识。

（3）上司如果不在场，要有礼貌地请对方留言，不要简单地回绝对方。

（4）上司如不接电话，应该设法圆场，不让对方感到难堪和不安。

（5）通话时如果有他人进来，不得目中无人，应该点头致意。如果需要与同事讲话，应说"请您稍等"，然后捂住话筒，小声交谈。

（6）同一时刻应与同一对象进行沟通，转接时应说"对不起"。

三、办公礼仪（表2-21）

办公礼仪　　　　　　　　　　　　　　表2-21

办公礼仪	办公环境	**公共办公区** 不在公共办公区吸烟，不扎堆聊天，不大声喧哗，节约水电；禁止在办公家具和公共设施上乱写、乱画、乱刻、乱贴；保持卫生间清洁，在指定区域内停放车辆； 饮水时，如不是接待来客，应使用个人水杯，减少一次性水杯的使用，饮水时不要将水洒到地上； 如有条件，用餐需到指定地点，不许在办公区域内用餐；尤其不允许在他人办公室用餐； 不得擅自带外来人员进入办公区，会谈和接待安排在洽谈区域； 最后离开办公区的人员应负责关好电灯、门、窗及室内总闸
		个人办公区 办公桌位清洁，无可视灰；非办公用品不外露；桌面物品码放整齐； 当有事离开自己的办公座位时，应将座椅推回办公桌内； 下班离开办公室前，使用人应该关闭所有机器的电源，将桌面的物品归位，锁好贵重物品和重要文件
	办公礼仪	打断会议——不要敲门，进入会议室将写好的字条交给有关人员； 当来访者出现时——应由专人接待。如果工作人员不在，应由离来访者最近或发现来访者的人接待，并询问"您好，需要帮忙吗？" 办公时间不大声笑谈，交流问题应起身走近，声音以不影响其他人为宜； 当他人输入密码时自觉将视线移开； 不翻看他人抽屉及不属于自己负责范围内的材料及保密信息； 对其他同事的客户也要积极热情； 不随便使用他人的物品，如若使用先征得他人的同意； 同事之间相互尊重，借东西要还，并表示感谢
	外出礼仪	需要离开办公室时应向主管上级请示，告知因何事外出，用时多少，联系方式； 若上级主管不在，应向同事交代清楚； 出差在外时，应与主管领导保持经常性联系，一般应保持每天联系； 如遇到住处变动、手机打不通、E-mail无法联系时，应及时告诉公司并提供其他联系方式

任务五　客运服务专项技能

情境导入

在地铁车站，站务员发现一名特殊乘客。这名乘客拿着一张地图，正焦急地拉着另一名乘客比画着什么，站务员上前问询："请问，我有什么可以帮助您吗？"这时候乘客像遇到救星一般，用手语表达："我是一名聋哑人，我想去某医院，请问怎么走？"站务员微笑着用手语回答了乘客的问题，乘客得到回复后，举起了赞扬的大拇指，表达感谢。

请问，如果站务员不会手语会发生什么情况呢？

交通行业面对的旅客形形色色，其中一部分旅客是聋哑人。聋哑人不能够用语言表达感情,在他们的世界里,虽然没有声音,也听不到欢笑,但是手语能够细致地表达这些情感,让无声的世界也能充满感情丰富的语句。手语相当于残疾人的拐杖,是聋哑人与人沟通的重要桥梁。聋哑乘客在乘车过程中往往会遇到更多困难,这就需要工作人员更多的帮助和关心。学会手语是地铁客运服务人员的必要技能,掌握手语可以增强服务竞争力。

一、手语服务

在城市轨道交通客运服务中,工作人员小小的双手可以起到非常强大的服务作用,可以用手去解释我们想要表达的意思,为特殊乘客乘车提供便利。

作为一名优秀的客运服务人员,要掌握一些手势和手语的表达方法。在特殊情况下能够与特殊乘客进行沟通。以下介绍一些常用的手势、手语表达,更多内容可通过《国家通用手语词典》App 学习使用。

1. 常用手势

手势是语言的最好辅助,也可以理解为另一种形式表述,尤其是在服务过程中距离稍微远一些或者环境比较吵闹相互听不到讲话声音时,可以用适当的手势给出回应。常用手势表示如表 2-22 所示。

常用手势表示　　　　　　　　　　表 2-22

手　　势	表 示 意 思
跷起拇指或鼓掌	表示钦佩或赞扬
连连摆手	表示反对
握紧拳头	表示愤怒、焦急
招手	表示叫人过来
挥手	表示再见或叫人走开
搔头	表示困惑
用力挥手或拍额头	表示恍然大悟
拇指和食指合成一个圆圈,中指、无名指、小拇指竖直分开	表示"OK"

2. 简单手语
（1）数字的表达（表 2-23）

数字的表达　　　　　　　　　　表 2-23

零——ling 一手拇指、食指相捏成圆圈,余指自然弯曲

二——er 一手伸出食指、中指,其余三指弯曲

一——yi 一手伸出食指,其余四指弯曲

三——san 一手伸出中指、无名指、小指,拇指、食指弯曲

续上表

四——si 一手伸出食指、中指、无名指、小指,拇指弯曲		二十——er shi 用"二"的手势,并将食指、中指弯动一下	
五——wu 五指一齐伸出		三十——san shi 用"三"的手势,并将三指弯动一下	
六——liu 一手伸出拇指、小指,其余三指弯曲		四十——si shi 用"四"的手势,并将四指弯动一下	
七——qi 一手拇指、食指、中指相捏,其余两指弯曲		五十——wu shi 用"五"的手势,并将五指弯动一下	
八——ba 一手伸出拇指、食指,其余三指弯曲		六十——liu shi 用"六"的手势,并将拇指、小指弯动一下	
九——jiu 一手食指弯如钩形,其余四指弯曲		七十——qi shi 用"七"的手势,并将拇指和食指、中指的指尖弯动一下	
十——shi 一手食指、中指交叉,其余三指弯曲		八十——ba shi 用"八"的手势,并将拇指、食指弯动一下	

续上表

九十——jiu shi 用"九"的手势,并将食指弯动一下		千——qian 一手食指书空"千"字	
百——bai 一手伸出食指,从左向右挥动一下		万——wan 一手食指书空"万的最后一笔"(即"万"字笔画的省略)	

(2)常用词汇表达(表2-24)

常用词汇表达 表2-24

家庭——jia ting (1)双手指尖搭成"∧"形,表示"家""房屋"。 (2)手指字母"T"的指式	(1) (2)	离婚——li hun 双手伸拇指,指尖相对,接着向两边分开,象征夫妻双方分离	
生活——sheng huo (1)手指字母"SH"的指式。 (2)一手食指向上,以腕部晃动几圈	(1) (2)	我——wo 一手食指指自己	
恋爱——lian ai (1)双手拇指靠在一起,转动一圈,象征"恋人"。 (2)一手伸开,轻抚另一手拇指指背	(1) (2)	你(您)——ni(nin) 一手食指指向对方	
对象——dui xiang 双手各打手指字母"X"的指式,由两边向中间靠拢		他——ta 一手食指指向侧方第三者	
结婚——jie hun 双手伸拇指,指尖相对,弯曲两下,表示婚礼中新郎新娘相对鞠躬		我们——wo men 一手食指先指胸部,然后掌心向下,在胸前平行转一圈	

续上表

你们——ni men 一手食指先指对方,然后掌心向下,在胸前平行转一圈		女(姑娘)——nü (gu niang) 双手食指搭成"人"字形	
他们——ta men 一手食指先指向侧方第三者,然后掌心向下,在胸前平行转一圈		原谅——yuan liang 一手拇指、食指握成小圆形,向前微伸并点头	
自己(个人)—— zi ji(ge ren) 一手伸食指,指尖向上,贴于胸前		麻烦——ma fan 一手五指微曲,以指尖在前额处点动几下	
大家——da jia 一手掌心向下,在胸前平行转一圈		谢谢——xie xie 一手伸出拇指,弯曲两下,表示向人感谢	
谁——shui 一手伸食指,指尖向上,在肩前摇动		敬礼——jing li 一手五指并拢贴于额际,如军人行军礼状	
某人——mou ren (1)一手伸食指,指尖向上,左右微动。 (2)双手食指搭成"人"字形		称赞——cheng zan (1)双手鼓掌,表示赞美。 (2)一手伸出大拇指,表示好、钦佩	
男——nan 一手直立,五指并拢,在头侧自后向前挥动,以"短发"表示男子		劳驾——lao jia (1)一手握拳敲打另一手臂部,表示劳累。 (2)一手伸出拇指,弯曲两下,表示向人感谢	

续上表

再见——zai jian 一手上举,五指自然伸出,手腕挥动两下。这是一般的"再见"手势		对不起——dui bu qi 一手五指并拢,举于额际,先做"敬礼"手势,然后下放改伸小指,在胸部点几下,表示向人致歉并自责之意	
等候——deng hou 一手背贴于颏下,表示张望、等候之意		抱歉——bao qian (1)一手五指并拢,举于额际,先做"敬礼"手势,然后下放改伸小指,在胸部点几下,表示向人致歉并自责之意。 (2)双手抱拳作揖,脸露抱歉表情	

（3）乘车用语表示

①请把身份证给我,如表2-25所示。

乘车用语表示（1）

表2-25

请 双手平伸,掌心向上,同时向一侧微移		证 双手平伸,掌心向上,由两侧向中间移动,并互碰一下	
把 一手先打手指字母"B"的指式,然后变为握拳,并向下微移一下		给 一手五指虚捏,掌心向上,边向外移动边张开手,如给别人东西	
身份 一手掌贴于胸部,并向下移动一下		我 一手食指指自己	

57

②您的包太大,请您按规定购票,如表2-26所示。

乘车用语表示(2)　　　　　　　　　　　　表2-26

您的 (1)一手食指指向对方。 (2)一手打手指字母"D"的指式		按 双手平伸,掌心向上,左手不动,右手移向左手,并在一起	
包 双手五指呈包裹形		规 右手横立,由外向内一顿一顿移动几下	
太 右手食指书空"太"字		定 一手食指直立,向下挥动一下	
大 双手侧立,掌心相对,同时向两侧移动,幅度要大些		买 双手横伸,掌心向上,右手背在左手掌心上拍一下,然后向里移	
请 双手平伸,掌心向上,同时向一侧微移		票 双手拇指、食指张开,指尖相对,如机票宽度,由中间向两边微拉	
您 一手食指指向对方			

③您的行李超重,请在那边补交费,如表2-27所示。

乘车用语表示(3)   表2-27

您的 (1)一手食指指向对方。 (2)一手打手指字母"D"的指式		在 左手横伸,右手伸出拇指、小指,由上而下移至左手掌心上	
行李 (1)一手握拳下垂做提重物状,向前移动几下。 (2)双手伸食指,互碰一下,再向两侧移动并张开五指		那边 一手伸食指,指尖朝外指点两下(根据实际场合确定手指的方向)	
超 双手食指直立,左手不动,右手向上移动		补 左手侧立、右手五指捏成圆形,虎口朝左贴向左手掌心	
重 双手平伸,掌心向上,同时向下一顿		交费 一手五指虚捏,掌心向上,边向外移动边张开手	
请 双手平伸,掌心向上,同时向一侧微移			

④乘车时请保管好自己的物品,如表2-28所示。

乘车用语表示(4)　　　　　　　　　　　　　　　　表2-28

乘车 (1)左手横伸,右手伸拇指、小指置于左掌心上,并向右侧移动一下。 (2)双手虚握,并左右转动几下,如握转向盘状		保管好 (1)双手斜伸,掌心向下按一下。 (2)右手掌拍一下左肩部。 (3)右手伸出大拇指	
时 左手侧立,右手伸拇指、食指,拇指指尖抵于左手掌心,食指向下转动		自己的 (1)一手食指直立,贴于胸部。 (2)一手打手指字母"D"的指式	
请 双手平伸,掌心向上,同时向一侧微移		物品 (1)双手伸食指,互碰一下,再向两侧移动并张开五指。 (2)双手拇指、食指捏成圆形,左手在上不动,右手在下连打两次,仿"品"字形	

练一练

　　根据班级人数进行分组,两个人一组相互模拟指定情境用语。老师根据每组学生的表现给予指导和纠正。

⑤厕所在哪里?直走,左拐。具体如表2-29所示。

乘车用语表示(5)　　　　　　　　　　　　　　　　表2-29

厕所 一手拇指、食指弯曲,其余三指伸直		哪里 一手食指尖向外,作波纹状移动几下	
在 一手伸出拇指、小指,坐于另一手掌心上		直 一手五指并拢向前伸直	

续上表

走 一手伸开食指、中指,指尖向下,一前一后交替向前移动		**拐弯** 一手伸直向前移动,然后四指弯曲,表示拐弯	
左 右手拍一下左臂,表示左			

⑥请排好队,不要拥挤,如表 2-30 所示。

乘车用语表示(6)　　　　　　　　表 2-30

请 双手掌心向上,在腰部向旁移,表示邀请之意		**不** 一手伸直,左右摆动几下	
排 (1)手指字母"P"的指式。 (2)双手张开,指尖向上,紧靠成一排,象征军队		**要** 一手平伸,掌心向上,由外向里微微拉动	
好 一手握拳,向上伸出拇指		**拥挤** 双手五指合拢,微微摇动,象征"人多拥挤"的样子	

⑦对不起,我不知道。没关系。如表 2-31 所示。

乘车用语表示(7)   表 2-31

对不起		没	
一手五指并拢,举于额际,先做"敬礼"手势,然后下放改伸小指,在胸部点几下,表示向人致歉并自责之意		一手拇指、食指、中指捻动,连续几次	
我		关系	
一手食指指自己		两手拇指、食指搭成圆圈,互相套环	
不知道			
一手掌横置额前,然后从一侧向另一侧划过,同时露疑惑状			

⑧谢谢您的理解,如表 2-32 所示。

乘车用语表示(8)   表 2-32

谢谢		理解	
一手伸出拇指,弯曲两下,表示向人感谢		(1)手指字母"L"的指式。(2)一手食指在太阳穴处点两下,表示"知道""懂了""了解"之意	
您			
一手食指指向对方			

想一想

在北京地铁 5 号线立水桥站,一名聋哑乘客来售票厅买票,乘客目的地是惠新西街南口站,车票费用是 3 元。

请思考:如何用手语表达,完成本次售票?

提 示:任课教师可根据所在城市地铁站名称设置相应的情境,以达到实际训练效果。

二、急救服务

随着公共交通的发展,地铁承载越来越多的客流,人流量的增加使得乘客在乘坐地铁时创伤事件频发,作为"第一目击者"的地铁工作人员掌握急救技能,为患病乘客提供及时有效的紧急救护显得尤为重要。

1. 创伤救护

创伤是各种致伤因素作用下造成的人体组织损伤和功能障碍,轻者造成体表损伤,引起疼痛或出血,重者导致机体功能障碍、致残、甚至死亡。

创伤抢救的措施主要包括及时止血、保护伤口;骨折固定,防止并发症;快速安全转移至医院。

创伤救护的原则:做好自身防护,注意保护自身和伤者的安全;全面检查伤情,避免遗漏;先救命,后治伤;对于受伤部位处理应先重后轻(优先处理致命伤);抢救中应特别注意脊柱损伤的处理和保护。

2. 自救互救用品

地铁车站一般配有应急箱、急救包等自救互救用品,包括常用的应急用品,如图 2-15 所示。急救包内物品清单见表 2-33。

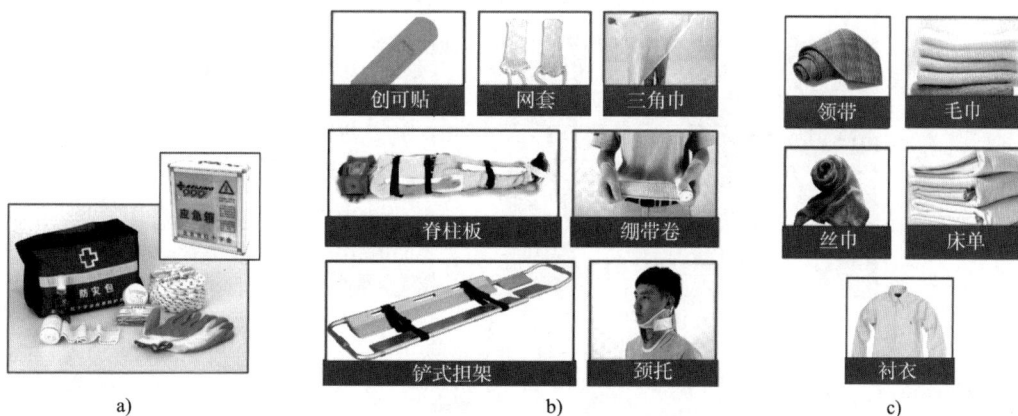

a)　　　　　　　　　　　b)　　　　　　　　　　　c)

图 2-15　急救用品

急救包内物品清单　　　　　　　　　　　　　　　　表 2-33

名　称	名　称
易辨认的防水箱体	镊子
各种尺寸的自黏性辅料(创可贴)	免蘸酒精伤口清洁擦
无菌中纱布	胶带
无菌大纱布	塑料面罩或袖珍面罩
无菌眼垫	酒精凝胶
三角巾	便签和笔

续上表

名　　称	名　　称
安全别针	毛毯、救生袋、手电筒、哨子等户外装备
保护手套	随身配备三角警示牌和反光背心
绷带卷	压缩饼干、饮用水等
剪刀	

3.创伤救护四大技术

创伤救护四大技术包括止血、包扎、固定、搬运。

（1）止血

出血是创伤的突出表现，止血是创伤现场救护的基本措施。有效的止血，能减少出血，保存有效血容量，防止休克的发生。止血的主要包扎材料有：敷料、创可贴、绷带、三角巾等。止血示范如图 2-24 所示。

（2）包扎

伤口是细菌侵入人体的门户，快速准确地将伤口包扎，是外伤抢救的重要一环。包扎用的材料主要有：创可贴、绷带、三角巾、敷料（干净厚毛巾或卫生巾可代替）、尼龙网套、手绢、布料衣服、床单、胶条、领带等。包扎示范如图 2-25 所示。

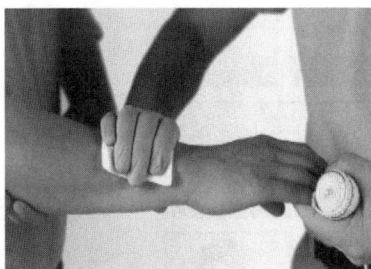

注意事项：
　做好自我防护，防止病原体进入身体，在操作时请使用医用手套、眼罩等个人防护用品；
　直接按压止血，压力持续，力度适中；
　伤口有异物，不得直接压迫止血；
　禁止用铁丝、电线代替止血带；
　做好心理安抚

图 2-24　止血示范

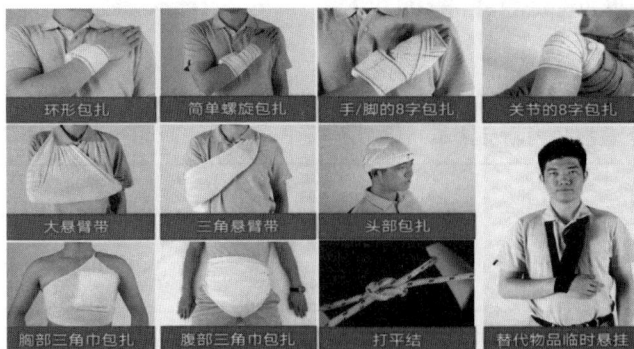

注意事项：
包扎伤口快、准、轻、牢；
绷带、三角巾包扎要松紧适度；
包扎后应注意检查末梢血液循环情况；
操作要点：绷带包扎缠绕方向应从里向外，由远及近

图 2-25　包扎示范

（3）固定

固定能迅速减轻伤者疼痛，减少出血，防止损伤脊髓、血管、神经等重要组织，也是搬运

的基础。固定用的材料主要有:头部固定器、颈托、铝芯塑型夹板、脊柱板、躯干夹板、木条、门板、衣物、毛巾、杂志等。固定示范如图2-26所示。

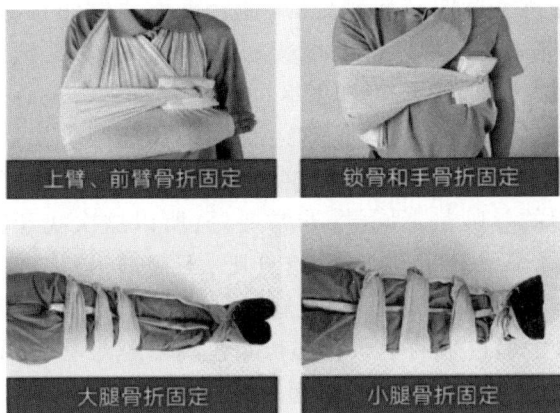

注意事项:
绑扎避开骨折处,力度适中;
关节间、骨隆突处、骨折处等加软垫;
功能位:上肢为屈肘位,下肢呈伸直位;
绑扎前后检查末梢血液循环;
开放骨折不冲洗、不上药,只制动,不复位

图2-26　固定示范

(4)搬运

医疗救护运送是现场急救的重要内容,是伤者能否安全到达医院而获得全面有效救治过程的一个重要环节,需要救护人员掌握正确的救护搬运知识和技能。搬运示范如图2-27所示。

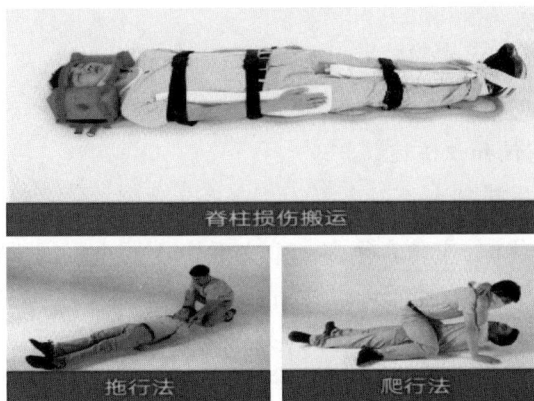

注意事项:
止血、包扎、固定后,做有目的的搬运;
尽可能用硬担架;
动作平稳,避免震动造成二次伤害;
怀疑脊柱损伤者,在环境安全的情况下
呼救、制动、不移动。
操作要点:根据伤情特点,选择相应的搬运措施

图2-27　搬运示范

> **练一练**
>
> 在班级内两人一组,使用绷带和三角巾进行包扎模拟练习。老师根据每组学生的练习情况给予指导和纠正。

任务六　案例综合解析

案例1

有一批应届毕业生22个人,实习时由导师带队到北京的国家某部委实验室参观。全体学生坐在会议室里等待部长的到来,这时有秘书给大家倒水,同学们表情淡然地看着她忙活,其中一个还问了句:"有绿茶吗? 天太热了。"秘书回答说:"抱歉,刚用完了。"林然看着有点别扭,心里嘀咕:"人家给你水还挑三拣四。"轮到他时,他轻声说:"谢谢,大热天的,辛苦了。"秘书抬头看了他一眼,满含着惊奇,虽然这是很普通的客气话,却是她今天听到的唯一一句。门开了,部长走进来和大家打招呼,不知怎么回事,静悄悄的,没有一个人回应。林然左右看了看,犹犹豫豫地鼓了几下掌,同学们这才稀稀落落地跟着拍手,由于不齐,越发显得零乱起来。部长挥了挥手:"欢迎同学们到这里来参观。平时这些事一般都是由办公室负责接待,因为我和你们的导师是老同学,非常要好,所以这次我亲自来给大家讲一些有关情况。我看同学们好像都没有带笔记本,这样吧,王秘书,请你去拿一些我们部里印的纪念手册,送给同学们作为纪念。"接下来,更尴尬的事情发生了,大家都坐在那里,很随意地用一只手接过部长双手递过来的手册。部长脸色越来越难看,来到林然面前时,已经快要没有耐心了。就在这时,林然礼貌地站起来,身体微倾,双手握住手册,恭敬地说了一声:"谢谢您!"部长闻听此言,不觉眼前一亮,伸手拍了拍林然的肩膀:"你叫什么名字?"林然照实作答,部长微笑点头,回到自己的座位上。早已汗颜的导师看到此景,才微微松了一口气。两个月后,同学们各奔东西,林然的去向栏里赫然写着国家某部委实验室。有几位颇感不满的同学找到导师:"林然的学习成绩最多算是中等,凭什么推荐他而没有推荐我们?"导师看了看这几张尚属稚嫩的脸,笑道:"是人家点名来要的。其实你们的机会是完全一样的,你们的成绩甚至比林然还要好,但是除了学习之外,你们需要学的东西太多了,修养是第一课。"

【思考】

(1)根据案例,分析不懂仪态礼仪的危害。

(2)此案例有哪些启示? 请用服务礼仪知识陈述。

案例 2

一次某公司招聘文秘人员,由于待遇优厚,应聘者很多。中文系毕业的小张同学前往面试,她的背景材料可能是最棒的:大学四年,在各类刊物上发表了 3 万字的作品,内容有小说、诗歌、散文、评论、政论等,还为六家公司策划过周年庆典,英语表达也极为流利,书法也堪称佳作。小张五官端正,身材高挑、匀称。面试时,招聘者拿着她的材料等她进来。小张穿着迷你裙,露出大腿,上身是露脐装,涂着鲜红的唇膏,轻盈地走到一位考官面前,不请自坐,随后跷起了二郎腿,笑眯眯地等着问话,孰料,三位招聘者互相交换了一下眼色,主考官说:"张小姐,请回去等通知吧。"她喜形于色:"好!"挎起小包飞跑出门。

【思考】

小张能等到录用通知吗? 为什么? 假如你是小张,你打算怎样准备这次面试?

案例 3

王峰在大学读书时学习非常刻苦,成绩也非常优秀,几乎年年都拿特等奖学金,为此,同学们给他起了一个绰号"超人"。大学毕业后,王峰顺利地获取了去美国攻读硕士学位的机会,毕业后又顺利地进入了美国公司工作。一晃 8 年过去了,王峰已成为公司的部门经理。国庆节,王峰带着妻子女儿回国探亲。一天,在大剧院观看音乐剧,刚刚落座,就发现有 3 个人向他们走来。其中一个边走边伸出手大声地叫:"喂!这不是'超人'吗?你怎么回来了?"这时,王峰才认出说话的人正是他的高中同学贾征。贾征没考上大学,后来注册了公司,从事贸易经营工作。他正陪同两位生意伙伴一起来看音乐剧。这对生意伙伴是他交往多年的夫妇。此时,王峰和贾征彼此都既高兴又激动。贾征大声寒暄之后,才想起了王峰身边还站着一位女士,就问王峰身边的女士是谁。王峰这才想起向贾征介绍自己的妻子。待王峰介绍完毕,贾征高兴地走上去,给了王峰妻子一个拥抱礼。这时贾征想起了该向老同学介绍他的生意伙伴。大家相互介绍、握手、交换名片和简单的交谈后,就各自回到自己的座位上观看音乐剧了。

【思考】

上述场合中的见面礼仪有无不符合礼仪的地方?若有,请指出来,并指出正确的做法是什么?

案例4

在一次小型联欢会上,观众席上有一位女士问赵本山:"听说你在全国笑星中出场费是最高的,一场要一万多元,是吗?"这个问题让人为难。如果赵本山做出肯定性的回答,会有许多不便,如果确有其事,他也就不好做出否定的回答。面对这样一个尴尬的问题,他做出了如下的回答。

赵本山说:"您的问题提得很突然,请问您是哪个单位的?"

"我是大连一个电器经销公司的。"那位女士说。

"你们经营什么产品?"赵本山问。

"有录像机、电视机、录音机……"女士答道。

"一台录像机卖多少钱?"

"4000元。"

"那有人给你400元你卖吗?"

"那当然不能卖,一种商品的价格是由它的价值决定的。"那位女士非常干脆地回答他。

"那就对了,演员的价值是由观众决定的。"

【思考】

面对女士的尴尬问题,如果是你,你将如何回答?请结合案例谈一下,在日常生活中遇到言语方面的因素而使自己处于不利境地时该如何解脱?

案例5

飞机起飞前,一位乘客请求空姐给他倒一杯水吃药。空姐很有礼貌地说:"先生,为了您的安全,请稍等片刻,等飞机进入平稳飞行后,我会立刻把水给您送过来,好吗?"

15分钟后,飞机早已进入了平稳飞行状态。突然,乘客服务铃急促地响了起来,空姐猛然意识到:糟了,由于太忙,她忘记给那位乘客倒水了!当空姐来到客舱,她看见按响服务铃的果然是刚才那位乘客。她小心翼翼地把水送到那位乘客跟前,面带微笑地说:"先生,实在对不起,由于我的疏忽,延误了您吃药的时间,我感到非常抱歉。"这位乘客抬起左手,指着手表说道:"怎么回事,有你这样服务的吗?"空姐手里端着水,心里感到很委屈,但是,无论她怎么解释,这位挑剔的乘客都不肯原谅她的疏忽。

接下来的飞行途中,为了补偿自己的过失,每次去客舱给乘客服务时,空姐都会特意走到那位乘客面前,面带微笑地询问他是否需要水,或者别的什么帮助。然而,那位乘客余怒未消,摆出一副不合作的样子,并不理会空姐。

临到目的地前,那位乘客要求空姐把留言本给他送过去,很显然,他要投诉这名空姐。此时空姐心里虽然很委屈,但是仍然不失职业道德,显得非常有礼貌,而且面带微笑地说道:"先生,请允许我再次向您表示真诚的歉意,无论您提出什么意见,我都将欣然接受!"那位乘客脸色一紧,嘴巴准备说什么,可是却没有开口,他接过留言本,开始在本子上写了起来。

等到飞机安全降落,所有的乘客陆续离开后,空姐本以为这下完了,没想到,等她打开留言本,却惊奇地发现,那位乘客在本子上写下的并不是投诉信,相反,这是一封热情洋溢的表扬信。

是什么使得这位挑剔的乘客最终放弃了投诉。在信中,空姐读到这样一句话:"在整个过程中,你表现出的真诚的歉意,特别是你的十二次微笑,深深打动了我,使我最终决定将投诉信写成表扬信! 你的服务质量很高,下次如果有机会,我还将乘坐你们的这趟航班!"

【思考】

(1)微笑在此次服务中起到了什么作用?

(2)怎么样才能做好微笑服务?

📺 项目总结

城市轨道交通服务礼仪是运营企业员工在工作岗位上通过言谈、举止等对乘客表示尊重的行为规范,它是城市轨道交通优质服务的重要组成部分,不仅有利于员工提高个人的内在修养,而且能够提升城市轨道交通企业的形象。本项目主要介绍了城市轨道交通客运服务人员的日常礼仪修养,城市轨道交通客运服务的标准,包括仪容仪表礼仪、仪态礼仪、语言礼仪等方面的内容。同时,对日常城市轨道交通客运服务中不规范的现象进了剖析,以便学生在日后的工作中能够高效率、高质量地为乘客提供服务。

请留下个性化的看法(写出本项目的要点)

启发和心得体会(可结合生活中的例子进行说明)

复习与思考题

一、填空题

1. 所谓仪容,可以从两个层次去加以理解,先是"容"这个字,其次是"美"。"容"可以理解为_____,包括_____、_____、_____等修饰,"美"则具有形容词和动词两层含义,形容词表明美容的_____和_____,是美丽的、好看的,动词则表明_____,即_____和_____的意思。

2. 面容礼仪首先应该遵循的原则是_____、_____、_____,是仪容美的关键,是礼仪的基本要求。

3. 场合着装是指依据不同的场合着装规则进行服饰搭配,打造完美形象,又称为着装原则,TPO 是西方人最早提出的服饰穿戴原则,它分别是英文(时间)_____、(地点)_____、(场合)_____或(目的)_____的缩写,就是告诉人们在着装时要考虑_____、_____、_____这三个要素。

4. 站姿是指人在停止行动之后,_____的姿势。正确的站姿会给人以_____、_____、_____、信心十足、积极向上的印象,优美的站姿是展现人体_____的起点,是培养仪态美的基础。

5. 站姿的基本训练方法有_____、_____和_____。

6. 八种常用坐姿分别是_____、_____、_____、_____、_____、_____以及_____。

7. _____是语言的最好辅助,也可以理解为另一种_____,尤其是在服务过程中_____或者_____相互听不到讲话声音时,可以使用_____给出回应。

二、简答题

常见礼仪不规范现象有哪些?

项目三 | 城市轨道交通客运服务规范及基本工作流程

📖 学习目标

1. 能够做好售票厅服务,并能做好售票厅常见问题处理工作。
2. 能够做好自动售票机售票服务,并能做好自动售票机常见问题处理工作。
3. 能够做好站厅服务,并能做好站厅常见问题处理工作。
4. 能够做好站台服务,并能做好站台常见问题处理工作。
5. 能够做好列车司机服务,并能做好列车司机常见问题处理工作。
6. 能够做好特殊乘客服务,并能做好特殊乘客常见问题处理工作。
7. 能够做好应急服务,并能做好紧急情况下常见问题处理工作。
8. 能够运用城市轨道交通客运服务技巧处理常见问题。

📖 项目导入

2008 年 10 月,上海地铁 2 号线上惊现"木乃伊",见图 3-1。据网友称地铁 2 号线开到上海科技馆站时,突然上来一个全身裹着白色纱布的形似"木乃伊"的人。该"木乃伊"一上车,很多人都拿出相机拍照。"木乃伊"时不时与乘客打招呼,甚至试图握手,把一位女乘客吓得用书遮面,大叫"快走开,太恐怖了!"期间,木乃伊还在一个空位上坐了一会儿。

图 3-1　地铁上的"木乃伊"

思考:

(1) 上述案例中,"木乃伊"人的出现会给车站的日常工作带来哪些困难,会出现哪些安全隐患?

(2) 作为车站工作人员,为了不影响其他乘客,可以拒绝该"木乃伊"人进站吗?

(3) 如果你是当班站务员,应如何处理?

任务一　城市轨道交通客运服务的基本要求

🖥 **情境导入**

　　随着我国"公交优先"政策的推广和对绿色交通的大力倡导,轨道交通作为城市公共交通的重要组成部分,发展越来越快。城市轨道交通工具作为一种现代化的交通工具,直接面对广大乘客。客运服务工作是直接反映轨道交通系统运营管理水平的重要标志之一,也是反映城市文明程度的一个窗口。在满足了客运服务的基本要求后,企业追求的是更高的服务质量,更高的乘客满意度。要实现这一目标,就必须有高超的服务技巧,要讲究服务艺术。作为站务员,在城市轨道交通运营中该怎样提供更好的服务呢?

一、城市轨道交通客运服务规范

1.仪容仪表要求

　　为了树立良好的服务形象,城市轨道交通客运服务人员必须严格要求自己的仪容仪表,具体要求见表3-1。

城市轨道交通客运服务人员仪容仪表要求　　　　　表3-1

分类	岗位仪容仪表要求	岗位仪容仪表容易出现的问题
着装规范	(1)全身着制服,服装干净整洁,衣扣完好齐全。 (2)佩戴领带、领结时,应系好衣领扣,保持领带或领结平整、笔挺。领带夹放置于上衣第三至第四粒纽扣之间。 (3)除工作需要或者特殊情况外,应当穿制式皮鞋,配深色袜子 	(1)披衣、敞怀、挽袖、卷裤腿。 (2)制服褶皱、残破、有污迹。 (3)穿深色制服着浅色皮鞋或浅色袜子。 (4)赤脚穿鞋或赤脚。 (5)鞋带没系好,拖拉于脚上
发型规范	(1)男员工头发两侧鬓角不超过耳垂底部,前面不遮盖眼睛,背面不超过衬衣领底线。 (2)长发女员工应盘成发髻(发辫),不得过肩。短发女员工,应将鬓角头发用发卡别于耳后,短发不可过肩	(1)男员工头发过长,留卷发、剃光头或蓄胡须。 (2)梳怪异发型,染彩发,额前头发超过眼睛。 (3)女员工头发过肩或披头散发

分类	岗位仪容仪表要求	岗位仪容仪表容易出现的问题
配饰规范	(1)工作配饰 ①按照规定佩戴肩章、臂章、胸牌,端正不歪斜。不得佩戴与员工身份不符或与工作无关的配饰。 ②因工作需要佩戴绶带、袖标时,绶带佩戴于左肩上,佩戴样式为左肩右斜;袖标佩戴于左臂上,距肩约15厘米。 (2)个人配饰 ①上岗时可佩戴一枚戒指。 ②女员工可戴一副简单造型的耳钉;项链以颈链为准,项链应放入制服内 	(1)肩章、臂章、胸牌歪斜。 (2)戴手链、手镯、脚链及过多饰品。 (3)戴夸张、艳丽的头箍、头花。 (4)男员工戴耳环等饰物
卫生规范	(1)讲究个人卫生,面部干净整洁,保持口气清新。女员工可淡妆上岗。 (2)双手清洁,指甲不染色、不留长,修剪为椭圆形,保持手和指甲清洁无污垢	(1)指甲过长。 (2)使用指甲装饰品。 (3)文身或使用浓烈型香水

2. 行为举止规范

客运服务人员的行为举止体现了员工个人的文化素养和工作状态,用符合自身角色的标准行为举止,更能为乘客所接受,具体要求见表3-2。

城市轨道交通客运服务人员行为举止规范　　　　　　表3-2

服务过程	服务人员行为举止规范	服务人员容易出现的问题
上岗前	对自身着装、发型、佩戴饰物等进行检查,保证规范上岗,保持精力充沛	仪容仪表不合格
执岗时	执岗时认真负责,表情自然,行为规范,保持良好的站、坐、行走姿态	在岗聊天、使用手机、打瞌睡、嬉闹、吃零食、喧哗、擅自离岗、串岗、看书看报、玩游戏等与工作无关的事情
与乘客交流时	(1)应停下手中工作,主动站立(除在售票室执岗),并保持适当距离。 (2)乘客叙述时,应面向乘客,耐心倾听,并适度点头回应,以示尊敬,不可眼神游动、摇头不语。 (3)为乘客服务过程中,动作应轻而快	(1)使用甩、扔、摔、推、拉、扯等不礼貌举动。 (2)与乘客交谈时,手放到口袋或双臂抱在胸前,手扶座椅靠背或坐在扶手上等
着制服乘坐列车	应保持良好的站立姿态,不与乘客争抢座位	站姿、举止等不符合站务员形象

3.语言规范

语言是为乘客服务的第一工具,对做好服务工作有十分突出的作用。城市轨道交通客运服务人员与乘客的交流主要是借助语言进行的,具体要求见表3-3。

城市轨道交通客运服务人员语言规范　　　　　　　　　　表3-3

分　　类	服务人员语言规范	服务人员容易出现的问题
服务用语	(1)为乘客提供服务时,应来有迎声、问有答声、走有送声。 (2)对乘客的称呼应礼貌得体,使用"先生、女士、老先生、小朋友"等。如得知乘客姓氏时,应称呼"××先生、××女士"等。 (3)熟练使用"请、您、您好、对不起、谢谢、再见"等文明用语,以表示对乘客的尊敬。不得称呼乘客为"你"。向乘客解释时,应简明易懂、语义明确。 (4)对话时音量适宜,使乘客听清;遇环境嘈杂时,应适当靠近乘客,使用与环境相适合的音量 服务用语要求	(1)口齿不清,语言含糊,使用过于专业的术语,令人难以理解。 (2)语速过慢,使人感觉烦闷或慵懒倦怠;语速过快,使人思维无法跟上。 (3)远距离向乘客大声喧哗,声音使人感觉粗俗刺耳。 (4)说出有伤乘客自尊心,教训、埋怨、挖苦甚至呵斥乘客的话。 (5)与乘客嬉笑玩闹,对乘客评头论足。 (6)打断乘客讲话,不给乘客说话机会。 (7)说话敷衍塞责,回避问题。 (8)谈论与工作无关的事情
使用普通话	使用普通话,服务语言表达规范准确,口齿清晰,亲切和蔼,语言文明,音量适中	有方言,乘客听不清楚
广播用语	车站、车厢进行广播时,语言规范、语句简练、吐字清晰,语速适中、音量适宜	广播用语过大或过小,语气急促、生硬
英语会话	车站站务员应掌握《地铁实用英语》,并达到基本英语会话水平	不懂基本的英语交流
与聋哑人会话	车站站务员应掌握满足岗位要求的服务手语,并规范使用	不懂基本的服务手语

续上表

分　类	服务人员语言规范	服务人员容易出现的问题
服务态度	（1）服务乘客时，应做到态度真诚、亲切自然、热情周到、认真负责，尊重乘客民族风俗习惯。 （2）与乘客目光接触时，应微笑示意。微笑时表情自然，不僵硬。 （3）接受批评时，应冷静；致歉时，应诚恳；受到误解时，应悉心解释。 （4）乘客询问时，应用心聆听，对不确定的问题不乱作猜测，应通过耐心的询问进行确认，理解正确后回复。 （5）乘客违反有关地铁规定时，应耐心劝导、善意提醒、态度平和、得理让人；乘客无理取闹时，应顾全大局、冷静处理，不感情用事。 （6）当乘客陈述时，如不得已需要打断乘客说话，应等对方讲完一句话后，先说"对不起"，再进行说明。 （7）当无意碰撞或影响到乘客时，应立即表示歉意，取得对方谅解。 （8）当乘客要求提供服务时，应遵循首问负责制，给予乘客必要的指引、介绍或答疑等服务。 （9）当多名乘客同时寻求服务时，应分先后顺序，逐一认真处理。对于等候乘客，应及时安抚。 （10）遇到乘客态度不礼貌，如粗言秽语时，要保持克制；用平和的态度应对。例如："请您遵守地铁规定，配合我们的工作"。 （11）乘客提示售票机或其他设备故障以及车站有污物等，应向乘客致谢："谢谢您，我们会尽快处理"，并采取相应行动	（1）以任何方式和借口怠慢、顶撞、刁难、训斥乘客，与乘客争吵。 （2）随意打断对方说话，表现出厌烦情绪和神色。 （3）对乘客比较冷淡，不予理睬

案例导学

某日，正值晚高峰，乘客在候车时，发现站内工作人员在站台玩手机。

（1）该名员工违反了哪些规定？

（2）作为一名车站工作人员，在执岗过程中应执行的基本要求是什么？

【分析】

（1）该名员工违反了岗位职责中的严禁在岗上使用手机的规定，并且在高峰期间未能够进行有效的安全巡视，未尽到自身岗位职责，且执岗形象差，给地铁运营企业带来负面影响。

（2）作为一名车站工作人员，在执岗过程中，基本要求是：执岗时认真负责，表情自然，行为规范，保持良好的站、坐、行走姿态。严禁在岗聊天、使用手机、打瞌睡、嬉闹、吃零食、喧哗、擅自离岗、串岗、看书看报、玩游戏等与工作无关的事情。

二、城市轨道交通客运服务的相关法律、法规及客运规章制度

1. 北京市城市轨道交通安全运营管理办法（摘录）（表3-4）

北京市城市轨道交通安全运营管理办法条款摘录　　　　　　　　　表3-4

法律条款	北京市城市轨道交通安全运营管理办法条款
第四章 应急和 事故处理	第三十六条　市交通行政管理部门应当会同政府有关部门及相关单位制定城市轨道交通突发事件应急预案,报市人民政府批准后实施。 第三十八条　运营单位应当完善应急处置设备的配备和管理,对工作人员进行应急处置培训,定期组织应急演练,提高先期应急处置能力。 第三十九条　遇有城市轨道交通客流量激增危及运营安全的紧急情况,运营单位有权采取限制客流的临时措施,确保安全运营。 第四十条　遇有自然灾害、恶劣气象条件或者发生突发事件等严重影响城市轨道交通运营安全的情形,采取其他措施难以保证城市轨道交通安全运营时,运营单位可以停止部分线路或者路段运营,但应当向社会公告,并报市交通行政管理部门。 第四十一条　城市轨道交通运营发生突发事件后,市人民政府相关部门、突发事件所在地的区、县人民政府以及电力、电信、供水等单位,应当按照相应应急预案的规定进行抢险救援和应急保障,尽快恢复运营。 第四十二条　城市轨道交通发生运营安全事故后,运营单位应当迅速采取有效措施,组织抢救,防止事故扩大,减少人员伤亡和财产损失,同时按照国家和本市有关规定报告政府有关部门。 第四十三条　城市轨道交通运营发生事故时,有关行政管理部门接到报告后应当立即派员赶赴现场,及时处置,尽快恢复运营,并按照国家和本市有关规定进行事故调查处理。 第四十四条　运营单位应当对运营过程中乘客的伤亡承担损害赔偿责任,但是伤亡是乘客自身健康原因造成的或者运营单位证明伤亡是乘客故意、重大过失原因造成的除外。
第五章 法律责任	第四十五条　违反本办法规定,有下列行为之一的,由市交通行政管理部门予以警告,责令限期改正,并可处1万元以上3万元以下的罚款;造成损失的,依法承担赔偿责任: (一)违反本办法第十四条第二款规定,在城市轨道交通控制保护区内进行作业的作业单位未制定安全防护方案,或者未征得城市轨道交通运营单位同意的; (二)违反本办法第十七条规定,城市轨道交通运营单位对轨道交通进行扩建、改建和设施改造时,未制定安全防护方案的。 第四十六条　运营单位违反本办法第二十条、第二十二条、第二十三条、第二十七条和第二十八条规定,并构成违反安全生产管理行为的,由安全生产监督行政管理部门依法处罚。 第四十七条　违反本办法第三十二条、第三十五条规定,并构成违反治安管理行为的,由公安机关依照《中华人民共和国治安管理处罚法》的规定予以处罚。造成城市轨道交通设备、设施损坏的,依法承担民事赔偿责任。 第四十八条　违反本办法,按照消防、规划、建设、园林绿化等有关法律、法规、规章规定应当予以处罚的,由有关部门依法处罚。 第四十九条　相关行政管理部门及其工作人员未依法履行城市轨道交通安全监督管理职责的,或者对依法应当查处的违法行为不予查处的,由上级机关责令改正,对责任人员依法给予行政处分;构成犯罪的,依法追究刑事责任。 第五十条　运营单位主要负责人及其工作人员未依法履行城市轨道交通安全生产监督管理职责的,由安全生产监督行政管理部门依法处理;构成犯罪的,依法追究刑事责任。

2. 北京市城市轨道交通运营管理规范（摘录）（表3-5）

北京市城市轨道交通运营管理规范条款摘录 表3-5

法规条款		北京市城市轨道交通运营管理规范条款
1 运营服务	1.1 轨道交通行车指挥	1.1.1 应根据轨道交通路网运营的要求、客流量变化等情况编制和调整列车运行计划。 1.1.2 应按照列车运行计划，组织列车安全、正点运行。 1.1.3 因节假日、大型群众活动等引起客流上升时，应提前做好列车运行计划和客运组织方案。需要采取封闭车站、延长或缩短运营时间措施时应提前向社会公告。 1.1.4 遇各类事故、恶劣天气，以及其他突发事件，应启动相应应急预案。
	1.2 轨道交通列车服务	1.2.5 列车客室内应为乘客提供照明、座椅、扶手杆、扶手拉环、通风、广播、标志标识等服务设施，以及灭火器、报警器等安全设备设施。列车客室内应设置安全警示标志、本线线路图等标志，标志应符合相关的要求，英文标志应符合 DB 11/T 334 的要求。 1.2.6 应制定车辆设备设施维护、维修、检查计划，并根据车辆运行状况、运行时间调整检修周期，按计划对车辆设备设施进行维护保养和日常检修。 1.2.7 列车到站应广播到达车站站名，列车启动后应广播前方到站站名，前方到站为换乘站时应广播换乘信息。有条件的列车可通过乘客信息服务系统告知乘客相关运营信息。广播用语应当规范、清晰、正确，英文广播有关用语或乘客信息服务系统英文信息，应符合 DB 11/T 334 的要求。 1.2.8 司机在列车运行时应遵循列车运行计划，执行调度命令；在列车运行前应进行巡视，确保列车状态良好；在列车启动、运行及制动过程中应不间断瞭望，并保持列车的平稳；列车进站应在规定位置停车，列车停稳后，按规定进行开关门作业，避免夹人、夹物启动列车，杜绝在开门状态下行车。 1.2.9 运营列车发生故障，应即时向调度报告。影响列车运行时，应通过列车广播告知乘客。 1.2.10 应制定列车卫生保洁制度，规定列车车体和客室的保洁周期，定期对列车进行保洁。 1.2.11 配备空调系统的列车，在客室内温度超过 26℃ 时，开启空调系统。
	1.3 轨道交通车站服务	1.3.1 车站的出入口、通道、站厅、站台等公共区域应保持畅通，服务设施、设备运行良好，客流有序，满足乘客进站、购票、验票、候车、乘车、出站的条件。 1.3.2 车站应确定客流警戒线，密切关注客流变化情况，特别是早晚高峰时段的客流变化情况，当客流达到或超过警戒线时，及时采取措施保证乘降秩序和运营安全： (1) 在客流达到车站最大通过能力 70% 时，采取分流限售措施； (2) 在客流达到车站最大通过能力 90% 时，采取暂时停止售票措施； (3) 在客流骤增超出车站最大通过能力时，采取临时封闭车站进口措施。 1.3.3 车站应为乘客提供照明系统、给排水系统、广播系统、时钟系统、通风系统、导向标志系统、火灾自动报警系统、自动售检票系统、公共卫生间等服务设备设施，以及消火栓、灭火器等消防设施。 1.3.4 车站可设置自动扶梯、电梯、楼梯升降机、候车座椅、空调系统、环境与设备监控系统、站台门系统、乘客信息服务系统、无障碍设施等服务设备设施。 1.3.5 车站应设置线路图、首末班车时间、票制票价信息、列车运行方向、乘车须知、进出站引导、与地面公交换乘引导、售检票处等客运服务标志，以及安全、疏散标志，标志应符合相关的要求，英文标志应符合 DB 11/T 334 的要求。各种标志内容应根据信息变化及时更新。

续上表

法规条款	北京市城市轨道交通运营管理规范条款	
1 运营服务	1.3 轨道交通车站服务	1.3.6 应制定设备设施维护保养计划,并根据设备运行状况、运行时间调整检修周期,按计划对车站设备设施进行维护保养和日常检修,确保服务设备设施和消防设施完好、能够安全正常运转。 1.3.7 车站应进行广播宣传,对站台候车乘客应广播排队候车、安全乘车的信息;列车进站时应广播列车开行方向、安全候车的信息;对下车的乘客进行广播疏导;换乘站应广播换乘路线信息。有条件的车站可通过乘客信息服务系统告知乘客有关运营信息。广播用语应当规范、清晰、正确,英文广播有关用语或乘客信息服务系统英文信息,应符合 DB 11/T 334 的要求。 1.3.8 车站应做好乘客的宣传、组织、疏导工作,注意站台乘客的安全状况,提醒乘客不要越过安全线或不要倚靠站台门。 1.3.9 发售车票、售卡充值应当做到迅速准确,减少乘客等候时间。 1.3.10 查验车票应做到准确无误。 1.3.11 阻止携带容易污损地铁设备和站、车环境物品、超长(1.8m 以上)物品、笨重物品、妨碍车内通行和危害乘客安全等禁带物品及动物的乘客进站乘车。严禁乘客携带易燃、易爆、有毒、放射性、腐蚀性等危险品进站乘车。 1.3.12 车站应制定卫生保洁制度,及时清除车站站厅、站台、公共卫生间的垃圾、污物、乱涂乱画和小广告。 1.3.13 城市轨道交通的内部空气环境应采用通风或空调系统进行控制。当地下车站采用空调系统时,车站站台、站厅温度不应超过30℃。高架线和地面线车站一般宜采用自然通风。必要时,站厅可设置机械通风或空调系统。当高架线和地面线车站的站厅层采用空调系统时,站厅内的夏季温度不应超过30℃。
	1.4 运营时间	1.4.1 运营线运营时间全天一般不小于17h。首班车发车时间不迟于5:30;末班车发车时间不早于22:30。 1.4.2 遇重大活动、节假日、恶劣天气等,可根据要求和地面交通情况,适当调整运营时间。
	1.5 员工规范	1.5.1 上岗时应精神饱满,服饰整齐,正确佩戴标志。 1.5.2 对待乘客礼貌热情,态度和蔼。 1.5.3 以普通话为基本服务用语。
	1.6 乘客投诉与处理	1.6.1 建立与乘客沟通的渠道,受理乘客的意见和建议。 1.6.2 建立健全投诉处理制度,分析处理乘客投诉,对乘客投诉应在接到乘客投诉之日起,7 个工作日内回复乘客。
	1.7 广告管理	1.7.1 广告的设置不应影响城市轨道交通运营功能、运营安全,应与周围环境相互协调。 1.7.2 广告的设置应避让各种安全、服务标志和运营设备设施。 1.7.3 应履行安全管理责任,制订广告检查和维护保养计划,定期进行检查和维护,保证其牢固安全、整洁美观,字体规范完整,照明和显亮设施功能完好。因广告画面污损、字体残缺、灯光显示不完整等影响站容站貌、车容车貌的,应当及时维修或者更换。

续上表

法规条款		北京市城市轨道交通运营管理规范条款
1 运营服务	1.8 运营服务指标	1.8.1 列车运行图兑现率达到99%。 1.8.2 列车服务正点率达到98.5%。 1.8.3 乘客投诉率不超过3次/百万人次。 1.8.4 车站、列车清洁合格率不低于95%。 1.8.5 乘客满意率达到90%。 1.8.6 运营服务指标计算方法见附录A。
2 安全管理和应急管理		2.1 设立专职的安全机构,负责日常的安全运营生产管理工作。 2.2 建立健全安全生产责任制度,责任明确落实到人。 2.3 定期开展安全检查,对发现的问题有记录,有追踪,有整改措施。 2.4 对各类运营生产隐患进行排查,统计隐患情况,制定隐患监控、治理措施,并贯彻落实。 2.5 建立运营事故指标体系,将运营事故进行统计并纳入单位考核范围。 2.6 应制定车辆故障、设备故障、乘客伤亡、火灾先期处理、雨雪天气、自然灾害等方面的应急预案。应急预案应包括应急组织机构、应急工作程序、应急物资保障等项内容。 2.7 每年应制订应急演练计划,每项预案每半年至少演练一次。演练计划应包括项目、时间、地点、参加人员、演练程序和标准。应急抢险演练完成后应及时总结经验,针对出现的问题,不断修订和完善预案。

3. 天津市轨道交通乘客守则（摘录）

(1)依据国家建设部《城市轨道交通运营管理办法》和《天津市轨道交通管理规定》,制定本守则。

(2)凡进入轨道交通车站(含出入口、通道)人员均需遵守本守则。

(3)乘客须持有效车票乘车,超站乘车的,应补交超乘部分票款。无车票或持无效车票乘车的,应按距本站最高单程票价补交票款。

(4)一名成年乘客可免费带领一名身高1.3m(含1.3m)以下的儿童乘车,超过一名则按超过人数购买同程车票。

(5)伤残军人凭《中华人民共和国残疾军人证》向车站申请磁卡免费票乘坐轨道交通,磁卡免费票须与《中华人民共和国残疾军人证》同时使用,出站时由闸机收回磁卡免费票。

(6)乘客携带重量20~30kg或体积0.06~0.15m³ 的物品时,须购买2倍于该段票价的车票,凡携带重量超过30kg或长、宽、高之和超过1.8m或体积大于0.15m³ 的物品,未经轨道交通运营单位同意禁止进站乘车。

(7)乘客不得携带易燃、易爆、有毒、腐蚀性、放射性等危险品和宠物、充气气球以及易污损、有严重气味、无包装易碎、尖锐的物品进站、乘车。

(8)醉酒者、传染病患者、无监护人陪伴的精神病患者或者健康状况危及他人安全者不得进站、乘车。

(9)乘客须在安全线内候车;车门开启、关闭时不得触摸车门和站台安全门;乘车时应先下后上;车到终点,乘客应全部下车。

(10)乘客应自觉保持车站、车厢内的清洁卫生。车站(含出入口、通道)及车厢内严禁吸烟、随地吐痰、便溺,乱吐口香糖渣,乱扔果皮、纸屑等杂物;不得踩踏躺卧车站和车厢内的座席;严禁在车站、车厢内涂写、刻画或者擅自张贴物品;严禁向轨道交通区域内抛掷杂物垃圾。

(11)乘客不得在车站、车厢内追逐打闹,滋事斗殴;不得跳下站台进入轨道、隧道和其他具有警示标志的区域;不得在非紧急状况下动用紧急或安全设备;不得擅自操作有警示标志的按钮、开关装置。

(12)乘客应正确使用轨道交通车站内的自动扶梯、自动检票机、自动投币机及有关设施、设备。因乘客原因造成损坏的,应给予相应的经济赔偿。

(13)车站(含出入口)、车厢内不得高声喧哗、聚众演讲、娱乐(唱歌、跳舞、吹奏乐器)、卖艺、乞讨;不得在车站或车厢内销售商品、散发广告及其他营销活动。

(14)发生意外事件,乘客应保持镇静,听从车站工作人员的指挥,不得擅自打开车门强行下车。

(15)当事人因自身健康原因或故意、过失造成自身或他人伤亡事故的,由其自行承担责任,造成轨道交通运营损失以及伤害他人的,依法追究其责任。

(16)乘客应当服从车站工作人员的管理。与车站工作人员发生纠纷时,可向轨道交通运营单位反映或向市建委投诉(服务热线12319),但不得影响车站工作人员的正常工作和轨道交通的正常运营。

(17)乘客行为违反《城市轨道交通运营管理办法》和《天津市轨道交通管理规定》的,按照有关规定予以处罚。

4. 城市轨道交通客运服务质量标准(摘录)(表3-6)

城市轨道交通客运服务质量标准条款摘录　　　　　表3-6

法规条款			法规内容
1 服务	1.1	票务服务	1.1.1　售票处(机)或其附近应有醒目、明确的车票种类、票价、售票方式、车票有效期等信息,方便乘客购票。 1.1.2　自动售票机、充值设备上或自动售票机和充值设备附近应有醒目、明确、详尽的操作说明。 1.1.3　人工售票、充值或售卡过程中,售票员应唱收唱付,做到准确、规范。 1.1.4　对符合免费乘车规定,并持有效乘车证件的乘客,应验证后准乘。 1.1.5　自动检(验)票机或其附近应有相应的标志或图示,方便乘客检(验)票。 1.1.6　在特殊情况下,应及时采取有效措施,为乘客进行必要的票务处理。
	1.2	导乘服务	1.2.1　车站的醒目位置应公布乘车常识和注意事项;必要时,应通过广播等方式向乘客宣传乘车常识和注意事项。 1.2.2　车站应提供即时、准确、有效的乘车信息。 1.2.3　列车运营计划变更或列车运行不正常,对乘客造成影响时,应及时通知乘客;必要时,应采取有效措施疏导乘客。 1.2.4　车站出入口、售票处等的醒目处应公示本车站首末车时间;车站宜公布列车间隔时间、各车站运行时间等信息。 1.2.5　车站的醒目位置应公布车站周边公交线路的换乘信息。 1.2.6　列车上,应向乘客提供列车运行方向、到站、换乘等清晰的广播或图文信息。

续上表

法规条款		法 规 内 容
1 服务	1.3 行车服务	1.3.1 城市轨道交通的运营时间应根据当地居民的出行规律及其变化来确定和调整,调整前应及时公示。 1.3.2 应根据列车运行图组织列车运行,并可根据客流变化等情况合理调整列车运行;对乘客有影响时,应及时公布。 1.3.3 列车行驶应平稳,到站后应适时开关车门。 1.3.4 列车运行发生故障时,应视情况采取救援、清客、继续运行到目的地等处理措施。 1.3.5 一年内列车准点率应大于或等于98.5%。 1.3.6 一年内列车运行图兑现率应大于或等于99%。 1.3.7 列车拥挤度不应大于100%。
	1.4 问询服务	应提供现场问询服务和远程问询服务。
	1.5 特殊服务	1.5.1 对残障等乘客应提供必要的服务,协助其顺利乘车。 1.5.2 发现走失的儿童,应带领其至安全场所,并设法联系其监护人或报警。 1.5.3 当遇到乘客身体不适时,应提供必要的帮助或拨打救助电话。
	1.6 应急服务	1.6.1 应急服务应以保障乘客人身安全为首要目标。 1.6.2 应分别就运营事故、重大活动、政府管制、恶劣天气、乘客伤亡、事故灾难等影响城市轨道交通正常运营的突发事件制定应急服务预案,并适时启动。 1.6.3 当发生影响城市轨道交通正常运营的突发事件时,应及时告知乘客,并采取措施。
	1.7 服务用语	1.7.1 服务语言应使用普通话。 1.7.2 问询、播音宜提供英语服务。 1.7.3 服务用语应表达规范、准确、清晰、文明、礼貌。 1.7.4 服务文字应用中文书写,民族自治地区还应增加当地的民族文字。 1.7.5 应根据本地区的特点提出服务忌语,对服务人员应进行防止使用忌语的培训。
	1.8 服务行为	1.8.1 服务人员应按规定着装,正确佩戴服务标志。 1.8.2 服务人员应坚守岗位,严格遵守规章制度。 1.8.3 服务人员应做到精神饱满、端庄大方、举止文明、动作规范。
	1.9 服务承诺与监督	1.9.1 服务组织应向乘客做出服务承诺,并通过多种方式向乘客和社会公布。服务承诺至少应包括:列车准点率、列车运行图兑现率、乘客有效投诉回复率。 1.9.2 乘客需要时,服务人员应说明或解释服务承诺。 1.9.3 服务应接受乘客和社会的监督;服务组织应提供与乘客交流的有效途径。 1.9.4 服务组织应建立内部服务监督制度,将服务评价纳入日常工作的评价、考核体系。 1.9.5 服务组织应接受社会对服务的监督,应设置服务监督(投诉处理)机构,公布服务监督电话、服务监督机构通信地址。 1.9.6 服务组织的自我评价,每年不应少于一次;评价结果应在车站公示,宜向社会公布。 1.9.7 服务组织应有专人负责相关数据统计,并应保证原始记录真实、准确。

法规条款		法　规　内　容
1　服务	1.9　服务承诺与监督	1.9.8　服务组织宜定期委托第三方进行评价,评价结果应在车站内公示,并应向社会公布。 1.9.9　对不合格的服务项目应进行改进,对不合格服务的改进应制定行之有效的措施,并应将改进结果记录存档。 1.9.10　可采用乘客满意度进行服务评价,乘客满意度应通过抽样调查和统计分析获得;服务组织或监督机构可委托第三方进行乘客满意度测评。 1.9.11　一年内有效乘客投诉率和有效乘客投诉回复率应满足下列要求,有效乘客投诉率和有效乘客投诉回复率的计算方法见附录 A。 a)有效乘客投诉率应小于或等于百万分之三; b)有效乘客投诉回复率应为 100%。
2　服务设施	2.1　基本要求	2.1.1　服务设施的布置和运行,应与设计或验收时的标准保持一致。 2.1.2　服务设施布置和运行的调整变化应是在设计或验收标准要求之上的改进和提高,不应降低服务水平和减少服务内容;不应随意减少服务场所的面积和使用空间。
	2.2　车站基本服务设施	2.2.1　车站出入口、步行梯、通道、站厅、站台等场所应通畅,地面应保证完好、平整、防滑。 2.2.2　自动扶梯、电梯、轮椅升降机等乘客输送设施应安全、可靠、运行平稳。 2.2.3　站台门应保证安全可靠、状态完好。 2.2.4　无障碍服务设施应保证正常使用。
	2.3　票务设施	2.3.1　票务设施应布局合理、满足通过能力和客流疏散要求。 2.3.2　售检票设施应安全可靠、状态完好。 2.3.3　当票务设施发生故障无法使用时,应有明显的标志引导乘客使用其他可用设施;必要时,票务闸机通道应处于全开通的状态。
	2.4　导乘设施	2.4.1　导乘标志应醒目、明确、规范,引导乘客安全、便捷出行;标志的设置应符合 GB/T 18574 的要求。 2.4.2　车站的广播设施应具备对站台、站厅、换乘通道、出入口等处单独广播和集中广播的功能。自动广播发生故障时,应能够进行人工广播。 2.4.3　广播设施应音质清晰、音量适中、不失真。
	2.5　问询服务设施	2.5.1　车站应有人工问询或自助查询设备,并应标示问询点现时的工作状态。 2.5.2　自助查询设备应性能可靠、操作简单、指示明确、状态完好。
	2.6　照明设施	2.6.1　车站正常照明和应急照明设施应状态完好;正常照明应采取节能措施,并持续改进。 2.6.2　照明设施的设置、性能等应符合 GB/T 16275 的要求。
	2.7　列车设施	2.7.1　列车上的座椅、扶手等设施应安全可靠,乘客信息系统应清晰、有效。 2.7.2　列车上的残障等特殊乘客优先座椅应有明显标识。 2.7.3　列车上的应急设备应保持有效,并设置醒目的标志和操作导引。 2.7.4　列车上的空调、采暖、通风、照明、闭路电视(监控用)等设备应保持状态完好,并按规定开启。 2.7.5　运营列车应保持技术状态完好。

法规条款		法 规 内 容
2 服务设施	2.8 其他设施	2.8.1 车站宜设置适量的乘客座椅,并保持完好。 2.8.2 车站内设置的公共卫生间应清洁,并保证正常使用。 2.8.3 通风、采暖与空调系统、环境与设备监控系统应按规定设置并开启。 2.8.4 火灾报警系统应按规定设置,并保证处于正常运行状态。 2.8.5 站台门的应急开启装置应完好,操作导引应醒目、清晰。 2.8.6 车站的站台、站厅宜设置适量的废物箱。
	2.9 服务设施的可靠度	一年内服务设施的可靠度应满足下列要求: a) 售票机可靠度应大于或等于98%; b) 储值卡充值机可靠度应大于或等于98%; c) 进出站闸机可靠度应大于或等于99%; d) 自动扶梯可靠度应大于或等于98.5%; e) 垂直电梯可靠度应大于或等于99%; f) 车站乘客信息系统可靠度应大于或等于98%; g) 列车乘客信息系统可靠度应大于或等于98%; h) 列车服务可靠度应大于50万车公里。
3 服务安全		3.1 安全服务设施应保持100%的可用性。 3.2 手动火灾报警按钮旁边应设置明显的标志和使用说明。 3.3 火灾时,供公众疏散使用的且平时需要关闭的疏散门,应确保在火灾时不需要任何器具易于手动迅速开启。 3.4 列车客室内应设置乘客手动报警或与司机或车站控制室通话的装置,紧急情况下乘客可向司机或车站控制室报警。 3.5 服务组织应建立安全管理体系,明确安全责任。 3.6 服务组织应向乘客进行安全宣传,定期组织应急疏散演习。 3.7 服务组织应按规定及时妥善处理给乘客造成的损失或伤害,做到公正、诚实、守信。
4 服务环境	4.1 服务卫生	4.1.1 服务组织应向乘客提供适宜的候车和乘车的环境。 4.1.2 服务组织宜向乘客提供温度、湿度、空气质量、噪声等级和天气状况等候车、乘车的环境信息。 4.1.3 车站、列车上应保持空气清新。封闭式车站的温度、新风量应符合 GB 50157 的规定;列车客室内的温度、新风量应符合 GB/T 7928 的规定。 4.1.4 车站的候车和乘车环境应整洁,应及时清除尘土、污迹、垃圾等;不应有异味。 4.1.5 车站、列车车厢、空调系统、公共卫生间等直接与乘客接触的服务设施、反复使用的车票应定期清洁、消毒。 4.1.6 服务人员应持有效的健康证上岗,服务人员患有传染性疾病时,不应从事直接为乘客服务的工作。
	4.2 环境保护	4.2.1 列车客室噪声限值应符合 GB 14892 的规定。 4.2.2 车站噪声限值应符合 GB 14227 的规定。
	4.3 其他环境	4.3.1 宣传横幅、标语、广告等不应遮挡标志标识、指示牌、公告、通知等服务设施,或影响其使用。 4.3.2 广告宣传灯箱及灯光的使用不应影响标志标识、指示牌、公告、通知以及设施设备的辨认和使用。

职业园地

在北京地铁 10 号线国贸站区的员工通道上,有一面荣誉墙,上面挂着很多面乘客送来的锦旗。这些锦旗,不仅是站区职工将服务乘客做到实处的一种体现,更成为职工今后高质量为乘客服务的一种鼓励。

修希森:丰富活动拉近与乘客间距离

修希森利用节假日、站区长接待日等契机,积极与乘客沟通,通过填写调查问卷,开展"乘客满意度调查"活动,拉近与乘客距离。再有,采取"请进来教,走出去学"的方式,提升服务质量。还在站区开展特色活动,加强与乘客之间的沟通交流。站区以班组策划为主体、站区辅助班组,每月开展一次乘客互动活动,开展了"让乘客零距离接触地铁"等主题活动,同时利用微博进行宣传,既发挥了班组团队精神,又提高了班组凝聚力。近几年来站区获得锦旗 138 面。

陆岩:把乘客的事当作自己的事

要想把服务乘客落到实处,就要做到把乘客的事当作自己的事来办。其实,在我们站区很多地方都体现出了为乘客服务的理念。比如,站区的 4 个站中都配有应急药包,还配有针、线方便乘客临时缝补衣服。一天早上 8 时 40 分左右,站台上一位女乘客突然晕倒在地,正当她身旁的同事急得不知所措时,我发现了。征得同意后,我拨打电话叫来救护车。当时正值交班时间,但我和几位同事还是留下来,帮忙把病人抬上车。大概一个月后,病人的家属来到地铁站,送来锦旗表示感谢。我想乘客送来锦旗,不仅是对我们的一种鼓励,也是一种鞭策。

程越:把服务落到实处是一种职业素质

我是 2012 年 7 月才来到地铁工作的,虽然还是个新兵,但我在平时的工作中,感受着站区同事们为乘客踏踏实实服务的热情。我觉着做服务行业,就应该将服务乘客做到实处,这也是一种职业素质。在实际工作中,我也践行着这个理念。今年 8 月,我正在替安全员在站台工作,车辆驶出后,我发现下行站台上有个手机,我捡到后立刻和综控员联系,几经辗转,终于联系到机主。这位乘客来到车站拿手机的时候,说这个手机很重要,里面存着很多重要的电话和信息,她来自山东,是带她父亲来看病的。后来这位乘客要塞给我 500 元钱表示感谢,我婉言拒绝了。随后,她送来一面锦旗表示感谢。

魏巍:真诚为乘客服务适用于不同岗位

我在地铁工作已经 6 年了,2012 年我成为一名值班站长。我们国贸站甲班共有职工 10 人,包括值班站长、综控员、站务员这些不同的岗位。在我看来,无论是在哪个岗位,真诚为乘客服务都是应该始终坚持的宗旨。具体到每个岗位,比如站务员,每天不仅要完成卖票的工作,还要回答乘客的路线咨询,要想为乘客提供高质量的服务,要求工作人员不仅业务熟练,还要掌握相关的路线知识。还有值班站长,不仅自己要做到服务到位,还要组织班组成员提高业务水平。比如,为提高乘客满意度,站区会组织职工学英语等。

任务二　售票服务

情境导入

假如你是一名去地铁车站实习的站务员，第一天上班你被安排到售票员岗位，刚开始上班，有乘客拿着100元假钞来买20张单程票，当你让他换一张纸币的时候，他拒绝更换，并且对你嚷嚷起来，这时排队买票的队伍里也有乘客出现抱怨，这时你如何处理？

一、售票亭服务

（一）售/补票岗岗位流程及要求

1. 运营开始前

（1）找AFC综合作业员领取车票、IC卡、零钱、发票等。

（2）提前20min开启所有售/补票设备。

（3）检查打印纸数量是否充足。

（4）具备工作条件后向值班站长报告。

2. 运营过程中

（1）进行单程票的发售、IC卡的发卡充值作业。

（2）为需要补票的乘客进行补票服务。

（3）更换BOM票箱及打印纸。

3. 交接班时

（1）力度交接❶岗上所有备用金、票/卡、发票及相关台账。

（2）在BOM上进行签退作业。

（3）交接本岗位设备运转情况、耗材情况及钥匙等岗位备品。

（4）交接本班及上一班遗留的票务问题。

（5）将当班所有票款及BOM岗结单交给AFC综合作业员。

（6）作业结束后报告值班站长。

4. 运营结束后

（1）清理废票箱，更换票卡箱。

（2）进行岗结，签退后关机。

（3）将岗结单及所有票款和清理出的全部废票交予AFC综合作业员。

（4）加锁保管好票卡。

（5）作业结束后上报值班站长。

---

❶ 力度交接：指交、接双方必须当面进行清点并在相关报表、台账上进行签字、确认。适用于现金、IC卡、发票、应急纸票等各类有价票据的交接管理与作业。

(二)售票和充值流程

1. 售票与发售福利票

(1)单程票发售的基本流程

单程票:仅限于在发出当日使用的坐车凭证,限单人、单次使用,限购票站进站,不可挂失。

在乘客购买单程票时,售票员应该严格执行"一问、二收、三唱、四操作、五找零、六告别"的程序,具体流程见表3-7。

(2)一卡通发售服务

车站仅发售一卡通非记名储值卡,非记名储值卡由车站工作人员根据乘客要求在 BOM 上发售,禁止提前批量发售。发售时应问清购卡张数、充值金额,唱收票款金额,将收取的票款放在售票台面乘客可见处;找零准确,并做到"有新不给旧,有整不给零"。售卡时应请乘客确认乘客显示屏上的信息,包括押金、首次充值金额、总金额等。售卡完成后应将打印的销售凭证及充值发票交给乘客。

单程票发售的基本流程　　　　　　　　　　　　　　　表 3-7

程　　序	内　　容
一问	面带微笑,迎接乘客: "您好,请问您去哪儿,需要几张车票?" "共××元。"
二收	面带微笑对乘客说:"您好,共收您××元。" 接过票款后,放到验钞机上进行验钞
三唱	重复票款金额及乘客购票张数 "到××车站单程票××张,共××元。"
四操作	在半自动售票机上选择相应操作,准确发售单程票
五找零	将票和所找的零钱同时礼貌地交给乘客,并提醒乘客当面点清,"找您×元,给您×张票,请点清收好"
六告别	面带微笑说:"再见!"或"请您慢走!"

(3)换发福利票

①福利票含义及换发福利票人员。

福利票:仅限于持有效可免票证件的乘客换取的车票。在发出当日、发售站有效,限单人、单次规定区段内使用,不可挂失。

遇乘客持北京市规定的免费乘车证件进站时,车站工作人员在认真核对乘客所持有的免费证件真实有效后,为乘客换发福利票。免费乘车证件只限持证者本人使用,持《残疾人证》(一类、二类视力残疾)的盲人乘客可以有一名陪同人员免票。北京市政府规定的可以免费乘坐轨道交通的证件名称与票样详见表3-8。

北京市可以免费乘坐轨道交通证件及票样 表3-8

可免费乘坐轨道交通证件名称	票样	可免费乘坐轨道交通证件名称	票样
《中华人民共和国老干部离休荣誉证》(红色)		《中国人民解放军离休干部荣誉证》(红色)	
《中华人民共和国残疾军人证》(红色)		《中华人民共和国伤残人民警察证》(深蓝色)	
《中国人民解放军士兵证》(深绿色)		《中国人民武装警察部队士兵证》(红色)	
《中华人民共和国残疾人证》(红色)		《G3侦查证》	

②换取福利票流程(表3-9)。

换取福利票流程 表3-9

程 序	内 容
一迎接	面带微笑迎接乘客,"您好,请出示您的证件。"
二核实	"请您稍等",双手接过乘客相关证件,核对证件是否有效
三登记	如实填写《车站福利票登记簿》,并要求乘客签字确认。"请您收好,慢走",将福利票双手递给乘客

车站福利票登记簿如表3-10所示。

车站福利票登记簿 表3-10

日期	班次	时间	证 件 类 型					证件编号	福利票编号	发放人签字	值班站长签字
			视力残疾证	离休证	残疾军人证	士兵证	G3证				
			☐	☐	☐	☐	☐				
			☐	☐	☐	☐	☐				
			☐	☐	☐	☐	☐				
			☐	☐	☐	☐	☐				
			☐	☐	☐	☐	☐				
			☐	☐	☐	☐	☐				
			☐	☐	☐	☐	☐				

案例导学

有乘客反映,在某些车站看到有人拿残疾人证件及工作证换福利票,出现同人不同姓名的情况。

(1)针对此问题,车站工作人员应如何处理?

(2)请写出换发福利票的具体要求?

(3)在何种情况下,车站可以刷车站工作票?

【分析】

(1)针对此问题,车站工作人员应认真核对信息,加大查假堵漏力度,发现使用假证立即扣留假证,照章买票,同时上报有关部门。

(2)遇乘客持北京市规定的免费乘车证件进站时,车站工作人员在认真核对乘客所持有的免费证件真实有效后,为乘客换发福利票。免费乘车证件只限持证者本人使用,持《残疾人证》(一类、二类视力残疾)的盲人乘客可以有一名陪同人员免票。

(3)持有正规地铁施工证的乘客;持有效证件的当班外委人员;乘客票卡有进出站信息但没有正常进出站的乘客,经查询证实,为其刷工作票帮助其进站或出站。

2. 充值

(1)自动充值

由乘客自助在 TVM 或 AVM 上进行充值,乘客持 TVM 或 AVM 打印的充值凭证换领发票时,车站工作人员应确认是否为本站的充值凭证,并在充值凭证上做标记后,向乘客提供一卡通统一印制的发票；非本站的充值凭证，不予提供发票；如充值凭证上已做标记表示发票已开，则不得再次提供发票。

（2）一卡通充值一次作业程序

由车站工作人员根据乘客需要在 BOM 上完成充值操作。

一卡通充值一次作业程序为"一迎、二收、三确认、四操作、五找零、六告别"，具体流程如表 3-11 所示。

储值卡充值流程   表 3-11

程　序	内　容
一迎	1. 面带微笑，迎接乘客； 2. 问清乘客充值的金额为多少
二收	1. 收取乘客购票的票款； "您好，共收您××元。" 2. 接过票款后，放到验钞机上进行验钞
三确认	唱收票款的金额及乘客欲充值金额
四操作	1. 操作 BOM 准确发售/充值； 2. 充值时应请乘客确认乘客显示屏上的信息，包括卡内余额、充值金额、充值后卡内金额等
五找零	将储值卡和所找零钱、打印销售凭证及发票同时交给乘客
六告别	面带微笑说："再见！"或"请您慢走！"

3. 补票

车站在进行储值卡补票时，遇乘客进站时无上次出站记录（非付费区），应读取卡片信息，询问乘客上次出站车站的名称，对原卡做补票，扣除上次乘车费用。

车站在进行一卡通补票时，遇乘客出站时无进站记录（付费区），应读取卡片信息，询问乘客进站车站，根据票价表为乘客发售 1 张付费出站票，请乘客持出站票出站。

4. 退票

车站不办理纪念票、出站票退票，过期票不可退票。当由于地铁原因导致乘客无法到达目的车站时，运营企业可根据实际情况办理单程票退票业务。

当由于地铁原因导致乘客无法到达目的车站时，运营企业可根据实际情况补一卡通出站记录，不扣款。

每日末班车后从 TVM 中清出的回收已售票在本站 BOM 中做退票处理。

5. 售票亭常见问题处理（表3-12）

售票亭常见问题处理   表 3-12

售票亭服务常见问题	问题处理思路
乘客给付的纸币出现残缺，缺损不到 1/4 	微笑接收，按照售票流程进行售票业务处理

售票亭服务常见问题	问题处理思路
缺损 1/4 以上 	您好,对不起,我们按照规定不能接收缺损 1/4 以上的纸币,麻烦您换一张可以吗? 谢谢合作!
面值辨认不清 	您好,对不起,我们按照规定不能接收面值辨认不清的纸币,麻烦您换一张可以吗? 谢谢合作!
数量很多的零钱 	面带微笑接收,按照售票流程进行售票业务处理,如排队买票的人较多,可求助于其他同事帮忙,或引导乘客到 TVM 上买票
乘客给付的是外币或支票 	您好,对不起,我们按照规定不能接收外币或支票,麻烦您换一张可以吗? 谢谢合作!
乘客给付的纸币是假币 	(1)不好意思,您给我的纸币设备没法识别,麻烦您换一张好吗? 谢谢合作! (2)乘客拒绝更换,耐心解释,如果一直拒绝更换,报告值班站长或请求公安协助。 (3)数量较多,立即报告值班站长或公安

续上表

售票亭服务常见问题	问题处理思路
售票人员找不开零钱 	(1)"对不起,请问您有零钱吗?" (2)如果乘客还没有零钱,向乘客表示道歉,"对不起,这里的零钱刚找完,请您稍等,我们马上备好零钱。"
出现大客流,买票乘客排队较长,有乘客开始抱怨 	(1)"对不起,请您稍等,我会尽快处理"; (2)求助于同事帮忙,引导部分乘客去 TVM 售票
乘客在排队买票过程中打起来了	求助于其他同事去协调解决,并可以引导至 TVM 售票,自己加快售票速度,必要时寻求公安协助
乘客认为少找零钱了,要求票务员返回少找钱	(1)确实少找零时要对乘客说"对不起",立即找给乘客相应金额; (2)不能确认时应立即核对账款并对乘客说:"对不起,请您稍等一下!" (3)账款相符时对乘客说"请您再找找",必要时交值班站长处理
遇临近末班车售票时	(1)问清乘客所去方向,在有车情况下,加快售票速度,提醒乘客抓紧时间,以免错过末班车; (2)如果乘客所去方向已无车时,告知乘客尽快改乘其他交通工具
遇乘客使用伪造证件时	(1)向乘客说明地铁车票使用规定,没收票证,按规定补交票款,并将补交票款相等值的补票票根交予乘客; (2)处理时注意方式方法,灵活处理。如乘客所持证件确系伪造,可与公安部门联系

想一想

(1)有乘客过来买20张单程票,作为一名站务员,你应如何处理?

(2)一卡通无法刷卡出站时,作为一名站务员,你应如何处理?

二、自动售票机服务

1. 自动售票机总体结构构成

自动售票机（TVM）设于车站非付费区，用于乘客自主购买地铁单程票及储值卡充值，其外部结构如图 3-2 所示。

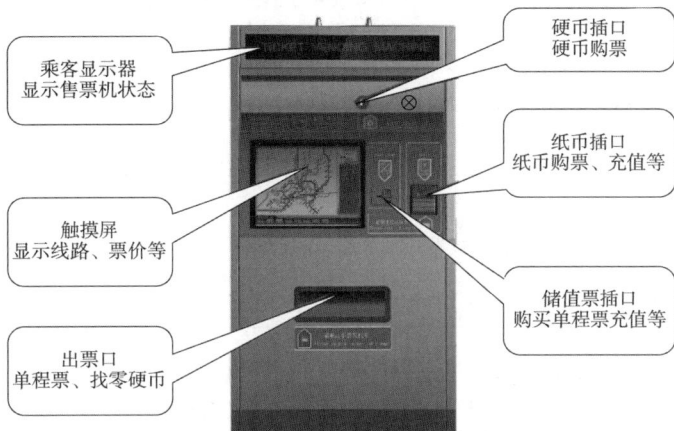

TVM 购票
引导服务

图 3-2 自动售票机外部结构

2. 自动售票机使用流程（表 3-13）

自动售票机使用流程 表 3-13

程 序	程 序
 在自动售票机的界面上选择要乘坐线路，并选择所要到达的站点	 （1）选好站点后，屏幕上会显示此段路程的费用等提示； （2）屏幕右方会有选择车票张数的界面，然后屏幕上根据选择会显示购票信息
 选好车票张数后点击确认，再投入纸币	 （1）投入足够金额后，屏幕上会显示信息，点击确认； （2）从出票口取票，并从找零口取出找零

3. 兑币业务流程

兑币业务流程:一收、二验、三兑、四清,见表3-14。

兑币业务流程 表3-14

程 序	内 容
一收	(1)收取票款,要求严格执行50元、100元大面额钞票"唱票"服务; (2)严禁拒收旧钞、零币、分币
二验	(1)验明钞票真伪后放在桌面上; (2)如判断为假钞,向乘客说明:"对不起,请换一张"
三兑	(1)进行兑币,并找零; (2)服务员必须严格执行"找零一次完成"的作业要求,将卡、定额发票和找零一起交给乘客
四清	等乘客离开窗口后,方可把桌面钞票进行清理

4. 常见自动售票机问题处理方法（表3-15）

常见自动售票机问题处理方法 表3-15

自动售票机常见问题	问题处理思路
乘客告诉你售票机发生故障	向乘客表示感谢,并及时到现场进行查看,如果自己能解决就及时解决困难,如果不能解决,及时报告上级
自动售票机出现卡币/找零不足	(1)耐心询问乘客购票情况,并打开售票机后盖查询是否有卡币现象; (2)若有卡币现象,就把钱币找给乘客,并表示歉意,如没有卡币,耐心和乘客解释
自动售票机卡票	(1)耐心询问乘客购票情况,并打开售票机后盖查询是否有卡票现象; (2)若有卡票现象,就把车票找给乘客,并表示歉意,若没有卡票,耐心和乘客解释
自动售票机发售无效车票	(1)耐心询问乘客购票情况和查询TVM交易记录; (2)若二者一致,则回收无效车票,填写"乘客事务处理单",并给乘客发售一张同等面值车票
乘客第一次使用自动售票机,不会使用	(1)耐心指导乘客如何使用自动售票机,并尽量让乘客自己操作,避免直接接触财物; (2)耐心指导乘客如何刷卡进站,提醒乘客妥善保管好票卡
自动售票机前乘客排队过多	做好应急预案,多派站务人员过来指导乘客买票和引导工作
售票窗口前排队乘客过多	面带微笑,进行宣传引导:"现在购票乘客较多,您可以使用自动售票机购票或充值",征得乘客同意后,进行引领:"您好,大家请跟我来,谢谢大家的配合"

任务三 站 厅 服 务

情境导入

车站站厅是车站的门面和窗口,其服务水平的高低是乘客对车站服务做出评价的重要依据。随着客流量的增长,乘客文化层次差异的扩大给站厅服务增加了新的难度。如何提高站厅服务质量是站务员亟待解决的问题之一。

一、站厅巡视及问询服务

1.问询服务

（1）问询服务流程

接待乘客问询时,应做到:"一迎、二听、三答"的作业程序,具体见表3-16。

站厅问询服务流程   表3-16

作业程序	作业要求	常见错误
一迎	（1）主动站立,微笑迎接乘客,说:"您好,请讲"; （2）行走时,遇到乘客问询,要站稳,面向乘客微笑迎接	转头斜视乘客
二听	认真听完乘客的提问,倾听时耐心专注、态度诚恳,并注视乘客面部	打断乘客话语
三答	耐心回答乘客问题,回答时吐字清楚、语速适中、音量适宜,以乘客听见为准,让乘客有思考过程,要耐心,必要时要重复	以摇头、摆手等不礼貌动作或语言作为回答,不得边回答边做其他工作

（2）服务外宾要求

在接待外宾的过程中,要注意自己的言行是否符合服务规范,具体包括:忌姿势歪斜,手舞足蹈,以手指人,拉拉扯扯等;在谈话中,忌询问隐私,评价他人,使用粗俗语言,大声争辩;在具体礼节上,忌过分热情,冷落他人,乱接话茬,独占话题。

> **知识链接**
>
> ### 首问负责制含义
>
> "首问负责"就是最先受理乘客问询、投诉的个人或单位,即为首问负责人或单位,负责解答乘客问询、投诉,直至满意。首问负责制作为一项专项制度推出具有重要的意义,它负责解决的是回答乘客问询中一系列的问题。
>
> 执行首问负责制,严禁对乘客说"我不知道"或"我没有办法"等推诿的话语。

落实首问负责制,解答乘客问询注意事项

仪表上:要落落大方,站立回答,手势明确,配合语言。

表情上:要亲切自然、面带微笑。

神态上:要耐心倾听,表示关注。

语言上:要称呼礼貌,语音清晰,用词准确。

机能上:要掌握应知应会内容,具有丰富的业务知识。

---

2. 便民服务流程

为乘客提供便民服务时,应做到"一观、二问、三帮",具体见表3-17。

便 民 服 务 流 程 表3-17

流程及内容		
一观	二问	三帮
注意观察站厅周围是否有遇到困难的乘客	对前来求助的乘客主动询问情况	主动提供帮助

知识链接

某地铁人性化便民举措

1. 开设无包安检快速通道

为方便乘客进站,减少等待排队安检的时间,开设"无包安检快速通道"。

2. 运用"互联网＋地铁"思维,推动智慧地铁进程

开通二维码、银行卡过闸功能;增设云购票机。

3. 解决站台座椅冰凉问题,加设隔凉垫

在所有车站站台座椅上增加坐垫,提高乘客舒适度。

4. 广播系统导入特色音乐曲目,打造人文站内环境

车站广播系统内导入了舒缓音乐、节日喜庆音乐等适时播放,为乘客提供更加舒适的乘车环境。

5. 增加外语广播,凸显国际都市形象

广播采用"中文"＋"英文"方式,适时增加俄语报站名和俄文导向标识。

不断增加更多便民举措,例如车站提供母婴护理台、手机充电服务设施等。

3.站厅巡视内容

站厅巡视时要定期巡视站厅设备运行情况、乘客进出站情况等,注意站厅进出闸机、导向标志、移动消防设施、护栏等设施设备运行情况,确保活动导向标志按规定摆放。巡视电梯是否正常运行,发现问题,及时向值班站长汇报。

4.指路姿势

在站务人员日常工作中,很多情况下都需要为乘客指路,为乘客指示方向应注意:

(1)指向时掌心斜向上,四指并拢,大拇指自然分开。

(2)以肘为轴,前臂自然上抬,臂弯的角度为135°~180°。

(3)视线移向指示方向,同时兼顾到乘客是否看到指示方向。

案例导学

某日23:00左右,乘客一行人从地铁10号线国贸站进站乘车,同时问询该站票务员1号线是否还有车,售票人员告知,可以赶上1号线末班车。于是乘客一行人刷卡进站。当其走至1号线站台,发现末班车已经关门,乘客让站台人员开车门,工作人员告知乘客该车已无法开门。乘客认为一是10号线的票务员告知有误,导致其刷卡进站却无法乘车;二是1号线站台人员态度生硬、未及时进行安抚,当乘客要求看1号线站台人员工号时,站台人员未明示且转身就走;三是1号线司机看到乘客拍车门未再次开门,服务不人性化。乘客对地铁如此服务表示严重不满。

【分析】

在此案例中,首先10号线工作人员对换乘通道通过时间的不熟悉导致乘客错过了末班车,且1号线司机在乘客拍打车门后,没有给乘客开门,导致乘客没赶上末班车。1号线站台人员没有在末班车关门后及时提示司机再次打开车门,让乘客上车,且未及时安抚乘客的情绪并做好善后工作,没有在乘客有情绪时及时安抚、妥善处理,态度生硬,导致乘客不满。

二、监票岗位服务

1.监票岗位流程

(1)运营开始前

①提前20min确认AG、TVM等站厅设备处于开启状态。

②具备工作条件报告值班站长。

(2)运营过程中

①进行闸机群、自动售票设备的巡视,疏导进出站秩序。

②引导乘客正确使用售检票设备。

③闸机回收票箱满后进行票箱的更换。

④售票箱空的情况下进行补票工作。

(3)交接班时

①交接设备运行情况。

②交接好站厅设备钥匙及本岗位其他备品。

③交接本班及上一班遗留的票务问题。

(4)运营结束后

①清理废票箱。

②确认检票机正常关闭。

③妥善保管本岗位钥匙及其他备品。

④将清理出的废票和剩余福利票交还 AFC 综合作业员,并做好相关记录。

图 3-3 站务人员维修闸机示意图

2.监票流程

监票服务就是站务人员站在闸机旁边,对乘客刷卡进出站行为进行正确引导,对出现问题及时处理。图 3-3 为乘客刷卡进站时,闸机出现了故障,站务人员进行维修示意图。

在乘客进出站检票时,监票的流程为"一听看、二提示、三疏导",具体流程见表 3-18。

监 票 流 程   表 3-18

程　　序	内　　容
一听看	听设备提示音是否正确,看设备显示灯是否正确
二提示	提示乘客正确刷卡、顺序进站
三疏导	提示刷卡成功的乘客迅速进站乘车,引导票卡异常的乘客到补票窗口处理

3.闸机的使用

(1)闸机结构及使用

闸机又称自动检票机(AG)是实现乘客自助进出站检票的设备,按照功能不同可以分为进站检票机、出站检票机和双向检票机。其中,进站检票机设置在车站的入口处,用于对进站乘客所持车票的有效性进行检查和判断,并做出相应处理或发出相应的警告和提示;出站检票机供乘客出站检票使用,可对出站乘客所持车票的有效性进行检查和判断,并做出相应的处理或发出相应的警告和提示;双向检票机同时具备进站检票机和出站检票机的功能,可根据运营需要,通过车站计算机本地操作对其功能进行设定。图 3-4 为闸机结构图。

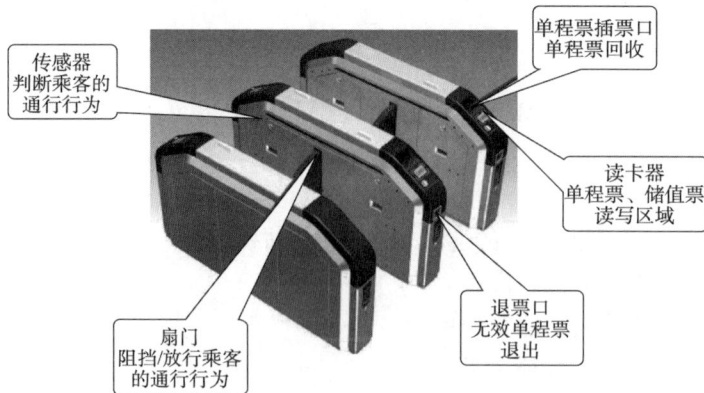

传感器
判断乘客的
通行行为

单程票插票口
单程票回收

读卡器
单程票、储值票
读写区域

退票口
无效单程票
退出

扇门
阻挡/放行乘客
的通行行为

图 3-4 闸机结构图

闸机需要正确使用,否则不能正常进出站,表3-19为闸机使用流程。

闸 机 使 用 流 程　　　　　　　　　　表3-19

程　　序	内　　容	容易出现问题及注意事项
一刷	(1)将单程票或储值票,接触右侧刷卡区刷卡进站; (2)刷卡后,乘客显示屏会显示车票信息; (3)闸机扇门打开,且顶灯绿色闪烁,蜂鸣器"嘀"的一声鸣叫,进站界面出现单程票票价提示,乘客由闸机通道进站 	(1)如果闸机上显示红色的"圆内横"符号,就要等一会儿再刷卡,或是这个闸机口停止使用。只有右手边的闸机上显示出绿色的箭头,才可以使用; (2)刷卡时,乘客要在闸机黄色安全线外面,将车票放在刷卡区停留片刻; (3)如果乘客进站刷卡前站立于闸机的通道内侧,闸机会报警。此时闸机扇门不会打开,顶灯红色闪烁,且有语音提示,界面显示"非法通行"; (4)如果刷卡闸机锁死没有开启,乘客可以拿车票到客服中心分析不能进闸机的原因,禁止攀爬、跨越或钻越栏杆、检票闸机; (5)进、出闸机时,与前面的乘客保持一定的距离,待前面乘客通行完毕且闸机门关闭后,即可检票进、出闸机,切勿尾随前者进、出闸机
二进	扇门打开后,乘客按照指示标识有序通过闸机进站,为乘客做好准备 	(1)乘客刷卡后,闸机会开启5~10s,如果没有快速通过,闸机会自动关闭; (2)在通过闸机时,切勿让儿童独自通行,这样极易发生夹伤事故,成人应手抱孩童进出闸机
三保管	车票在进站后要妥善保管,不要损坏或遗失	车票损坏或遗失,在出站时需要补距离本站单程最高的票价

（2）更换闸机票箱操作（表3-20）

更换闸机票箱操作表 　　　　　　　　　　　　　　　　　表3-20

操　作　程　序	操　作　图
（1）开启主维修门，其中维修面板位于左侧维修门上； （2）输入员工 ID 及密码，选择"卸下 A 票箱"； （3）操作结束要签退	
选择卸载票箱命令之后，对应票箱的指示灯闪烁	
（1）推回票箱盖板； （2）插入钥匙顺时针扳动至"关"的位置	
（1）拨动开关位于底端，向上拨动使升降托槽上升，向下拨动使其下降； （2）杠杆位于票箱底部	
右手拉住箱体正面的把手，左手托住票箱，卸下 A 票箱	

安装票箱是卸下票箱的逆过程。

4. 监票常见问题处理（表 3-21）

监票常见问题处理　　　　　　　　　　　　　　　表 3-21

监票常见问题	常见问题处理思路
乘客初次使用车票	（1）耐心指导乘客："请您在××区域刷卡,出站时票卡需要回收,请妥善保管"; （2）必要时协助乘客使用票卡,注意不要影响其他乘客进出闸机
乘客无法刷卡进站	（1）先了解情况,礼貌地向乘客询问是否已经刷卡; （2）如了解情况后,仍不能解决,则指引乘客前往客服中心办理; （3）礼貌地用手掌指示前往的方向; （4）若情况许可,最好能陪同乘客前往解决问题,以免乘客重复提出问题和要求
乘客携带大件行李 	（1）礼貌地和乘客沟通,建议其使用直梯或走楼梯："您好,您的行李较多,为了您的安全,请使用直梯,谢谢您的配合。" （2）引导其从宽闸机进站,最左侧为宽闸机
发现成人、身高超过 1.3m 的小孩逃票或违规使用车票进站时	（1）立即上前制止,并要求其到售票处买票："对不起,您的孩子身高超过了 1.3m,请您买票,谢谢您的配合。"如乘客有疑问,可在检票处 1.3m 处衡量; （2）若乘客故意为难工作人员,可以找公安配合; （3）发现违规使用车票的乘客,可以按法制程序执行,必要时找公安配合
乘客出站卡票	（1）向乘客表示歉意,并安抚乘客："对不起,我们马上为您解决。" （2）检查闸机状态,发现确实卡票,找到车票,向乘客询问车票信息,确认该车票是否为该乘客本人所有,并进行解释和道歉; （3）若车站计算机也没有报警,打开闸机也没有找到车票,请自动售检票系统 AFC 维修人员到现场确认,如情况属实,对乘客做好解释工作

续上表

监票常见问题	常见问题处理思路
有盲人乘客单独进站 	检票员要主动上前询问，"请问您需要帮助吗?"如需要帮助,及时提供帮助,搀扶上车,并与目的站联系,协助护送出站
乘客刷卡未成功时	向乘客解释"对不起,您的IC卡未刷成功,请您再刷一次,谢谢合作",如乘客有疑问,协助乘客到IC卡查询机处进行查询,并耐心向乘客做好解释工作

案例导学

某日早高峰,乘客出站时工作人员反映该站出站闸机太少,建议其多开几台,工作人员立即反驳,并表示,中国人素质差,遇事就互不谦让。当场很多乘客对工作人员的话表示反感。乘客认为地铁作为窗口行业,必须提高员工修养及素质,而且乘客认为该站进出站闸机设置不合理,希望改进。

【分析】

此案例中,该工作人员严重违反了服务规范中的语言规范,并且当乘客提建议时,不应与乘客反驳,应先向乘客致谢,并虚心地接受,感谢乘客提出的建议,问题切实存在的及时向上级反映。

三、安检服务

案例导学

乘客反映在车站站台及列车上经常看见有携带自行车的乘客,偶尔还能见到携带自行车的乘客与站内人员聊天。

(1)上述情况发生,违反了哪些规定?请具体说出规定内容。

(2)如果上述情况发生在本车站,作为一名工作人员该如何进行处理?

【分析】

(1)乘客违反了乘车须知中213号令的内容:禁止带超长、易碎、笨重的物品,如自行车、洗衣机、台式电脑显示器等妨碍公共卫生、车内通行和容易污损地铁设备和站、车环境的物品及动物进站乘车的规定。站内工作人员违反了岗位职责中的:①岗上禁止聊天;②看见携带违禁品进站的乘客要及时劝阻。

(2)作为一名工作人员,应在发现乘客进站时,及时劝阻乘客遵守乘客须知,劝其改乘其他交通工具,或将自行车存起来。当在站台发现乘客携带自行车时,应问他从哪站进站,并指引其坐直梯出站。

安检服务常见问题的处理见表3-22。

安检服务常见问题处理　　　　　　　　　　　　表3-22

安检常见问题	问题处理思路
发现乘客携带超长、超重物品  	（1）耐心向乘客解释："对不起,按照地铁有关规定,携带超长、笨重、宠物等物品不能进站乘车,谢谢合作。"如需要,向乘客出示相关规定(乘客须知); （2）如遇态度强硬、固执的乘客,首先让乘客了解:他的情况很难处理,如果乘客认为东西太重,不愿意出站,可以寻求其他同事帮助乘客; （3）如乘客坚持搭乘,则可要求警方协助
发现乘客包内有违禁品 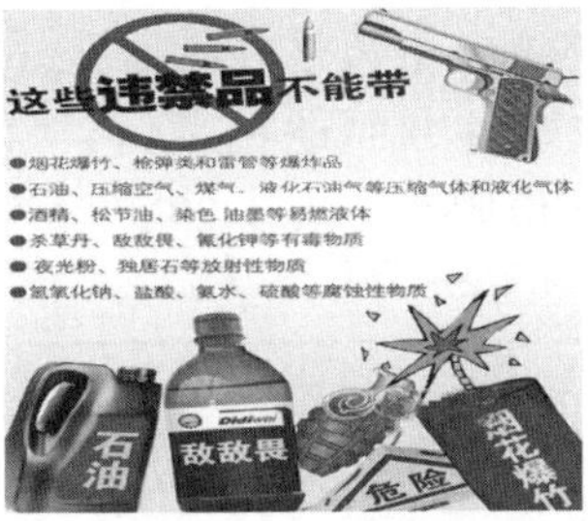 	（1）把包拿到一边进行详细检查,避免当着所有乘客的面检查包内违禁品,让乘客感到难堪; （2）耐心向乘客解释："对不起,按照地铁有关规定,携带易燃、易爆物品不能进站,谢谢合作。"如需要,向乘客出示相关规定(乘客须知); （3）如遇态度强硬、固执的乘客,可以寻求值班站长处理,必要时与公安联系
出现客流高峰 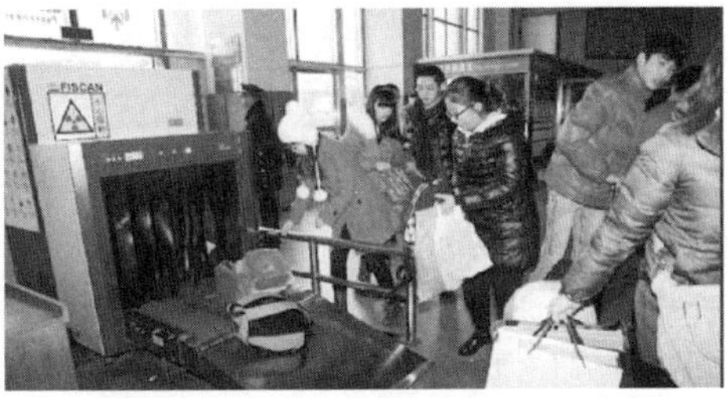 	（1）委婉提醒乘客加快速度,并提醒后一位乘客做好准备,避免出现拥挤忙乱的现象; （2）如果乘客过多,可以采用手持检测仪进行检查,如图所示,以加快安检的速度 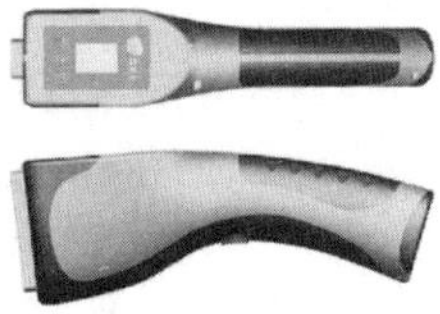
发现有乘客带液体进入地铁  	微笑走上前,"您好,按照规定,你需要打开瓶子试喝一下,谢谢合作。"如遇固执的乘客,耐心解释,微笑服务,必要时可请求值班站长处理

任务四　站 台 服 务

情境导入

地铁实习生小李今天在站台上进行巡视工作的时候,忽然发现一名老年乘客一不小心把随身携带的手机掉到了轨行区,这位老年乘客不顾周围多名乘客劝阻要跳下站台门去捡取手机,地铁实习生小李第一次遇到这样的事情,看在眼里急在心里,您可以帮助小李吗?

一、站台站务人员岗位职责

站台是车站的重要组成部分,在早晚高峰时,站台上来往乘客较多,稍有疏忽就有可能发生安全事故,尤其是在乘客上、下车时容易混乱。因此站务员在站台上要做好各方面巡视工作,保证行车安全与行车秩序,具体站台站务人员岗位职责见表3-23。

站台站务人员岗位职责　　　　　　　　　　　　表3-23

负责事项	工 作 内 容
站台巡视	(1)负责维护站台秩序,保证乘客在安全线内候车、组织乘客安全有序降乘、合理疏导站台内乘客; (2)按时进行站台巡视,发现危及行车安全和人身安全的紧急情况时,及时采取有效措施制止; (3)及时发现并根据规定妥善处理可疑物品、可疑人员
电梯	维护乘梯秩序,避免乘客出现不安全行为
广播宣传	(1)认真做好乘客乘车安全宣传工作; (2)在列车清人时,做好广播宣传工作,让乘客能得到理解,并保证列车空车回库; (3)在发生火灾等紧急情况时,做好广播宣传,负责乘客有序撤离车站; (4)末班车时,做好广播宣传,避免乘客在车站停留
站台接发列车	按照接发列车规定进行接发列车
站台门故障处理	及时发现并根据有关规定快速处理站台门故障

二、接送列车标准及要求

1. 接送列车

站台站务人员在接送列车时,应执行接送列车三转体制度标准,具体如下:

(1)来车时面向列车进站方向,见图3-5。

(2)列车进站停稳后面向列车,见图3-6。

图 3-5　接送列车(1)　　　　　　图 3-6　接送列车(2)

(3)列车发出后面向车尾目送列车,见图3-7。

图 3-7　接送列车(3)

2. 指点确认标准(表3-24)

指 点 确 认 标 准　　　　　　　　　　　　　　　　　表 3-24

程　序	内　容
一手指	抬起手臂伸直,伸出食指指向所要巡视的起始位置至终点位置,做到指点到位,过程完整
二眼看	目视位置与手指位置保持一致,做到监视到位、彻底
三确认	确认对象符合有关要求或无意外情况后,做到手指眼看再确认

3. 列车即将进站前

(1)列车进站前1min,执岗人员站在规定接车位置,监视站台候车乘客,呼唤:"请乘客站在候车线内候车。"

(2)列车头部接近站台时,转体90°,面向列车进站方向,伸臂手指接车线路尽头,观察列车进站过程,确认接车站线有无异常。

4. 列车停稳开门前

列车车头越过执岗人员后,回转90°面向列车,待列车在规定位置停稳后,执岗人员向前迈一步,巡视候车乘客,呼唤:"请您让开车门,先下后上。"

5. 列车开门后

执岗人员向后退一步,伸出左臂手指第一个车门、站台门并向后逐一确认打开状态,直至确认最后一个车门、站台门已打开,无异常情况,口述"整列站台门开启"。

监视列车车门、站台门开启状态,监视乘客乘降情况(图3-8、图3-9)。

图 3-8　列车开门(1)　　　　　图 3-9　列车开门(2)

6. 列车关门后

列车关门后,执岗人员向后退一步,伸出左臂手指第一个车门、站台门并向后逐一确认关闭状态,直至确认最后一个车门、站台门已关闭,无异常情况,口述"整列站台门关闭"(图 3-10)。

7. 列车启动

列车启动,尾部越过接车位置后转体 90°面向出站方向,目送列车,监视列车运行。

列车尾部越过出站信号机,伸出右臂手指列车尾部,确认列车运行正常,无异常情况(图 3-11)。

图 3-10　列车启动(1)　　　　　图 3-11　列车启动(2)

8. 站台巡视内容

为了保证站台上人、物的安全,站务人员必须要定时对站台进行巡视,具体内容见表 3-25。

站 台 巡 视 内 容　　　　　　　　　　　　　　　　　　　　表 3-25

巡视设备	巡视情况
站台门	(1)是否正常开关; (2)是否有异声、异响; (3)指示灯显示是否正常
自动扶梯、直升电梯	(1)是否有异声、异响; (2)是否存在不正确乘坐电梯现象; (3)电梯开/关/停按钮是否正常
乘客信息系统	是否正常显示
站台照明	(1)照明是否正常; (2)灯有没有不稳定现象
土建设施	是否正常,有没有安全隐患
站台紧急关闭按钮状态	是否正常工作

巡 视 设 备	巡 视 情 况
站台消防器状态	(1)是否在有效期内; (2)是否能正常工作
车站标识	有没有粘贴脱落、被涂抹、缺失或损坏等现象
乘客状态	(1)乘客乘车是否有秩序,是否都安全; (2)是否有可疑乘客
车站环境	(1)是否有可疑物品; (2)运营结束时检查站台四角是否有遗留人、遗留物

9. 站台常见问题处理（表3-26）

站台常见问题处理　　　　　　　　　　　　　　　　　　表3-26

站台常见问题及处理	站台常见问题及处理
乘客站在黄色安全线以外候车 及时劝阻乘客的不安全行为,提醒乘客注意乘车安全,并向乘客说明"为了保证您的安全,请您站在黄色安全线以内候车"	乘客在站台嬉笑打闹 及时劝阻正在打闹的乘客,向其解释"为了你们的安全,请不要在车站内嬉戏、打闹"
乘客在站台上吸烟 及时劝阻正在吸烟的乘客,向其解释"您好,为了你们的安全,请不要在车站内吸烟"	乘客企图冲上正在关门动作中的列车 及时阻止乘客(避免和乘客有直接接触)并有礼貌地提醒:"列车马上要关门,为了您的安全,请勿靠近车门,下次列车将于××分钟进站,请等候下次列车"

站台常见问题及处理	站台常见问题及处理
乘客坐轮椅上下车时  引导乘客至划定的站台无障碍候车区域,疏导其他乘客到相邻车门排队候车,使用渡板(上图)让乘客安全上下车,上车时要将乘客护送至车厢内无障碍专用位置,确认轮椅已经制动或与列车上专用钩固定,并提醒乘客坐稳扶好,告知乘客目的地站会有站务人员迎送,然后通知目的地车站,让站务人员做好准备工作	乘客有物品掉下轨行区时  如可以夹取,在无车的情况下,用夹子取回。如条件不允许,向乘客进行解释,并请乘客留下姓名、联系方式,运营结束后为其拾取
乘客在站台上逗留  若发现有长时间逗留在车站不出站的乘客,应主动上前询问情况,避免逗留的乘客发生紧急情况	站台发生夹物、夹人等紧急情况  站务员应立即就近按下该站线相对应的紧急关闭按钮关闭信号,同时将使用原因、现场情况及使用按钮的位置迅速向综控室报告

站台常见问题及处理	站台常见问题及处理
站台紧急停车按钮被乘客按下 站务员应立即确认相对应的站线及列车运行情况,将确认的情况迅速向综控室报告,同时设法留住按下按钮的乘客,保护现场,挽留目击证人	乘客发生纠纷 及时进行劝阻、调解,立即向值班站长汇报。如影响运营,及时通知公安、客运营销科,保证自身及乘客安全,维护好乘车秩序,确保列车正点运行
发现站台有爆炸物或可疑物时 迅速通知值班站长和公安人员,不要盲目自行处理,迅速疏散人群,必要时可采取限流、封站措施,由公安人员处理	

知识链接

乘客须知

(1)乘坐地铁须照章购票、刷卡,接受验票,凭票乘车。对使用伪造、涂改、冒用、过期、无效证件者,依据《北京市地下铁道列车车票使用办法》执行。

(2)携带物品面积超过一个座位面积的,需另加购一张同程等额车票;身高达到1.3m的儿童需购票进站。

(3)严禁携带易燃、易爆、有毒、腐蚀性、放射性和杀伤性等危险品(如雷管、炸药、鞭炮、汽油、柴油、煤油、油漆、电石、液化气、管制刀具、各种酸类等)以及其他危害公共安全的物品。

(4)严禁携带超长(1.8m以上)、易碎(如玻璃及易碎玻璃制品等)、笨重(如自行车、洗衣机、电视机、台式电脑显示器、电冰箱等)、妨碍公共卫生、车内通行和容易污损地铁设备和站、车环境的物品及动物进站乘车。

(5)乘客应当遵守社会公德,讲究文明礼貌,文明乘车,服从车站工作人员的管理;衣衫不整等不文明者不能进站乘车。

(6)地铁站内、车内发生意外或者紧急情况时,乘客应听从工作人员指挥,配合维护现场秩序。

(7)列车到达终点站或因故不能正常运行时,乘客应听从工作人员指挥,全部顺序下车,以免发生意外。

(8)自觉维护站、车秩序,严禁跳下站台;禁止在站、车内追逐打闹;禁止在站台、大厅、出入口、通道久留,禁止在出入口平台上坐卧;禁止在地铁出入口及车站内存放物品;禁止在站、车内行乞、表演、擅自销售物品和发放宣传品;乘坐扶梯时请右侧站立,左侧通行。

(9)文明乘车,候车时禁止越过黄色安全线或依靠站台门;排队候车,先下后上;车门或站台门开、关过程中,禁止强行上下列车;车门或站台门关闭后,禁止扒门;乘车时禁止手扶、挤靠车门;严禁在车厢连接处上下车。

(10)爱护站、车内各项设施,严禁损坏、擅自移动安全标志;严禁在非紧急状态下动用紧急或者安全装置;严禁翻越、损坏隔离围墙、护栏、护网和闸门。

(11)保持站、车内环境卫生,严禁吸烟、随地吐痰、便溺、吐口香糖、乱扔废弃物、乱写、乱画、擅自张贴各类广告及宣传品。

(12)严禁拦截列车;严禁擅自进入轨道线路、隧道等禁止进入的区域;严禁向轨道线路内、列车、机车、维修工程车以及其他设施投掷物品;严禁损害和干扰机电设备、架空电缆和通信信号系统。

(13)失明、智障等残障人士、行动不便的老人、学龄前儿童及醉酒者,需有人陪同进站乘车;在无人陪同的情况下,请及时联系车站工作人员,以获得相应帮助。

(14)请乘客自觉遵守上述各项规定。对违反规定并不听从劝阻者,将视情节轻重移交公安及有关部门依法处理。

任务五 列车司机服务

情境导入

"列车跑得快,全靠车头带",列车司机在日常驾驶工作过程中都会遇到哪些问题,你可以分享一吗?

一、列车司机的岗位要求

(1)列车司机必须谨记"安全第一、便民第一"的宗旨,遵守和学习相关的安全规定和行为规则,严格按照安全制度、行车规则执行司机驾驶任务。地铁司机工作场景如图3-12所示。

(2)司机必须清楚列车的基本构造、性能,能够处理一般的列车故障,熟悉列车运行线路和停车场等基本设施情况,熟练掌握担任驾驶区段、停车场线路纵断面情况。

(3)司机必须掌握其他的相关业务和具有一定的应变能力。如懂得救援的方法、懂得消防灭火的要求、学会扑灭初起火灾的方法、知道常用灭火器的使用方法等。灭火器的使用方法如图3-13所示。

图 3-12　司机工作场景

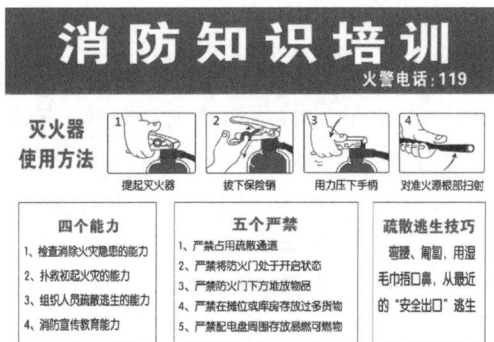

图 3-13　灭火器的使用方法

　　司机在整个列车运行过程中至关重要,因此城市轨道交通管理部门规定了司机上岗值乘必须掌握的技能。首先,司机必须考试合格,并取得"司机驾驶证"后才可以独立驾驶电动列车;其次,脱离驾驶岗位 6 个月以上,如再需驾驶列车必须对业务知识和安全运行知识等进行再培训与考核并且合格;最后,相关管理部门以及有关领导要对司机的纪律性和身体状况、心理状况作出鉴定。符合以上几个必需条件时才能上岗驾驶列车,以保证行车安全和秩序正常。

二、列车司机服务常见问题处理

1.乘客伤亡事故现场处理

　　凡在城市轨道交通范围内的车站、停车场及区间线路上发生人员伤亡事故时,司机须在事故发生时立即停车,确认伤亡人员状况,并保护好现场,按照顺序报告。现场处理完毕恢复运营时,需现场第一指挥人签字认可,并汇报行车调度员,经同意后恢复运行。

2.列车运行中发生火情时的处理

　　列车发生火情时,应及时停车,尽快找到起火设备,切断其电源,及时向行车调度员或者行车值班员报告,并立即使用灭火器灭火,同时做好乘客疏导工作。

3.遇到异常情况,需要紧急停车时

　　广播通知乘客紧握扶手,避免乘客碰撞跌倒造成伤害。

4.当车内乘客报警装置被启动时

　　首先,要了解情况;其次,注意在通话过程中要表明自己的身份,向乘客了解信息,必要时需要上报相关部门;最后,安抚乘客,等待处理。

5.当有走失的乘客时

　　安抚乘客,告知马上会有其他工作人员过来处理;留意乘客的基本特征,如年龄、身高、性别、服装和仪容,及时上报。

6.在驾驶过程中,有乘客拍打驾驶室车门时

　　不要打开驾驶室车门,更不要与乘客隔着驾驶室对话;使用广播询问情况;通知运营控制中心安排站务人员在下一站进行处理;通过广播安抚乘客:"不好意思,我是本次列车司机,已经听清楚您的情况,事情已经通知上级,因列车正在行驶中,请稍候,到站我们立刻解决您的问题。"

知识链接

某地铁列车因为跳闸而出现异响,引发乘客惊慌,网络有传言称地铁车站发生爆炸。其实,由于接触网供电等故障,有时会引发跳闸、短时失电等情况,极端情况下会产生异响,这些都是故障瞬时现象,列车通常会启动故障导向安全的自我保护状态。此时乘客不要惊慌,可耐心等待故障处置和列车救援。

某日,一列正在行驶的列车内突然出现混乱,大批乘客蜂拥跑向车尾方向,原来,当晚9时20分许,有乘客在车厢内不慎打翻杨梅汁。因为杨梅汁是红的,造成有乘客误以为发生了"血案",引发恐慌。地铁工作人员反映,除了杨梅汁,在地铁上乘客经常打翻的还有红酒、番茄酱等红色液体,一般通过气味即能分辨,这时只要拨打服务热线,通知车站工作人员及时打扫即可。

如果地铁内遇到突发情况,应尽快将现场情况通过车厢内的对讲装置通知列车司机,如有必要也可直接拨打110反映情况。如需要清客离开车厢,要配合现场工作人员的指引。在不明原因的情况下,切勿传播不准确、不真实的信息,以免误导不明真相的乘客而引发恐慌。

任务六 特殊乘客服务

情境导入

"服务无止境,关爱有真情"。在每天乘坐地铁列车的乘客中有这样一类人群,我们称他们为"特殊乘客",如何能够提高他们乘车的幸福指数呢?今天我们在这里找到答案。

一、老年人

(1)在售票服务过程中一定要耐心提示,细致地帮助老年乘客解决问题,适当放慢语速,适当放大音量。

(2)在进出站时,应礼貌地引导老年乘客搭乘直梯或走楼梯,如果乘客坚持搭乘自动扶梯,则由乘务人员陪同老人一起搭乘自动扶梯。

二、儿童

(1)儿童只有在大人的陪同下才可以进入车站,工作人员提醒乘客遵循"儿童在前、大人在后"的刷卡进站原则。

(2)要特别关注儿童乘车,提示看护人照看好身边的儿童,避免发生因儿童快跑及随意走动引发的摔伤。

三、身体不适的乘客

（1）当值工作人员发现情况后要第一时间上前询问乘客身体情况。

（2）在征得乘客同意后去休息室或综控室休息，并为其倒水。

（3）如果稍做休息后乘客无好转迹象，在询问过当事人后帮忙叫救护车。

四、残疾人

（1）由出入口进入站厅。如果有直梯，帮助残疾乘客搭乘直梯；如果没有直梯，则安排并帮助乘客乘坐轮椅升降机，如图 3-14 所示。

（2）引导与陪同。在推行轮椅的过程中应注意行进速度和稳定性；在轮椅陪护过程中应减少对其他乘客的妨碍，轮椅行进过程中提示周围乘客避让。

（3）协助安检。引导乘客至安检位置，对乘客的行李和轮椅进行检查，尽可能由同性别的工作人员完成，尽量减少琐碎不便的环节，并给予乘客足够的尊重。

（4）协助乘客进出付费区。引导乘客至售票处，带乘客完成购票，引导乘客从宽通道或专用通道进出付费区，并帮助其刷卡。

（5）协助上、下车。引导乘客至划定的站台无障碍候车区域，疏导其他乘客到相邻车门排队候车，使用渡板让乘客安全上下车，如图 3-15 所示。上车时，要将乘客护送至车厢内无障碍专用位置，确认轮椅已经制动或与列车上专用挂钩固定，并提醒乘客坐稳扶好，告知乘客目的站会有站务人员迎送，然后通知目的地车站的工作人员该乘客所乘车次、车号、发车时间、所在车门位置、列车路线等信息，目的站应做好相应准备工作。

图 3-14　轮椅升降机

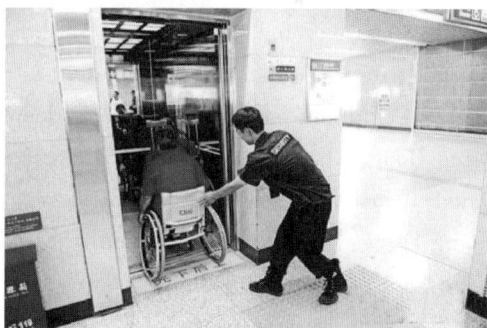

图 3-15　渡板

> **知识拓展**
>
> 在北京，提前拨打 010-96165，残疾人乘地铁时可通过预约享受护送等一对一的服务，北京地铁 123 座车站均可无障碍通行。北京地铁服务热线全天候为乘坐轮椅的残疾人乘客提供个人电话预约服务。乘客可打电话通知地铁服务热线，告知乘车地点、进站时间、到达车站、换乘线路等具体信息，热线将相关信息通知有关车站。
>
> 地铁站接通知后，工作人员或志愿者在预定的时间等候，护送残疾人乘客进站乘车和出站。

五、涉外旅客服务

在地铁出入口用英语引导外国乘客进站接受安检,在站点指引涉外旅客购票、进站、乘车等。

(1)问路常用客运服务英语

You can get anywhere by metro. It is convenient.

You can buy the ticket through the machine. It is over there.

You can take Line _____(乘坐的线路), and then get off at the _____. (乘客要去的站点)

Hope you enjoy your stay here!

(2)车站设备介绍场景(图3-16)

图3-16　站台

David：Good morning.

Wang Dong：Good morning, sir.

David：Could you tell me the types of doors on metro trains?

Wang Dong：There are plug doors, sliding pocket doors and exterior sliding doors of metro trains.

David：I just wonder what plug doors are?

Wang Dong：Plug doors are usually bi-parting, i. e. two leaves open from the middle. When they are opened, the doors 'pop' forward and then open out onto the exterior of the vehicle. This type of door provides a tight seal and a flush exterior finish which looks good and is easy to clean.

David：Then would you tell me what exterior sliding doors are?

Wang Dong：The exterior sliding door is a very popular type of door because it is easier to design. It is on the exterior for the door(s) to open and close. It can work in a similar manner to the plug door.

(3)恶劣天气服务

Passenger A：It has been raining for nearly two hours.

Passenger B：Yes, I hope it will stop when I leave the station, because I forgot to take an umbrella.

Lily：Don't worry. We have prepared some umbrellas at the information office in the metro. If you are in need, you can take one away.

Passenger A：Really, I appreciate it.

Passenger B：The weather is so bad, and the ground near the subway entrance and exit may be quite slippery. We must pay attention to it.

Lily：You're right. And our staff has already cleaned the floor and the water on the ground and staircase has been swept away.

Passenger B：Well, I feel relieved to hear that. You all have done a good job.

Lily：Of course. It's my pleasure.

（4）大客流状况下的服务

Wang Dong：Attention, please! Line 1 is closed, please choose another line for your transfer or go out to take a bus.

Passenger：What's the matter?

Wang Dong：Don't worry. There are so many people in the metro crowding in Line 1. So we need to clear off a part of passengers.

Passenger：What should we do now?

Wang Dong：Please listen to the broadcasting carefully and follow the instruction to leave the metro. Sorry for the inconvenience.

> **练一练**
>
> 涉外乘客服务练习：练习常用的英文服务短语以及服务对话。在练习的过程中两人一组，要注意服务的态度、站姿等站务人员的基本服务要求。

任务七 应 急 服 务

情境导入

乘客在乘车的过程中，难免会遇到一些突发状况。当事情发生时，乘客通常会感到惶恐不安，难以镇定下来。在这种情况下，工作人员应根据现场情况灵活处理，一定要充分考虑乘客的心理，避免出现尴尬情况。

一、乘客突发疾病时

（1）先主动上前查看乘客的情况，适当地安抚和询问："您好，您哪里不舒服吗？""需要帮您叫救护车吗？"

（2）征得乘客或其家属的同意后，及时与急救中心联系，必要时可以请求其他工作人员到车站出口迎候急救人员，并宣传疏导周围乘客，保障各个通道都畅通无阻，为乘客的治疗争取时间。

（3）协助医护人员将乘客送上救护车。

二、乘客有物品掉落轨道时

（1）站务员安抚并提醒乘客："为了您的安全，请勿私自跳下轨道，请您放心，我会尽快为您处理。"

（2）如果条件允许时及时为乘客取回。如果条件不允许，则告知乘客将于运营结束后下轨道拾回物品："对不起，目前条件不允许，我们将在运营结束后，帮您拾取。"并请乘客留下联系方式，次日到车站领回物品。

案例导学

夏天到了，很多人都穿上了凉拖。如果上车时，凉拖掉落轨行区怎么办？如果是手机、钥匙、背包等物品掉落又怎么办？

地铁一般采取第三轨下部受流的供电方式，受电电压为 DC 750V。地铁站台地面与隧道高差超过 1m，每列地铁之间的时间间隔只有 2～8min，时速最高达 80km。跳进隧道还将面临高压触电危险，不仅威胁个人生命安全，而且影响地铁正点到站。乘客千万不能"火中取栗"。

若物品掉入隧道，请乘客一定要及时联系站台工作人员。若是低峰时段，掉落物品完整并且能目测到，工作人员会询问上级运营部门，确保安全的情况下用夹物钳将物品夹起。反之，站务人员将留下乘客的联系方式，在低峰时段或是运营结束后帮助捡取，并会及时联系失主。

三、当有乘客走失时

（1）首先适当地安抚乘客。

（2）了解走失人员的性别、年龄、特征、走失时间、乘车路线等情况，并进行登记。

（3）利用广播在车站内协助寻找，如未找到，可上报至运营控制中心在全线进行广播寻找，必要时在征得乘客同意后，协助乘客通知公安部门找寻。

四、遗失物品查找服务

（1）当乘客反映物品丢失时，安抚乘客并了解遗失物品的基本特征、物品遗失的地点和时间等，将乘客的姓名、身份证号码、联系方式进行登记，方便联系；通过广播在本车站进行询问和查找，同时通过打电话向有关车站进行询问和查找；找到物品时，协助乘客办理认领，核对乘客身份，确认乘客所属物品与找到的物品一致。

（2）当乘客拾捡到其他乘客的物品并上交时，首先向乘客表示感谢并当面对拾捡物品进行详细的清点和记录，请乘客确认签字；工作人员通过广播寻找失主；如有乘客过来认领，应礼貌地核对乘客的身份，并请乘客签字确认。

遗失物品查找服务

五、乘客在车站内发生伤害（如被车门夹伤、在扶梯处摔倒）等情况

（1）安抚乘客情绪，了解伤害情况，对伤口进行简单的消毒处理。

(2)当乘客提出去医疗机构检查的要求时,应按照地铁相应规定进行处置,必要时应该让工作人员同乘客一起去医疗机构就诊。

(3)在处理乘客伤害过程中,切忌推诿或拒绝其就医的要求。对于未受到伤害的乘客,要耐心地向乘客解释,讲明公司的规定,必要时向上级报告,求得解决的办法。

六、当乘客被困在故障垂直电梯时

(1)接到求救信息后要与乘客进行沟通,确认电梯内人员数量和人员情况,上报故障报警中心,并提醒乘客在接到指示前不得进行任何操作(如扒开梯门等)。

乘客被扶梯夹伤事件

(2)先通过电梯内的通信装置稳定乘客情绪,注意与乘客沟通,安慰乘客,让乘客保持镇定,并告知维修人员将马上进行维修。

(3)故障电梯应立即停用,放置暂停服务牌。

(4)等待专业救援人员进行维修和救援。

案例导学

北京时间2011年7月5日9时36分,地铁4号线动物园站A口上行扶梯发生设备故障,正在搭乘电梯的部分乘客出现摔倒情况。京港地铁公司启动相关应急预案,受伤乘客均送往医院救治。

由于北京地铁4号线动物园站A出口电梯的固定零件损坏,导致扶梯驱动主机发生位移,造成驱动链断裂,致使扶梯出现逆向下行的现象。

据当事人叙述,由于上行的电梯突然之间进行了倒转,很多人猝不及防,人们纷纷跌落,导致踩踏事件的发生,最终酿成这一惨剧。此次事故与2010年12月深圳扶梯事故现象相同,均为上行扶梯突然下滑,与扶梯主机固定有关。

北京市质监局2011年11月25日发布,经北京市政府批准,"7·5"北京地铁4号线自动扶梯事故调查工作结案,调查组认定,此事故是一起责任事故。

事故调查组表示,负责事故扶梯日常维保的人员,将被吊销作业许可证。涉嫌触及刑律的两名事故责任人,建议司法机关依法追究刑事责任。

任务八 城市轨道交通客运服务技巧

情境导入

城市轨道交通客运服务人员在每天的工作中,接触的乘客成千上万、千姿百态,如何能够服务好不同的对象、不同的需求、不同的情况,使各种类型的乘客都能得到满意的服务,是每一位城市轨道交通客运服务人员在每天的工作中面临的挑战,讲究服务的方法就是讲究服务的艺术,今天我们就用有效的服务艺术接受挑战!

一、积极的服务态度

1.饱满的精神状态

城市轨道交通客运服务属于情感劳动,虽然没有体力劳动那样劳心劳力耗费大量的体力,但是态度不积极、不高兴以及没有耐心都会降低服务的满意度。

2.耐心友善

乘客希望得到友善的服务,期待关心与尊重。不友善的态度以及缺乏耐心的举动,很容易激怒乘客,这相对于其他的问题引发的后果更严重,矛盾也更激烈。因此,应该更友善耐心地对待每一位乘客,提高乘客的满意度。

3.热情主动

在城市轨道交通客运服务中,乘客就是上帝,工作人员充当服务者的角色,在工作过程中要态度真诚,热情周到,一旦乘客有危险,要及时给乘客提供帮助,提高乘客的满意度。常用的服务用语见表3-27。

常用的服务用语   表3-27

分　类	基 本 要 求	常 见 错 误
问候用语	(1)主动向乘客问好,常用的问候语有"您好""早上好""下午好""晚上好"; (2)问好时要面带微笑,注视乘客,态度诚恳	(1)面对乘客时不说话; (2)问好时态度不好,以"喂""嘿"来称呼乘客
应答用语	(1)乘客上前询问时,要面带微笑,注视乘客:"您好,请问有什么问题吗?" (2)和乘客表达歉意时应说:"实在对不起,这是我们工作上的失误!""很抱歉,给您添麻烦了,请多多谅解!"; (3)受到乘客的肯定和赞扬时,要心怀感恩:"这是我们应该做的,谢谢您的支持,我们会更加努力"; (4)没有听清乘客问话时,态度诚恳地问:"很抱歉,刚刚我没听清楚,请您再重复一遍可以吗?"	(1)回答乘客问题时,没有耐心,边走边说; (2)对话时语气生硬,态度不热情
接听电话用语	(1)接电话时要主动打招呼并报出所在的站点、所属岗位以及自己姓名:"您好,我们这是××车站,××岗位,我是为您服务的××"; (2)询问乘客时要使用敬语:"您好,请问您有什么问题?" (3)遇到电话转接或者中途需要中断的情况时应先向乘客说:"很抱歉,请您稍等一会儿。"; (4)当乘客找的人不在时,要礼貌地询问对方姓名,是否需要转达,如有必要一定要做好记录	(1)接听电话时冷言冷语,漫不经心; (2)态度不积极不主动

分 类	基 本 要 求	常 见 错 误
广播用语	(1)广播时必须使用普通话,语速适当,语调平缓,音量适中,切勿使得乘客受到惊吓; (2)广播时一定要吐字清晰,内容简洁明了	(1)声音刺耳; (2)少播、错播

案例导学

事情发生在9月16日中午12时25分,当时1名男乘客、3名女乘客带着2名儿童,出现在无锡地铁1号线南禅寺站台。监控显示,一名男子坐在站台候车座椅上,抱着孩子小便。

30多岁的保洁员王女士回忆说,当时她看见男子正抱着孩子把尿,急忙上前制止,并告知附近就有厕所,如果来不及上厕所的话,她可以给他个塑料袋先应急;见男子仍旧不理睬,她又上前劝阻说,如果孩子实在尿急,可以就近找垃圾桶方便。

保洁员王女士称,男子当时非常激动地说:"保洁员是干什么吃的,不就是扫地的吗?别说孩子拉屎撒尿(你)要扫,就连我在这撒尿你也得扫。"说完这话,男子还恶狠狠地朝地上吐了口痰,等着王女士上前打扫。

约12点28分,正在站台列车间隔期间巡视的一名20岁的李姓女站务员发现情况后,也立即上前劝导对方要文明乘车。然而,这位男乘客不但不听劝阻,反而指着小李破口大骂。

12点29分,列车到达南禅寺站,小李到站台门前进行接车工作。此时原先一起携带儿童的男女乘客也起身跟随,在准备上车的过程中,男子情绪突然越来越激动,一边上车一边挣脱同伴的劝阻欲冲出车厢打骂正在执勤的小李,最终被同行的黑衣女子劝阻后骂骂咧咧地上了车。

之后,令人意想不到的一幕发生了,原先紧跟在男子身后的另一名穿橘色短袖怀抱婴儿的女子,竟在男子上车后接连对小李打了两个耳光,并上前撕扯小李的衣领。见同伴如此凶猛,已经上车的男子无视站台门灯闪烁列车将要关门的情形,再次从车厢伸出手强行拖拽站在站台门外的小李打骂,直至站台门关闭后才停止。监控视频显示,男女乘客在对小李打骂的过程中,小李并未还手,而是在站台上值守。

你作为工作人员遇到此情况该如何做?

处理要点:

(1)注意服务的态度。

(2)如果乘客实在是无理取闹,出现殴打工作人员情况,可以报警或交给地铁保安处理。

二、了解乘客需求

乘客是城市轨道交通客运服务的对象,作为工作人员,只有清楚地了解乘客需求,才能提高乘客的满意度,让服务人员提高工作的预见性,更好地为乘客提供服务。

1. 安全的需求

安全是乘客最基本的需求,也是提高乘客满意度的首要前提。作为工作人员,要每时每刻都留意乘客的动态,一旦发现不安全的因素,要对乘客进行提醒和劝阻,防止乘客摔伤、压伤、挤伤等事故。在同乘客交流的过程中,要充分考虑乘客的情绪,要有耐心、有礼貌。

2. 快速乘车的需求

快捷、准点是乘客选择地铁出行最主要的原因,所以当乘客在乘坐地铁的各个环节中等待时间过长,会引起乘客对服务的不满。因此,作为工作人员,要不断提升各个环节的业务水平,加快作业速度。尤其是在客流高峰时期,要站在乘客的角度理解他们急切的心情,安抚乘客情绪。

3. 被重视的需求

乘客是付款购买车票的服务对象,在乘车过程中遇到问题,会向工作人员寻求帮助。在这种情况下,服务人员要面带微笑耐心地帮助乘客解决问题,让乘客有种被重视的感觉,切忌对乘客不言不语、冷言冷语。

4. 被尊重的需求

城市轨道交通是城市居民和流动人口出行选择的主要交通工具之一,是城市客运的主体之一。在服务过程中,乘客的脾气秉性、修养素质以及身体状态是不一样的,难免会出现诸如逃票、小朋友超高等问题,但是工作人员在处理时要考虑乘客的自尊心,耐心细致地向乘客解释清楚,而不是挖苦和训斥乘客。

三、避免乘客纠纷

为了提升城市轨道交通服务质量,工作人员要适应社会的发展,提升自身的服务质量,以免发生乘客纠纷,具体做法如下:

(1)乘客购买车票时,为了避免争执,要严格执行唱收唱付的票务制度,避免出现票款纠纷。

(2)微笑服务不仅可以加强服务效果,而且无形中还会减少很多问题。

(3)遇到乘客抱怨时,不要同乘客争辩,要主动查找不足,妥善处理问题。

(4)一定要从心底重视乘客的抱怨,一经发现快速处理,解决乘客需求。

(5)乘客纠纷的产生往往是因为双方不理解造成的,出现问题时我们要多做换位思考,更多地了解乘客的情感需求。

(6)乘客的意见是提高满意度的最大源泉,对乘客提出的意见要虚心接受,多分析多改正。

(7)当乘客对某一服务人员的服务不满意时,可通过变更处理地点,更换处理人员的方法解决纠纷。

对于前文中所提"上海地铁2号线上惊现'木乃伊'"事件,处理要点如下:

(1)告知该乘客不要在车站长时间逗留。

(2)询问该乘客要到达的目的地,告知要到达的车站工作人员做好准备。

(3)派工作人员跟随,避免围堵发生踩踏事件,直至将其送上列车。

四、化解乘客矛盾

（1）时时为乘客着想。在客运服务过程中，发生矛盾时要顾及乘客的自尊心，不同乘客争辩是非曲直，耐心地解释问题，对乘客宽容些，以便争取最好的结果。

（2）不计较乘客的态度。服务人员要时时保持谦恭有礼的态度，遇到问题时要沉着冷静，耐心细致地引导、劝解乘客，化解矛盾。

（3）主动承担责任。遇到乘客不满时，首先要学会说"对不起"，很多时候，一句道歉就能平息乘客的不满。其次认真地为乘客解决问题，真正化解乘客的矛盾。

> **知识链接**
>
> 从2010年开始，北京地铁首个矛盾纠纷联合调解室正式挂牌，市民乘坐轨道交通发生纠纷时，可以到专业的调解室协商解决。
>
> 据介绍，由于轨道交通客流量大，很容易因为拥挤等原因导致乘客间的纠纷，纠纷发生后调解时间长又经常反复，极易引发治安、刑事案件。
>
> 设立的轨道交通矛盾纠纷联合调解室，是按照北京警方推行"民调进所"的要求，由北京市公安局公交总队和地铁运营公司共同建立的。调解室配备两名具有丰富法律知识、调解经验的人民调解员和一名民警，不收取任何费用，当事人可以自主选择调解方式。
>
> 在联合调解室达成的符合条件的人民调解协议书如果诉至法院，能够得到法院的认可和支持，更好地维护当事人的合法权益。
>
> 在轨道交通设立治安调解和民间调解联合调解室，可以解放一部分警力，使公安机关的主要精力放在公共安全、维护良好的治安秩序和快速处置突发事件方面，同时由具备法律知识和丰富调解经验的人民调解员为纠纷双方提供服务，可以最大限度地化解矛盾，减少不稳定因素。

五、具体的服务技巧

1.问询引导服务技巧

在工作过程中有乘客在等候列车时，会分不清方位，比较焦虑，即使是在站台指示牌前面，也会着急地询问站务员："请问到××站应该坐哪个方向的车？""请问到××站应该从哪个出口出站？"作为车站的工作人员，态度要积极热情，一定要耐心地详细讲解。具体做法如下：

（1）用手掌指示方向。标准的引导手势是：整个手掌伸平，五指自然并拢，掌心朝上，手臂稍向前伸，指向乘客要去的方向，一定不要只伸出一个手指头，指指点点。

（2）在解答乘客疑问时要使用敬语，"要去××站，您可以往××方向走。"

（3）乘客在表示感谢时要礼貌回应："不用谢，这是我们作为工作人员应该做的。"

（4）当乘客提出问题，工作人员无法给出确切的答案时，一定要向乘客解释情况，提示乘客要再核查一下。在这种情况下，不要信口开河，敷衍应付乘客。应该带着乘客到问询处或者有关岗位去咨询，直到乘客满意为止，力求做到问询工作的善始善终。

练一练

问询引导练习

在站务人员的日常工作中,很多时候需要为乘客引导指路,为乘客指示方向的手势有哪些注意事项?

在引导时注意以下几点:

(1)手臂要从腰部顺上来,五指并拢,在指引打手势时不能五指张开或者表现出无力感,让乘客感受不到热情。

(2)在指引时视线要随之过去,要明确地告诉乘客正确的方位。

(3)手臂要等到乘客离开后再收回。

2.站台服务技巧

(1)相关工作人员严格执行相关的规章制度,做到有令必行,有禁必止。

(2)站台服务时,密切注视站台乘客的候车动态。在没有站台门的站台提示乘客站在黄色安全线以内候车,及时提醒特殊乘客注意安全,提示乘客不要依靠站台门等。

(3)当车门或站台门关门时,要确认设备的工作状况。一旦发现设备没关好时,立刻向综控室报告,并在现场负责故障处理。

(4)在站台服务时,积极主动帮助乘客,回答乘客的疑问。

(5)帮助老、幼、病、残、孕等特殊乘客上下车。

(6)密切关注站台各设备的工作情况。

案例导学

某日7时50分,北京地铁1号线四惠东站一名女子在排队候车时被挤下站台,女子随即被工作人员救出,并未受伤。目击者张先生回忆说:"我站在第一节车厢处,她在站台中部。我先是听到一声女子的尖叫,然后就看见她站在两条铁轨中间,面朝站台,好像在和上面的人说着什么。站务员马上要求看热闹的人群往后退,等我再探头看时,女子已经被拉上来了。前后不过半分钟时间。"

尽管此次事故有惊无险,但大家仍十分后怕,走进车厢后仍在不停议论。张先生每天早晨在四惠东坐地铁上班,他告诉记者,人被挤下去的事故是早晚要发生的,他列举了两个原因。"一号线还是空调车和风扇车并存,许多乘客不坐风扇车专等空调车,所以一旦有空调车进站时,大家都很激动,场面也就变得非常混乱。比如今天吧,我这排乘客中排在队首的几位都已经越过黄线了。第二个原因就是北京地铁1号线和2号线地铁仍未安装站台门,不知乘客还要等到什么时候。"

你作为工作人员遇到此情况应该如何做?

【分析】如果列车没有进站,应立即向上级汇报,告知站内情况,立刻对乘客展开营救,疏散围观乘客,安抚乘客情绪;如果列车即将进站或已经进站,要马上按动站台的紧急停车按钮,并向综控室进行报告,然后对乘客进行营救,疏散围观乘客,安抚事故乘客情绪。

3.乘客纠纷处理技巧

(1)平复乘客的情绪,了解乘客间纠纷的原因。

（2）主动提出建议和解决的办法。

（3）在大客流的情况下，站务员在站台上遇到乘客纠纷，最重要的是冷静，尽最大努力保证乘客的安全，然后将乘客及时劝离站台，以免影响更多的乘客，甚至发生踩踏事件。

4.乘客受伤的处理技巧

（1）安抚乘客情绪，了解乘客受伤状况。

（2）如果乘客提出要去医疗机构检查的要求时，按照地铁相关规定进行处理，必要时工作人员应该陪同受伤乘客去医疗机构就诊。

（3）在乘客受伤的处理过程中，切忌工作人员互相推脱或拒绝乘客就医要求。对于未发生伤害的乘客，要耐心地对乘客解释，讲明地铁公司的规定，必要时逐级向上级报告，求得解决的办法。

5.售票服务技巧

（1）售票员应勤练电脑操作技巧和掌握过硬的业务知识，用亲切、轻柔的声音向乘客问好，同时准确地为乘客售票。

（2）票务员在工作时要态度热情积极，在售票过程中要反复询问和核实，并叮嘱乘客核对手中的票、款，避免发生因误售、误购导致乘客上错车、下错站或耽误乘车时间。

（3）如果乘客听不清票务员的讲话时，应适当加大音量，稍加解释。

任务实施

客运服务技巧练习

1.实训内容
售票厅服务、自动售检票机使用、站厅服务、站台服务。
具体活动考核内容见表3-28～表3-32。

2.实训组织
根据学生人数，建议4～6人组成一个小组，选出组长，小组合作完成。

各组进行情景剧编排，进行情景表演，情景剧内容围绕站务员某一工作岗位为主题，中间安排4～5个情境进行表演。

3.实训素材
轨道交通专业实训室、电脑、桌子、椅子、书、筷子、笔等若干材料。

售票厅服务实训考核评分表（一）　　　　　　表3-28

学生姓名：　　　　　　　　　　　　　　　所在小组：

考核名称	考核内容	分值	自评分	小组评分	实得分
仪容仪态（10分）	着装	5分			
	仪态	5分			

续上表

考核名称	考核内容		分值	自评分	小组评分	实得分
售票业务 (41分)	单程票发售 (15分)	发售流程	3分			
		服务语言及神态	4分			
		BOM使用	3分			
		常见问题处理	5分			
	福利票发售 (14分)	发售流程	3分			
		服务语言及神态	4分			
		认识福利票	2分			
		常见问题处理	5分			
	一卡通发售 (12分)	发售流程	3分			
		服务语言及神态	4分			
		常见问题处理	5分			
充值服务 (23分)	自动售票机 充值服务 (10分)	指导乘客使用TVM	1分			
		发票处理	2分			
		服务语言及神态	4分			
		常见问题处理	3分			
	半自动售票机 充值服务 (13分)	BOM的使用	3分			
		充值流程	3分			
		服务语言及神态	3分			
		常见问题处理	4分			
补票业务 (13分)	补票业务处理		8分			
	服务语言及神态		5分			
退票业务 (13分)	退票业务处理		8分			
	服务语言及神态		5分			

自动售检票机使用实训考核评分表(二)　　　　　　　　　　表3-29

学生姓名：　　　　　　　　　　　　　　　　　　　　　所在小组：

考核名称	考核内容	分值	自评分	小组评分	实得分
自动售票机 结构认识	自动售票机结构	15分			
自动售票 机使用	指导乘客使用自动售票机	10分			
	服务语言及神态	10分			
兑币业务 处理	兑币业务流程	5分			
	服务语言及神态	10分			
常见问题 处理	常见问题处理	50分			

站厅服务实训考核评分表（三）　　　　　　　　　　　表 3-30

学生姓名：　　　　　　　　　　　　　　　　　　　　所在小组：

考核名称	考核内容		分值	自评分	小组评分	实得分
仪容仪态 （10分）	着装		5分			
	仪态		5分			
监票服务 （40分）	闸机使用 （20分）	闸机构造认识	3分			
		闸机正常使用	7分			
		闸机简单故障处理	10分			
	监票服务 （20分）	监票流程	7分			
		服务语言及神态	3分			
		常见问题处理	10分			
站厅问询 服务 （20分）	熟悉线路情况及周边设施、建筑物情况		10分			
	服务语言及神态		5分			
	仪容仪态及指路姿势		5分			
站厅巡视 （30分）	熟悉巡视内容		5分			
	熟悉巡视设备状态		10分			
	能及时处理异常情况		15分			
	仪容仪态		5分			
	服务语言及神态		5分			

站台服务实训考核评分表（四）　　　　　　　　　　　表 3-31

学生姓名：　　　　　　　　　　　　　　　　　　　　所在小组：

考核名称	考核内容	分值	自评分	小组评分	实得分
仪容仪态 （10分）	着装	5分			
	仪态	5分			
站台接送列 车（25分）	站台接送列车标准及要求	10分			
	常见问题处理	15分			
站台广播 （10分）	站台广播语言及技巧	5分			
	站台广播应用情景	5分			
站台巡视 （25分）	熟悉巡视设备内容	7分			
	熟悉设备状态	8分			
	对异常情况能及时处理	10分			
故障站台门 的处理 （30分）	故障站台门的处理	30分			

4.实训步骤与实施

(1)各小组进行练习,教师根据学生的练习情况给予指导,训练完成后根据以上考核评分表进行比赛。

(2)小组总结和汇报。

每个小组由组长负责,充分调动小组同学的积极性来完成活动,一个小组考核时,其他小组可以进行监督,对发言踊跃的小组给予加分,最后小组之间相互打分评价。

5.活动评价与反馈(表3-32、表3-33)

训练评价表 　　　　　　　　　　　　　　　　　　　　　表3-32

姓名:　　　　　　　　　班级:　　　　　　　　　组别:

活动名称		客运服务技巧练习						
考核内容		评价标准			参考分值	考核得分		
		优秀	良好	合格		自评(10%)	互评(30%)	师评(60%)
1	活动参与情况	积极参与,及时按任务要求做,小组合作良好,能够发挥每个人的作用	按时完成任务要求,有个别人没有发挥作用	能够参加任务活动,认真思考,小组没有合作,主要依赖1~2个人	30			
2	技能掌握情况	能够在轨道交通岗位服务中有较高的服务意识,并且能够深入理解站务员岗位服务要求,能够熟练做好站务员服务	能够初步理解服务意识在站务员工作中的作用,并且能够掌握站务员岗位服务要求,能够基本做好站务员服务	基本认识服务意识在站务员工作中的作用,能够完成站务员岗位工作,个别活动需要小组协助	40			
3	总结归纳相应知识情况	按时保质完成活动中所要求的内容	按时完成活动中要求的内容	基本能够按时完成活动中所要求的内容	30			
总体评价					总分			

学生学习过程量表 　　　　　　　　　　　　　　　　　　　表3-33

姓名:　　　　　　　　　班级:　　　　　　　　　组别:

要素	A 优秀(80~100分)	B 合格(60~79分)	C 不合格(60分以下)	总评		
				自评(20%)	互评(30%)	师评(50%)
学习态度	学习态度好,并且能积极主动帮助别人纠正他们的错误	学习态度较好,有时帮助他人但不思考别人错误方面	没兴趣参与学习活动,认为本次训练没有任何意义			

要素	A 优秀 (80~100分)	B 合格 (60~79分)	C 不合格 (60分以下)	总　评		
				自评 (20%)	互评 (30%)	师评 (50%)
参与情况	积极参与到教师所布置的各项任务中来,并且能够配合教师做各种示范动作,在小组练习中能够参与,有团队精神和合作意识	能按照教师的要求参与各项任务活动,但是需要别人指引,很少能够自己主动参与进来,缺少团队精神和合作意识	参与被动或不愿意参加各项任务,基本没有团队精神和合作意识			
创新情况	在活动的过程中,有自己独到的观点或主张,并愿意展示给老师和同学,与大家一起分享成功的喜悦	基本能够按照规程进行训练,完成并按照别人意图进行训练,基本没有自己的观点或主张	没有达到学习和训练的目的,没有新观点			

你在本任务实施活动中有什么收获,有什么不足之处,准备如何改进提高?

拓展提升

1.站务员常规服务八法

(1)乘客第一法:树立乘客第一观念,并在应对处理时加以落实。

(2)微笑服务法:微笑服务并不意味着只是脸上挂笑,应是真诚地为乘客服务。

(3)文明用语法:坚持使用文明用语,主动热情道"您好",以"请"字当先,以"谢"字结尾。

(4)唱收唱付法:乘客购票时,为避免票款差错,应严格执行唱收唱付作业程序。

(5)快速处理法:应重视乘客意见,快速处理,避免纠纷升级。

(6)和风细雨法:遇到抱怨时,应态度平和,主动查找不足,妥善处理。

(7)换位思考法:矛盾多因为不理解造成,要经常站在乘客角度思考、处理问题,减少矛盾。

(8)意见分析法:服务永无止境,乘客的意见是改善服务的最大源泉,对乘客意见多分析改进。

2.铁路客运服务技巧(表3-35)

铁路客运服务技巧   表3-35

问询服务技巧	(1)当旅客向你询问时,应热情回答他的提问,并执行"首问负责制",力求做到问询工作的善始善终。 (2)当旅客来到你的面前,你应面带笑容地正视他,并彬彬有礼地问上一句"您需要帮助吗?"这样很快就会消除旅客的焦虑和不安的情绪,双方可在融洽的氛围中交流。 (3)解答旅客问询,不知道的事或拿不准的事不要信口开河、敷衍了事,此时,可向旅客说明:"这个问题我不太明白,请您等一等,让我了解清楚,再告诉您好吗?"
	在问询服务中,应做到百问不厌,百问不倒,应积累丰富的知识,除熟练掌握本岗位业务知识外,还应多总结、积累和了解其他相关岗位业务知识,并对交通、旅游、购物、餐饮、住宿、医疗等延伸知识多收集、了解,这样才能避免在旅客面前尴尬,做到急旅客之所急。 问询处是旅客求助的中心,应采取"开放式"的设置,能面对面地与旅客交谈。 (1)旅客问询时,应保持站立服务,站姿端正,面带微笑,双眼正视旅客,全神贯注地倾听,不要随意打断对方的问话,要让对方把话讲完。 (2)需要插话时,应当在对方讲话告一段落再进行。 (3)不要直接否定对方的讲话,更不能"抬杠"。 (4)如果没有听清旅客的问话时应说:"对不起,请您再说一遍,好吗?" (5)回答询问时,应使用普通话,声音适中,语气温和,耐心、准确地回答。同时,应注意对旅客一视同仁,不以貌取人,要以丰富的业务知识,用自己的热情、真诚来赢得每位旅客的信任。 (6)当旅客向你表示感谢时应微笑谦逊地回答:"不用谢,这是我应该做的。" (7)如果有众多旅客询问时,要从容不迫地一一作答,不能只顾一位,冷落其他

续上表

检查危险品 服务技巧	(1)检查危险品,宣传工作最重要,这项工作要在旅客的密切配合下才能完成。 (2)通过宣传让旅客了解携带危险品进站上车的后果,营造温馨和谐的检查空间,消除紧张感和不满情绪,争取旅客的主动配合,应主动说:"谢谢您的配合。"并主动伸手帮旅客把包放到检测仪上或抬到桌子上。 (3)携带品通过检测仪的检查,发现有疑问时,最好不要当着其他旅客的面检查包内的危险品,应把包拿到一边,用商量的口吻说:"我们需要检查一下您的旅行包,请配合一下,好吗?"并让旅客自己开包进行检查。 (4)一旦查到危险品,应保持平和的心态,严格按规章及时果断处理,既不要蛮不讲理,也不要犹豫不决。 (5)如属于危险品,必须给旅客讲明道理,避免旅客误解。 (6)若未发现危险品,应立即向旅客表示道歉:"给您添麻烦了,祝您旅途愉快,再见。"
售票服务 技巧	(1)旅客所需车票已售完时,应向旅客推荐其他车次:"对不起,先生,××次车票已售完,但去××方向的还有××次,时间都差不多,您考虑考虑。" (2)旅客所持学生证乘车区间涂改时,可委婉地说:"对不起,您的学生证上的乘车区间更改需加盖学校公章,请您回学校补盖公章,欢迎您下次买学生票。" (3)如果发现有个别旅客插队时,应该用和蔼的语气劝阻:"对不起,这位先生(女士),请您按先后顺序购票。" (4)在售票过程中上洗手间回到工作岗位时,说:"对不起,让您久等了。" (5)在售票过程中没听清旅客讲话时,说:"对不起,我没听清您的话,请您再说一遍。"
站台服务 技巧	(1)站台客运员应在自动扶梯(楼梯)处,提醒旅客在自动扶梯注意站稳扶好,在自动扶梯口协助重点旅客及行李多的旅客快速离开自动扶梯口,防止扶梯口堵塞,并及时指引旅客按车厢上车。 (2)列车进站前,要维持好站台的秩序,按照地面车厢标志引导旅客按顺序排队等候列车进站。 (3)时刻注意旅客的安全,提醒带小孩的旅客看护好小孩,个别旅客越过安全线时,要提醒他们站在安全线以内,以防列车进站时出现安全事故

📺 项目总结

　　城市轨道交通客运服务人员面对形形色色的乘客,因此站务人员更要从业务、技能、服务等各方面不断提升自己,才能提高城市轨道交通服务质量,并且能够满足不同乘客的需求。本项目主要介绍了安检服务、站厅服务、售票服务、自动售票机服务、站台服务岗位仪容仪表、语言规范、主要岗位职责、业务流程及一些常见问题处理等,以便学生在日后的工作岗位中能够高效率、高质量地为乘客提供服务。

复习与思考题

一、填空题

1.运营开始前,AFC 综合作业员应当领取_____、_____、_____、_____ 等,提前_____ 开启所有售/补票设备,确认_____ 数量是否充足,具备工作条件后向值班站长报告。

2.单程票仅限于在发出_____ 使用,限_____、_____ 使用,限购票站进站,不可挂失。

3. 售票员应该严格执行" _____、_____、_____、_____、_____、_____ "的程序。

4. 闸机又称_____(AG),是实现乘客自助进出站检查的设备,按照功能不同可以划分为_____、_____、_____。

5. 乘客刷卡后,闸机会开启_____,如果没有快速通过,闸机会_____。

6. 站台值岗时应当进行_____转体确认列车进出站安全,列车即将到达时,_____向来车方向,观察是否异常,列车到站停稳后,面向_____,观察开关门是否正常,列车发车后,_____,观察是否异常。

二、判断题

1. 乘客给付的纸币出现残缺,必须告知乘客换一张。 （ ）

2. 刷卡时乘客要在闸机黄色安全线外面,将车票放在刷卡区停留片刻。 （ ）

3. 发现乘客携带超长、超重物品,应当耐心向乘客解释:"对不起,按照地铁有关规定,携带超长、笨重、宠物等物品不能进站乘车,谢谢合作"。如需要,向乘客出示相关规定(乘客须知)。 （ ）

4. 乘客企图冲上正在关门动作中的列车时,应当一把拉住乘客阻止他。 （ ）

5. 发现站台有爆炸物或可疑物时,应当及时上报,不能擅自处理。 （ ）

三、简答题

1. 在售票厅服务中,哪些环节容易和乘客发生冲突？应该如何避免？
2. 在站厅服务中,哪些环节容易和乘客发生冲突？应该如何避免？
3. 在站台服务中,哪些环节容易和乘客发生冲突？应该如何避免？
4. 如何提供好站厅问询服务和便民服务？
5. 在司机服务中,应该注意哪些环节？
6. 在特殊乘客服务中,哪些环节容易和乘客发生冲突？应该如何避免？
7. 在客运服务过程中,作为工作人员,需要注意哪些技巧？

四、案例分析(阅读材料,然后回答问题)

(一)

某日,一名男性乘客拿着伤残军人证换取福利票,经售票员辨认是伪造证件,售票员丝毫没有顾忌乘客面子,大声指出该证件是伪造的,不同意为其换取福利票,乘客觉得没有面子,开口就骂:"我的证件没有问题……"和售票员吵了起来,影响了售票员对后面乘客的服务,一分钟之后,站务员请求值班站长协助处理,乘客边骂边离开了车站。

【思考】

(1)在该案例中,售票员哪些地方做得不合适呢？

（2）乘客和售票员争吵的主要原因是什么？如何避免该乘客再次利用伪证？

（3）如果你是售票员，会如何处理？

（二）

2009年1月，某车站的客服中心前排起了长队，因为有一位乘客丢失贵重物品请求工作人员的帮助，好不容易办完了此项业务，刚要给排队的乘客办理售票，另一名工作人员带领一位乘客过来，该位乘客的票不能出站，售票员随即给这位乘客办理，此时排在队首的乘客变得不满："你们怎么做服务的，怎么先给后来的人服务啊？"售票员急忙解释："按公司规定，我们需要先为不能出站的乘客服务。"乘客不听解释："让你们领导过来，我要投诉。"恰好值班站长经过，听了售票员的解释以后，对乘客说："您好，我们的售票员没有做错，公司确实是这样规定的。"乘客不满意，继续投诉。

【思考】

（1）在该案例中，售票员有哪些地方做得不合适？应该如何去做？

（2）值班站长有哪些地方做得不合适？应该如何去做？

项目四 城市轨道交通乘客投诉

◆◆◆◆

📚 学习目标

1. 能够分析乘客投诉的原因。
2. 掌握乘客投诉的分类。
3. 了解乘客投诉的发生过程。
4. 掌握乘客投诉处理的基本原则。
5. 掌握乘客投诉处理的基本流程。
6. 掌握处理乘客投诉的技巧,正确处理与乘客的纠纷和投诉。
7. 掌握减少投诉发生的工作注意事项。
8. 树立爱岗敬业、精益求精、全心全意、服务乘客的思想,提升安全管理意识。

🎓 项目导入

　　城市轨道交通是一张亮丽的城市名片。它不仅是国力和科技水平的展现,而且是解决大都市交通紧张状况较为理想的交通方式。目前,发达国家拥有百万以上人口的城市,大都以提供地铁、轻轨等城市轨道交通方式来缓解和改善交通紧张状况。就我国而言,随着经济的快速发展、人口的不断增加以及大量人口向大城市转移,城市的交通拥挤状况将更加严重,城市轨道交通在人们的生活中占据越来越重要的位置。

　　近年来我国轨道交通发展迅猛,但过多的客流、尚未完善的管理问题等依旧形成交通瓶颈,制约城市快速发展。乘客对于城市轨道交通安全、舒适、准时、快捷等方面的要求越来越高。城市轨道交通运营企业具有公共交通的特性,如果乘客发现其提供的产品或服务达不到满意,就会不可避免地进行投诉。正确认识、妥善接待和处理投诉是良好的企业形象和一流企业管理水平的体现。因此,经常要面对乘客的服务人员尤其需要掌握投诉处理的相关知识,处理好乘客投诉,以提高企业运营服务质量,切实维护好轨道交通的声誉。

　　某日一名孕妇乘客,因自己肚子过大走路缓慢,担心闸机扇门会伤到自己,迟迟不敢出站。找到站务人员,提出想从车站安全疏散门出站。站务员看了一眼乘客,冷漠地说:"不可以。"乘客又问站务人员:"以前可以,现在怎么就不行了?"站务人员没有理睬乘客,乘客随即进行了投诉。

　　思考:如果你是地铁工作人员该如何处理这起投诉呢?

任务一　认识乘客投诉

情境导入

　　某晚高峰,北京地铁西单站站厅的安检处排队安检的乘客较多。此时一名乘客不想安检,背着包就往闸机方向走。安检员看到后,拦在了乘客前面,要求乘客配合工作。该乘客一边称有急事,一边推开安检员,继续向前走。安检员态度很生硬地说:"不行,必须安检,才能进去。"乘客当即与安检员争吵了起来,并大声嚷嚷着要见车站领导。此时在站厅执岗的监票人员闻讯后,立即赶了过来,询问到底发生了什么事。值班站长也随即赶到现场,对这起事件进行处理。

　　你觉得是什么原因导致了这起投诉?乘客是什么心理?

一、乘客投诉分类

1. 乘客投诉的概念

　　城市轨道交通凭借其运送量大、快捷、准时、能耗低、污染少、乘坐方便舒适等优点于近年来迅速发展起来,已成为一个城市综合经济实力强、城市化进程快、居民生活水平高的重要标志,在城市交通运输中承担着重要作用。在经济飞速发展的今天,乘客对作为服务性行业、城市对外窗口的城市轨道交通服务质量的要求越来越高。作为城市轨道交通工作人员,不仅要有服务社会的成就感和自豪感,还要有爱岗敬业、精益求精,不断提升服务质量,满足乘客需要的职业精神。

　　对于城市轨道交通运营企业来说,乘客不仅是服务的对象,更是企业的利润源泉。旅客对地铁服务质量的满意程度至关重要。只有让乘客感到满意,地铁才能长久获得乘客的青睐,保证企业的持续发展。当乘客乘坐城市轨道交通时,会对出行的本身和企业的服务抱有良好的愿望和期待,一旦这些要求和愿望得不到满足,就会失去心理平衡,由此就会产生"讨个说法"的行为,这就是投诉。广义地说,乘客任何不满意的表现都可以看作是投诉。

2. 乘客投诉的分类

　　每个城市轨道交通运营企业都难免会遇到乘客投诉,根据不同情况将乘客投诉分类如下。

　　(1)按投诉的表达方式划分

　　如果乘客对交通服务不满意,有人选择说出来,有人选择沉默。据调查,有69%的乘客从不提出投诉,有26%的乘客只是向身边的服务人员抱怨,而只有5%的乘客会正式投诉。乘客投诉多采用以下方式,见图4-1。

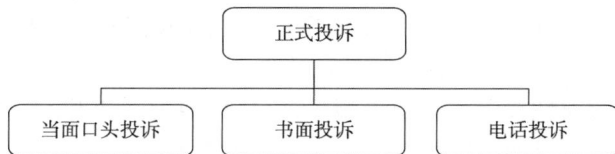

图 4-1　投诉的表达方式划分

根据投诉表达方式划分,投诉分为当面口头投诉、书面投诉和电话投诉三种类型。这三种类型的投诉途径和注意事项,见表4-1。

不同投诉形式的投诉途径及注意事项　　　　　　　　　　表4-1

投诉形式	投诉途径	注意事项
当面口头投诉	乘客亲自来到城市轨道交通运营企业相关部门,采用口述的方式将投诉的时间、地点、投诉人、投诉缘由等告知客服工作人员,期待得到满意答复	工作人员对于当面口头投诉应谨慎用词,避免导致乘客再次不满
书面投诉	乘客通过意见箱、邮局信件、网上电子邮件等途径,以书面的方式,将对城市轨道交通运营企业的投诉和建议寄给相关部门	企业应表示出对于该投诉意见极其诚恳的态度和想认真解决问题的意愿,同时与乘客保持沟通和联系
电话投诉	乘客通过拨打热线电话或投诉电话,将投诉和建议告知工作人员	电话投诉实行首问负责制,接线员须热情、耐心、细致地解答乘客反映的问题,对不能当场解答的问题需承诺回复时间,并在规定时间内给予满意的答复

(2)按投诉的内容划分

无论是工作人员还是车站设备,只要出现差错,都有可能引起投诉的发生。引起投诉的内容有很多,但可以大致分为以下几类,见表4-2。

投诉内容分类　　　　　　　　　　表4-2

正式投诉 (按投诉的内容划分)	车站服务投诉
	列车运行投诉
	乘车环境投诉
	票款差错投诉
	乘客无理取闹引起的投诉
	因业务能力不强而引起的投诉
	因乘客不了解地铁规定而引起的投诉
	因客运服务人员主观臆断引起的投诉

(3)按投诉的性质划分

①有责投诉。有责投诉是指因工作人员工作失误、违规操作、设备设施保障不力等而引起的投诉。

②沟通性投诉。沟通性投诉包括求助型投诉、咨询型投诉和发泄型投诉。

a. 求助型投诉。乘客有困难或问题需给予帮助解决的。

b. 咨询型投诉。乘客有问题或建议向管理部门联络的。

c.发泄型投诉。乘客因受委屈或误会等,内心带有某种不满,要求问题得到解决的。

沟通性投诉若处理不当,会变成有效投诉,所以必须认真处理。

> **想一想**
>
> 下面投诉案例属于哪类投诉?
>
> 乘客小王与父亲到上海旅游,买了两张地铁单程票后,逐个刷卡进站。小王的父亲有风湿病,走路非常慢,在过闸机时没能通过只能停在闸机通道内。这时,闸机报警提示铃突然响起,在一边服务的站务员冲惊慌失措的老人大喊:"别杵在那了,往后站。你别影响了其他乘客。"小王在向站务员说明情况后,站务员走过来,说:"往后站,把你的票拿出来,我看看。"老人把车票给站务员后,站务员边刷工作票边说:"赶紧进去,真费劲。"小王听到后很气愤,说:"你太没礼貌了,态度太差了,我要投诉你。"于是找到值班站长,进行了投诉。

二、乘客投诉产生原因

兵法曰:知己知彼,百战不殆。若想有效地处理城市轨道交通投诉,必须先了解为什么会产生投诉,知道了原因,也就找到了解决的方法。

乘客投诉产生的原因是多方面的,其中最根本的原因是乘客没有得到预期的服务,即城市轨道交通运营企业工作人员实际的服务情况与乘客的期望产生差距。即使企业认为服务已达到完美程度,但只要与乘客的期望有距离,就有可能产生投诉。

乘客感到不满的原因有很多,有时候他们的愤怒是有道理的,而有时候可能只是单纯地发泄情绪。如乘客在接受服务的过程中,受到歧视或者没有人聆听他们的申诉,没有人愿意承担责任,因为工作人员的失职让他们蒙受金钱或时间的损失,他们的问题或需求得不到解决,也没有人向他们作出合情合理的解释等。无论有没有道理,我们都要牢记"乘客投诉都是有原因的",乘客会认为车站领导应该义不容辞地去解决一切。因此,要想消除他们的不满,就必须找到引起不满意的原因。现将乘客投诉的常见原因总结如下(表4-3)。

乘客投诉的常见原因　　　　　　　　　　　　　　表4-3

乘客自身的原因	乘客对服务的期望值过高,服务人员无法满足乘客的要求
	乘客本身强词夺理
	乘客不了解或不知道企业规定
企业服务的原因	设备设施故障影响出行
	工作人员不规范作业,业务能力不过关
	工作人员不作为
	工作人员没有足够能力来解决乘客的问题
	因工作人员疏忽使乘客的利益遭受损失
	工作人员的工作效率低
	工作人员说话态度不好

想一想

　　下列投诉是什么原因引起的?

　　某日,有两位乘客第一次乘坐地铁,因为不懂规则,两人只有一张公交一卡通。在进站时,第一名乘客刷卡进站后,把一卡通递给了另一名乘客。由于地铁闸机不能同时刷两次,另外一名乘客无法刷卡进站。因当时处于客流高峰期,人特别多,该站票务员没有仔细问清情况,直接对一卡通进行了进站更新,让另外一名乘客也顺利进站。出站时,站务员发现两人中有一人没卡,无法出站,要求补票。乘客不满意,认为已经刷过两次并扣完钱了,坚持不肯补票。站务员则主观地认为他们违规使用车票,故意逃票,导致双方发生了争吵。

三、乘客投诉产生的过程

　　投诉产生的原因多种多样,但发生的过程却有很多相似之处。乘客在乘坐城市轨道交通列车,并享受到企业提供的服务之后,会产生一种自己的要求是否已被满足的心理感受或认知。乘客的这种感受直接反映了乘客对自己得到的服务和出行是否满意,而乘客满意与否又会决定是否有投诉的产生。因此,我们需要重新认识乘客,需要站在乘客的立场而不是企业的立场去了解乘客的需求和期望,并用科学的方法去分析乘客因出行和服务的不满而产生的投诉发生过程。

　　乘客找上门来只是最终投诉的结果,实际上投诉之前就已经产生了潜在的抱怨,即乘客在出行的过程中感觉服务没有达到预期。潜在抱怨随着时间推移就会逐渐地变成显在抱怨,而显在抱怨即将转为投诉。现在我们逐步分析乘客投诉产生的过程,如图4-2所示。

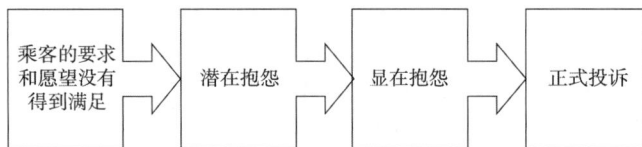

图4-2　乘客投诉产生的过程图

　　引起乘客投诉的主要原因在于我们的行为或言语使乘客认为不安全、不舒服、看不惯、不理解等。作为地铁企业的工作人员,要时刻牢记全心全意为乘客服务,耐心专注、吃苦耐劳、体谅乘客,通过改进各项措施避免或减少投诉的发生。

想一想

　　什么因素可以使乘客潜在投诉变为显在投诉?

四、乘客投诉时的心理分析

　　在乘客出行过程中,由于城市轨道交通运营企业服务人员的服务态度和服务质量引发冲突和矛盾,或者在乘客的权益没有得到满足时,就容易产生投诉。乘客会向上级主管部门或服务人员反映情况,对乘车服务表达不满意,提出自己的意见和要求。这是乘客最直接的表达方式。乘客投诉心理受个人情绪、情感或者社会环境的影响。它也会对即将进行或已经进行的投诉行为产生作用。

人在情绪比较正常的状态下,不容易发生投诉。客运服务人员要有充分的准备,在适当时机寻求最佳途径让乘客释放心中怒气,以免他们一怒之下因一些小事引发投诉心理。

乘客在投诉时的心理主要有三种。

1.发泄的心理

这类乘客在客运服务不到位的情况下,通常会对客运服务人员发火,把自己的怨气、抱怨发泄出来,释放和缓解自己的忧郁或不快的心情,以维持心理平衡。

2.尊重的心理

当站厅服务或站台服务等达不到乘客的要求,或者是出现让乘客很不舒服的现象时,乘客作为消费者处于"客人"的地位,会产生强烈的要求被尊重的心理。这导致很多投诉是一些小事,例如站务员的态度不友好等。这时,乘客总认为自己投诉的事实与理由是充分的,会让对方给一个解释。其实乘客只是需要得到服务人员对他的重视。这属于典型的"面子投诉"。因此,只要客运服务人员给予乘客必要的相信、尊重、同情、支持,并向乘客表示歉意,并立即采取相应的举措,投诉问题就会解决。

3.补偿的心理

乘客投诉的目标在于补救,希望在权益受到损害时,能够及时地得到经济和精神上的补偿。

想一想

试分析下面案例中乘客投诉时的心理。

某日,一位乘客在下车时,不小心将随身携带的手表掉落轨行区。在乘客和站务员反映情况后,站务员说由于手表离地铁的接触轨太近了,如果拾捡,可能会发生危险。随后站务员让乘客留下手机号码,并答应三天后给回复。但三天后,乘客仍然没有接到电话,于是第二次来到车站索要手表。站务员却说,不记得这件事了,也没看到手表。乘客非常愤怒,随后进行了投诉。

知识链接

投诉可给企业带来哪些效益?

1.阻止顾客流失

市场就是一场争夺顾客资源的竞争。50%~70%的投诉顾客在投诉得到较好的解决后,还会再次与解决问题的企业做生意。如果投诉被快速解决,比例将会上升到92%。因此,顾客投诉并妥善处理,能够阻止顾客流失。

2.减少负面影响

不满意的顾客不但会转向企业的竞争对手,不再购买企业的产品或服务,而且还会四处表达自己的不满,给企业带来负面影响。但是,如果企业能够在顾客投诉时,就给他们直接宣泄的机会,能减少顾客找替代性产品和向他人诉说的机会,将企业的负面影响最大限度地降低。

3.免费的市场信息

顾客的投诉和建议直接反映的是企业营销过程中的问题与失误,以及提供产品不能满足顾客需要的原因,这些可以帮助企业开拓新市场。顾客投诉实际上是常常被企业忽视的一个非常有价值且免费的市场研究信息来源。运用好投诉这一资源,可以让企业做得更好。

4.预警危机

顾客的投诉为企业发现自身问题提供了可能。例如,接到顾客投诉,企业收回产品,表面上损害了企业的短期利益,但是避免了产品可能给顾客带来的重大伤害,以及随之而来的严重的纠纷。

任务二　处理乘客投诉的一般原则

🖥 情境导入

一名外地盲人乘客坐火车到北京后,因为丢失了朋友的手机号码,没能与朋友联系上,车站列车员将其送到了最近的地铁站,向车站服务人员说明情况,希望地铁站工作人员将该盲人乘客送到地铁列车,并协助其安全到达目的地,但地铁车站工作人员冷漠地表示:"我们没有多余的人员,也没有义务,你还是让他等朋友来接吧。"断然拒绝了这一要求,此事件引起了乘客的不满,遂提出了投诉。现在开动脑筋想一想,这起投诉该如何解决呢?

城市轨道交通运营企业的工作人员每天要面对形形色色的乘客,在服务过程中,一次设备的故障、一个冷漠的眼神、一句不负责任的话都有可能引起乘客的不满和投诉。因此,乘客投诉时有发生。只有牢牢记住处理乘客投诉的原则,采取合理有效的措施,对乘客的不满和投诉进行诚恳、认真、积极的补救,才可以大大降低乘客不满率,有时及时的处理还能够挽回企业声誉,最终得到乘客的赞扬。现将处理乘客投诉的一般原则总结如下。

一、安全第一、乘客至上、服务为本原则

城市轨道交通是专门从事客运的服务行业,运营生产过程是运送对象在空间上的位移,其生产效能是满足人们的出行需要,具有鲜明的社会服务特点。由于运送对象是乘客,因此摆正自己与乘客的位置关系,在保证地铁安全的前提下,站务员应最大限度地满足乘客需求,确立"服务为本,乘客至上"的职业意识。千方百计维护乘客利益,全心全意为乘客服务,就成为城市公共交通职业道德的核心。工作

服务态度差
顶撞乘客

人员在向乘客提供服务时,切记不要说表4-4中的几句话。

工作禁止用语及正确做法　　　　　　　　　　　　表4-4

禁 止 用 语	正 确 做 法
"没有办法"	工作人员应尽可能地创造条件去努力、尽力解决问题,有相关规定的应做好诚恳的宣传和解释工作,或者向乘客承诺去向有关部门反映乘客的需求
"这件事你找我们领导"	接待好乘客,处理好工作事项,如果乘客不满意,再通知值班站长
"你去投诉好了"	认真听取乘客批评,并改正工作不当之处
"我不知道"	尽可能通过其他途径告知,或者让乘客留下电话号码,以后打电话告知
"你自己去看"	应主动帮忙,如果走不开,请乘客稍等

想一想

在北京地铁某车站,车站站台安全员发现一位醉酒的乘客在车站站台上睡着了,为防止出现事故,车控室立即向值班站长汇报,随后值班站长来到站台了解情况。值班站长上前询问:"乘客,您没事吧?"醉酒乘客没回应,多次呼叫无效后,值班站长只能随同客运值班员、站台安全员共同将乘客扶到了站厅。突然,乘客醒来,发现自己在移动。在自卫的心理下,和站务人员打了起来。值班站长被醉酒乘客打的鼻子出血,客运值班员也被踹得腿都青了。

你觉得值班站长处理该事件的原则是什么?哪些值得学习?

处理方法:

(1)值班站长与客运值班员在被打时不仅没有还手,而且还耐心照顾乘客,将其带到安全区域。

(2)当乘客醒酒后,知道自己打了人,连连向值班站长和客运值班员道歉。值班站长和客运值班员却说:"没关系,这是我们为乘客服务,应该做的。"

(3)在对乘客进行安全教育后,送乘客出站。

处理原则:安全第一、乘客至上、服务为本。在该事件中,所有岗位工作人员爱岗敬业、以人为本,虽然在工作中受了委屈,但给予乘客最大的关心和体谅,对工作有极强的责任感,值得学习。

二、及时、客观、公正、不推脱责任的原则

真心体谅乘客的痛苦,对乘客投诉的处理要立即付诸行动。不耽误乘客时间是对乘客最大的尊重,迅速给出解决方案可使乘客感受到被重视和尊重。

很多站务员面对乘客投诉的第一反应是:"是我的责任吗?""如果乘客向上级投诉,我应该怎么解释。"他们常常会说:"如果是我的问题,我一定帮您解决。"这看似十分礼貌,但却是一个十分糟糕的开头。站务员必须清楚地认识到,乘客既然选择投诉根本没有想到是自己的错,而是想从你那边得到心理安慰,让你重视他的投诉。

面对乘客投诉和不满情绪,站务员首先要反思自己的不足,向乘客道歉,只有表明了这

种态度,才能更好地处理乘客投诉。

> **想一想**
>
> 你觉得值班站长应如何解决这次投诉事件呢?
>
> 某站,客流高峰期,售票员正在为乘客办理补票,一位男乘客因为无法出站,寻求帮助。售票员当时比较忙碌,就让乘客在一边稍等会儿,这时乘客非常不耐烦,并连声催促。在售票员补票结束后,为该男乘客进行票卡分析,发现乘客未进站,于是主观认定该乘客有逃票行为,而乘客则认为是车站设备有问题,于是双方发生了争吵。最后乘客进行了投诉。

三、先处理情感后处理事件的原则

乘客之所以投诉是因为感受到了挫败感,对服务人员感到失望,心情比较低沉,本该平衡的心理状态产生失衡,想通过投诉寻求平衡点,以达到物质和精神上的平衡。俗话说"水不平则流,人不平则语",这是正常人寻求心理平衡、保持心理健康的一种方式。因此,在处理投诉的过程中,给乘客足够的重视,真诚地倾听乘客的叙述,进行必要的安抚,往往能起到事半功倍的效果。对于城市轨道交通运营企业来说,每一位投诉的乘客,心情都不会好,我们在处理时,需要先关注乘客的心情,让其先平息怒气,然后再想办法帮助乘客解决问题。

> **想一想**
>
> 你觉得值班站长是如何解决这次投诉事件的呢?
>
> 有一天,一位女乘客因为IC卡无法刷卡进站,在志愿者的引导下,来到补票亭。售票员看到乘客向补票亭走来,便好心地向乘客喊道:"乘客,在这里进行补票。"由于声音过大,该乘客引起了周围乘客的注目。顿时,这个乘客看到有许多乘客盯着自己十分不自在。来到了补票亭后,售票员帮助乘客处理了IC卡。而乘客却将该售票员的员工号抄记了下来,随后拨打了投诉电话。

四、态度亲切、语言得体、包容乘客的原则

包容乘客是指站务员对乘客的一些错误行为给予理解和宽容。如果乘客气冲冲地来投诉,工作人员为了平复乘客的不满情绪,态度一定要好,认真聆听乘客的诉说,并亲切地说:"我很能理解您的想法"。得体的语言可以让乘客感觉到被尊重。即使发现乘客的某些行为违反规定,只要给予乘客善意的提醒即可,并耐心地解释地铁的相关规定。包容乘客的核心是善意的理解,站务员要懂得体谅乘客,避免让乘客处于难堪的状态。

虽然乘客的投诉并不都是对的,但那种得理不让人的解决方法,必将会造成双方的关系紧张而不利于问题的解决。如果站务员能够包容乘客,那么由此而引发的冲突就能得到及时避免。

想一想

你觉得值班站长应如何解决这次投诉事件呢？

一天，一位女乘客在某站由于上次尚未出站，造成无法进站，到补票亭处办理补票时，售票员不耐烦地说："拿出您的车票，我们将为您扣除7元，因为你上次出站违规了。"乘客一听就急了，大声说："为什么扣我钱，是你们设备问题，才让我没法出站的。"售票员也不甘示弱："这个和值班站长说去，我的处理就是扣钱才能进站。"随后两人越吵越厉害，该乘客非常生气，要找值班站长投诉补票亭内的售票员，并记录下了售票员的员工号码，对其进行了投诉。

处理措施：

(1)值班站长得到投诉后，迅速来到补票亭了解情况。

(2)对乘客进行情绪的安抚，并耐心解释地铁的规章制度，让乘客知道扣钱是正规程序，没有多扣乘客一分钱。

(3)答应乘客如有问题，可凭开具的"乘客事务处理单"来地铁车站，值班站长将继续为乘客服务。

(4)乘客听了值班站长一番话后，交付了补票费，表示理解。

处理原则：

态度亲切，语言得体，包容乘客。值班站长具备良好的心理素质和应变能力，对乘客耐心细致，全心全意为乘客着想，处理投诉事件逻辑严谨、一丝不苟，是学习的榜样。

知识拓展

乘客为什么不投诉？

一些乘客在乘车中有不愉快的经历，但为什么不投诉呢？经研究表明，乘客不投诉的原因主要有以下几个(按所占比例的大小排列)：

(1)不值得花费时间和精力。

(2)担心没有人会关心他们的问题或有兴趣采取行动。

(3)不知道到哪里去投诉及怎样投诉。

(4)有很大比例的投诉者反映他们对投诉的结果不满意。

(5)有时候是一种文化或背景的反映。

日本有21%的乘客对投诉感到尴尬或不适；在某些欧洲国家，服务提供者和乘客之间有一种强烈的客人—主人关系，告诉服务提供者你对服务的方式不满意会被认为是不礼貌的事情。

研究表明，来自高收入家庭的消费者比来自低收入家庭的消费者提出投诉的可能性更大，年轻人比老年人提出投诉的可能性更大。投诉者往往具有更丰富的知识，也更了解投诉渠道。其他增加投诉可能性的因素包括问题的严重性、服务对乘客的重要性和财务损失。

任务三　处理乘客投诉的基本流程

情境导入

　　某日,乘客想在自动售票机上买票,但无硬币,在售票亭换完硬币后,发现硬币无法识别,于是乘客继续找该票务员另换一枚。该票务员称车站无硬币,并交予乘客一张纸币。乘客表示一元纸币无法购票,要求票务员给其一张单程票,该票务员态度生硬,让乘客排队的同时将单程票交给乘客。乘客认为该票务员态度不好,且车站不可能没有硬币兑换。票务员认为乘客多事,与其发生争吵。同时冲出售票室与乘客争吵。在旁边乘客的劝阻下回到售票室进行售票作业。乘客与其朋友相继刷卡进站,该票务员再次冲出售票室,并对乘客说,"你跑什么!"。乘客对此表示强烈不满,要求值班站长处理此事,同时要求投诉该员工。乘客向值班站长索要该名员工工号,值班站长在与票务员交谈后,指着自己身上的工牌对乘客说,这就是票务员的工号。乘客认为值班站长没有解决问题的态度,且工号也未如实告知,乘客希望严肃处理该事情。

　　试分析上述案例引起乘客投诉的原因是什么? 如果遇到这类投诉,应如何正确处理呢?

　　分析:此案例中,该工作人员没有主动热情地为乘客提供服务,没有耐心解释,且服务态度恶劣,与乘客争吵,导致乘客强烈的不满;并且该值班站长也未解决好问题,未尽到值班站长应有的职责,没有及时安抚好乘客的情绪,还与员工一起敷衍乘客,导致矛盾升级。

　　为了打造城市轨道交通运营企业服务品牌,提高社会满意度,提升诚信服务水平,降低乘客投诉率,企业制定了规范的乘客投诉处理流程。

　　投诉处理流程的制定使乘客投诉的处理有章可循,企业要求各部门认真、负责地处理好每一件乘客投诉,做到件件有落实、件件有答复、件件有处理、件件有反馈;不断探讨服务质量管理工作的新办法、新经验;加大对违规违章人员教育和处理的力度;减少乘客投诉现象的发生,以实事求是、公平合理、处理及时为原则,最大限度地满足乘客的正当要求,认真解决乘客提出的问题,改进工作流程,优化服务管理,及时发现乘客纠纷风险和不稳定因素,为打造交通服务品牌做出努力。

一、处理乘客投诉的基本流程(图4-3)

1.投诉受理

　　在车站内设立"投诉服务中心",负责投诉接待工作,交通企业管理人员在接到乘客投诉后,应询问乘客投诉人、投诉时间、投诉对象、投诉事由、投诉要求,对乘客进行必要和适当的解释及安抚,并做好登记工作。这些将作为下一步解决问题的资料和原始依据,同时,这样做也向乘客表明交通部门采取的郑重态度,把乘客的问题放在非常重要的位置,以乘客利益为重。乘客在讲述事情经过时,要配合工作人员记录,需要放慢语速,这也无形中缓冲了乘客的愤怒情绪。

2.投诉审核

在受理完乘客投诉后,确定乘客投诉种类,对投诉者所投诉内容根据有关法律、法规,进行调查和处理,判定投诉理由是否充分,如认为投诉不成立,当面告诉乘客,委婉说明理由。如乘客对工作人员的解释、回复表示满意,并表示不再就此事件继续投诉,则将乘客投诉处理文档整理归档,处理完毕。如认为投诉成立,则进入调查核实阶段。

3.调查核实

按照乘客提供的线索通知被投诉人,被投诉人应积极配合公司接受询问、调查、取证。车站管理人员应做好询问笔录。

4.处理

对能够当场解决的问题,应立即予以解决。在处理过程中,参照乘客投诉要求,提出解决投诉的具体方案,快速采取行动,补偿乘客投诉损失。当乘客同意采取的改进措施时,要立即行动,不要耽误时间,耽误时间可能进一步引起乘客不满,还有可能引起乘客改变先前已经协商好的解决措施。时间和效率就是对乘客最大的尊重,否则就是对乘客的漠视。

对在规定时间内难以处理的投诉,工作人员应将处理方案告诉乘客,征询乘客意见。提出解决方案时,应语调平和,态度诚恳,不要再次引起乘客的不满情绪。如"这样处理,您看行吗?""我们这样办,您看合适吗?"并向投诉人说明原因,最好能给出一个较为具体的时间,并将确定的时间明确告诉乘客。在完成调查、取证工作后,及时将调查情况和处理结果回复投诉人。

5.责任追查

对造成乘客投诉的直接责任人和责任部门进行处罚。如果是因为票卡(款)等问题,可以根据乘客的意见和表现出来的意思,结合实际情况,提出措施;如果是因为对服务人员的态度不满,则要考虑采取让服务人员本人道歉或由值班站长替代道歉等办法,平息乘客的不满情绪;如果遇到被投诉的员工不在现场的情况,可以采取电话道歉、书面道歉等处理方式。总之,给乘客一个满意的交代。

6.统计分析、改进、记录归档

对投诉的事件进行统计分析,总结出常见问题,在员工开会的时候进行改进总结,避免再出现类似的问题。投诉工作结束后,将投诉资料归档。

二、投诉案例

北京地铁某车站,早七点多,乘客非常多,车门即将关闭的提示音已经响起。一位乘客企图冲上车,但这样很危险,容易被车门夹到,所以客运服务人员拦住了该乘客,阻止他上车。可能乘客胳膊被抓痛了,非常气愤,说:"你以为你是谁啊,你凭什么拉我,弄伤了你负责啊……"客运服务人员态度也不是很好:"你没看见车门关上了呀……"两个人争吵了起来,引起乘客投诉。

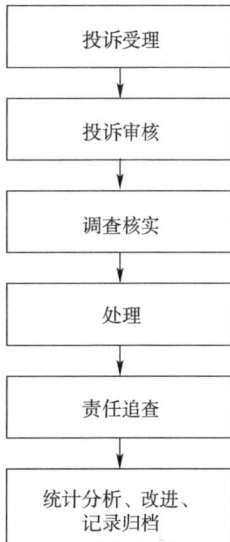

图 4-3 处理乘客投诉的基本流程图

（流程图内容：投诉受理 → 投诉审核 → 调查核实 → 处理 → 责任追查 → 统计分析、改进、记录归档）

1. 投诉原因分析

(1)为了乘客的安全,客运服务人员的行为是好意,但动作过大,伤到乘客,这是乘客生气的促发原因。

(2)乘客特别生气的时候,客运服务人员应该向乘客道歉、解释求得原谅,而不应该和乘客继续争吵,激化矛盾。

2. 乘客处理流程

(1)通知值班站长,值班站长迅速到达现场后,了解情况,听乘客描述事情经过。

(2)值班站长安抚乘客情绪,并向客运服务人员核实情况。

(3)值班站长耐心向乘客解释地铁规章制度,并协同客运服务人员向乘客真诚道歉。

(4)待乘客接受处理措施后,工作人员送乘客上车。

(5)对此次涉事工作人员进行惩罚,并计入年终考核。

案例导学

某日,一名乘客来地铁车站反映其在站台下车时,由于列车车门开关间隔时间较短,使其不能及时下车,而被即将关闭的车门夹到,乘客说自己没受伤,但要进行投诉,并要求一定的精神赔偿,站务员请求值班站长协助处理这起事件。

思考:

(1)乘客投诉的主要原因是什么?

(2)如果你是值班站长,会如何处理这起投诉?

知识拓展

美国白宫全国消费者调查统计:即便不满意,但还会在你那儿购买商品的客户有多少? 不投诉的客户9%(91%不会再回来);投诉没有得到解决的客户19%(81%不会再回来);投诉过但得到解决的客户54%(46%不会再回来);投诉被迅速得到解决的客户82%(18%不会再回来);4%的不满意客户会向你投诉,96%的不满意客户不会向你投诉,但是会将他的不满意告诉16~20人。

从中可以看出,那些向企业提出中肯意见的人,都是对企业依然抱有期望的人,他是期望企业的服务能够加以改善,他们会无偿地向你提供很多信息。因此,投诉的客户对于企业而言是非常重要的。对服务不满意的客户的投诉比例是:4%的不满意客户会投诉,而96%的不满意客户通常不会投诉,但是会把这种不满意告诉给他周围的其他人。在这96%的人背后会有10倍的人对企业不满,但是只有4%的人会向你说。因此,有效处理客户的投诉,能有效地为企业赢得客户的高度忠诚。客户满意度的检测指标是客户的期望值和服务感知之间的差距。客户满意度的另外一个检测指标是服务质量的五大要素:有形度、同理度、专业度、反映度、信赖度。而客户投诉在很多时候是基于服务质量的五大要素进行的。因此,对客户投诉进行分类,很多投诉都可以归入这“五度”中,即对有形度、同理度、专业度、反映度、信赖度的投诉。

任务四 正确处理与乘客的纠纷和投诉

情境导入

某车站,一位乘客因是盲人不清楚具体从哪条线、哪个站口进站。乘客拿着视力残疾证到售票处找工作人员换票并问询工作人员:"到亦庄方向怎么走?"工作人员先是让乘客自己去找。乘客再次问询怎么走,工作人员让乘客自己去看指示牌。乘客说自己是盲人,根本不可能看见指示牌,要是能找到路,就不会问工作人员了。后来,站务人员以很忙为由,将此盲人托付给一名乘客,匆匆而去。这引起了盲人乘客很大的不满,遂要求见值班站长,进行投诉。

如果你是值班站长,该如何解决这次投诉呢?

城市轨道交通运营企业作为一个服务性部门,决定了它无法避免投诉,比如缺乏和乘客的沟通、说话生硬、遇到问题不做耐心的解释、得理不饶人、主观意愿强等,都会引起乘客投诉。为了不断改进运营服务工作,切实维护城市轨道交通的声誉,提高服务质量,正确认识、妥善接待和处理投诉是良好企业形象和一流企业管理水平的体现,只要凡事做到真诚相待,对乘客耐心解释,端正服务态度,并在工作中不断提高职业技能和自我修养,投诉也许就不那么难解决了。因此,本任务将与大家一起分享服务部门如何处理投诉,以及如何加强对投诉工作的管理。

一、态度真诚地接待乘客

在接待乘客时,应在心理上做好准备,要确立"乘客是上帝"的信念。一般乘客是在迫不得已的情况下才来投诉的,所以乘客多数情况下,由于受到不公平对待,会带着怒气和抱怨来投诉,使用尖酸刻薄的语言也是常有的事,而抱怨的乘客往往需要有忠实的听众,工作人员喋喋不休地解释只会让乘客感觉在推卸责任,从而使乘客的心情更差。所以车站工作人员与乘客争论,只会适得其反。那么面对乘客的投诉,要怎么办呢?工作人员只要做一件事——掌握倾听的技巧,倾听乘客的抱怨,从倾听中掌握事情发生的细节,找出乘客投诉的真正原因以及其所期望的结果。我们把这种有技巧的倾听叫作"同理心倾听",即站在乘客的角度考虑问题,将心比心地感受乘客的心情。

在接待乘客,为乘客提供服务时,使用文字的机会不是很多,真正与乘客交流还是要面对面,靠语言来打交道,所以用语言真诚地给予同理心回应很重要。同理心倾听是真正能听到乘客心声的好办法,是乘客服务中不可或缺的沟通技巧。这种方法能给予他人心灵上的空间,给人一个可以宣泄情绪、觉得真正被了解而非批判的开放空间,使乘客感受到工作人员真心的态度及试图解决问题的真诚。想要做到"同理心倾听"(图4-4),我们需要注意以下几点。

1.要有耐心

在乘客投诉的过程中,不要轻易打断乘客讲话,要仔细思考乘客提供的信息。如果有不明白的地方,要等乘客说完后,以婉转的方式请乘客提供情况,如"对不起,是不是可以再向您请教……"应该给乘客80%的时间去讲,花80%的时间去听。倾听过程中要保持冷静的心态,不受其他事物的影响。

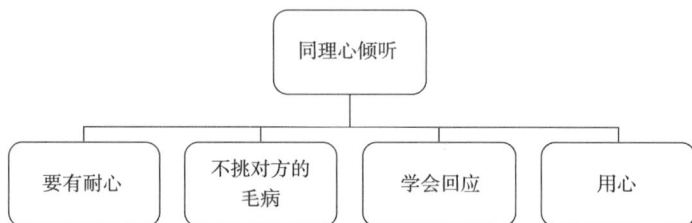

图4-4　同理心倾听

2. 不挑对方的毛病

倾听时不要当场提出自己的批判性意见,更不要与对方争论,尽量避免使用否定别人的回答或评论式的回答,如"不太可能""我认为不该这样"等。应该站在对方的立场去倾听,努力理解对方所说的每句话。

3. 学会回应

倾听的过程中要运用眼神、表情等非语言传播手段来表示自己在认真倾听。尽可能以柔和的目光注视对方,并通过点头等方式及时对对方的谈话作出反应。例如,乘客叙述时要用心倾听,让乘客发泄情绪。在倾听过程中,可以插入"我理解、我明白"这样的话语来表示对乘客的重视与理解。

4. 用心

站在乘客的角度考虑问题,将心比心地感受乘客的心情。这是真正能听到乘客心声的好办法,是乘客服务中不可或缺的沟通技巧。例如,乘客投诉到车站时,应先请乘客坐下并及时给乘客倒水,表示对乘客的尊重,适当安抚乘客情绪。如"请您别着急""您先消消气"等。

> **练一练**
>
> 　　两两同学结成一组,分别饰演乘客和站务员,乘客向站务员讲述下述投诉的事情经过,站务员运用同理心倾听技巧真诚接待乘客,让大家比一比谁做得好。
>
> **事情经过:**
>
> 　　某站,乘客带不足1.3m的孩子出站,孩子在前面投票后闸机门立刻关闭,乘客无法出站,乘客询问站厅工作人员如何出站,工作人员态度不好地教训乘客,没有告诉乘客如何出站,最后多次询问后,工作人员对乘客说:"一会儿你跟着别的出站的乘客一起出去。"乘客对此不满,向站务员投诉。

二、对乘客表示同情和歉意

造成乘客投诉的原因是多方面的,但当乘客抱怨或投诉时,无论是否是工作人员的原因,都要诚心地向乘客道歉,并对乘客提出的问题表示感谢。

根据调查发现,乘客对投诉最大的不满是工作人员漠不关心或据理力争。找借口或拒绝,只会使乘客的情绪更加不满。车站工作人员必须认真聆听乘客的投诉,设身处地考虑问题,理解投诉的原因和感受,用适当的语言给乘客以安慰,如"谢谢您告诉我这件事;我感到很遗憾;我完全理解您的心情"等。因为此时还未核对乘客的投诉,所以只能表示理解与同情,但这些话都可使双方的情绪得到控制。

处理投诉过程中,当不是自己的过错时,工作人员往往不愿意道歉,但为使乘客情绪更加平静,即使乘客是错的,但道歉总是对的,乘客不完全是对的,但乘客就是乘客,他永远都是第一位的。一句"对不起",至少可以化解乘客 20% 的怨气,至少我们要为乘客情绪上受的伤害表示歉意。在工作确实有过失的情况下,更应该马上道歉。如"对不起,给您添麻烦了。"这样,可以让乘客感到自己受到了重视。具体做法见表4-5。

真诚道歉　　　　　　　　　　　　　　表4-5

要	不要
(1)适当地表示歉意。让乘客了解你非常关心他的情况,如"我们非常抱歉听到此事。" (2)道歉要诚恳,如"对不起,耽误您的时间了。"	(1)认为自己的行为没有错误,拒绝道歉。 (2)道歉缺乏诚意,语音语调或肢体语言表现出不乐意或不耐烦

练一练

如果遇到下列投诉事件,工作人员该如何道歉?

事件经过:

某日,一乘客在进站口刷一卡通时不能进站,向闸机旁工作人员寻求帮助,工作人员态度恶劣地和乘客说:"没看见余额不足啊,赶紧充钱去吧"。乘客说:"你态度好点不行吗?"乘客随后去充值窗口充值,直到乘客充值完毕,此站务员一直在和乘客争吵。乘客甚至一度冲到闸机口与工作人员理论,乘客对其服务不满,引起投诉。

三、根据乘客要求决定采取措施

乘客只有在对服务不满的情况下才会进行投诉。而对乘客来说,既然选择了投诉,就一定会有一个心理预期并希望得到满意的答复。作为服务人员,只有弄清了乘客投诉的心理期望,才能够有针对地处理投诉。一般来说,乘客投诉的心理期望主要有四种,见表4-6。

乘客投诉心理期望　　　　　　　　　　　表4-6

乘客投诉心理期望类型	乘客心理分析	工作人员正确做法
希望得到当事人的道歉和尊重	乘客投诉有很大一部分是对工作人员服务态度不满,这种情况下,乘客希望自身能得到重视,并希望当事人能给予道歉	工作人员要耐心倾听,即使是乘客有错,工作人员也不要想着去理论,避免产生新的不满或进一步加深矛盾
希望得到赔偿或补偿	乘客想要为自己的损失取得赔偿,也想为耗费的时间、造成的不便,或遭受的痛苦得到补偿	对于由于企业责任而造成的乘客损失,要协商赔偿办法,对于不是企业责任造成的乘客损失,也不能一味迁就,要耐心向乘客解释清楚

乘客投诉心理期望类型	乘客心理分析	工作人员正确做法
希望相关人员得到惩罚或惩戒	乘客对工作人员的服务不满引起投诉，并希望该工作人员得到惩罚	工作人员向乘客保证企业一定会采取正确的行动，避免将来发生类似的问题
希望问题能被认真对待	有时乘客进行投诉或建议，并不是要求企业一定能够彻底改变这种现象，只是发表对此状态的看法与观点，给企业以警示	工作人员一定要积极对待，耐心地听完乘客的批评与建议，抱着"有则改之，无则加勉"的正确态度，适当地对乘客表示感谢

想一想

你觉得下述案例中乘客的心理期望是什么呢？

有一天，一位男乘客因为存在侥幸心理，想逃票，从闸机跳过去，正好被志愿者发现，并要求其到补票亭补票。售票员看到这种情况，一脸嫌弃地说："这都什么年月了，年纪轻轻还逃票，干点儿什么不好！"恰巧这话被男乘客听到，当即恼羞成怒大声斥责售票员多事，并且骂人。售票员也开始激动，和乘客争吵了起来，争吵过程中，乘客将该售票员的员工号抄记下来，随后拨打了投诉电话。

四、感谢乘客的批评指教

城市轨道交通客运服务工作人员对待乘客的投诉一定要表示感谢，感谢乘客选择我们的服务并发现服务中的不足。因为这些批评指导意见会协助企业提高管理水平和服务质量。

假如乘客遇到不满意的服务，他不告诉我们，也不做任何投诉，但是，他身边的朋友和亲人都会知道，这样会极大影响城市轨道交通运营企业的声誉。乘客的投诉能给企业机会以回顾和检查在乘客服务中不合适的方面。在投诉处理过程中，服务人员可以向乘客解释企业的规定和标准，从而使乘客和企业能够更好地理解和沟通。因此，凡是对我们提出批评、抱怨甚至投诉的乘客，作为服务人员既不需要对投诉感到尴尬，也不需要带有畏惧和抵触的心理。不仅要欢迎，而且要感谢。要记住，对待投诉乘客最高的奖赏，莫过于对他的关心。

常见的感谢用语有："谢谢您的配合""非常感谢您的建议"。必要时送乘客出站，让乘客感到自己受到重视，切不可怠慢乘客，自己先行离开，或让乘客自行离开。

想一想

乘客投诉给地铁运营带来哪些影响？

五、快速采取行动，补偿乘客投诉损失

在听完乘客投诉之后，工作人员首先要弄清楚乘客投诉和抱怨的原因，参照乘客投诉要求，提出解决投诉的解决方案。切忌在没有了解乘客想法之前就自作主张地直接提出解决方案。

在协商解决时，不要说"不"，如果你用"我不能""我不会""我不应该"这样的话语，会

让乘客感到你不能帮助他。你可以反过来这样说:"我们能为您做的是……""我很愿意为您做……""我能帮您做……"这样,乘客的注意力就会集中在可能的解决办法上,你就能创造一个积极正面的解决问题的氛围(图4-5)。

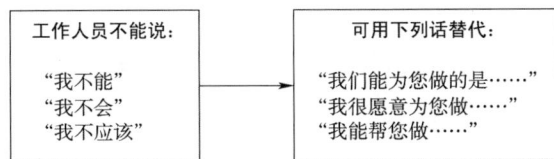

图4-5　投诉协商解决常用语

　　把准备好的措施告诉乘客,征询意见,并向乘客说明解决问题需要花费的时间,尽可能让乘客同意。在确定责任时,不要推卸责任,不要指责或敷衍乘客。当乘客同意你采取的改进措施时,要立即行动,不要耽误时间,耽误时间可能进一步引起乘客不满,还有可能引起乘客改变先前已经协商好的解决措施。时间和效率就是对乘客最大的尊重,也是乘客最大的需求。如果乘客不知道或者是不同意这一处理决定,就不要盲目地采取行动。

　　想一想

　　值班站长该如何处理以下这起投诉事件,请写出解决措施和乘客补偿方案。

　　【事情经过】

　　某天,有一名乘客来到乘客服务中心,认为大概半小时以前售票员少找给他50元钱,售票员在听取情况后,认为不会少找钱给乘客,直接就和乘客说:"我都售票这么长时间了,不可能出现少找给您钱的情况。"乘客很激动,开始指责售票员,并要求找值班站长投诉。

六、落实、监督、检查补偿乘客投诉的具体措施

　　对于那些不能立即实现的措施,工作人员应坦诚地告诉乘客正在办理,并把处理过程中的相关情况及时反馈给乘客,让乘客了解到问题正在得到解决。对于补偿乘客的措施,要监督实施,不能只停留在嘴上。

　　对于投诉处理的过程,整理出材料归类存档,在员工培训会上,对此类问题重点说明,防止此类事件再次发生。

　　练一练

　　如果出现下述投诉,应如何解决?

　　(1)一名盲人乘客在某站进站,告知该站员工要坐地铁到另一站,请帮忙联系另一个车站接乘客。乘客到另一站后,没有工作人员来接乘客。后来,有名工作人员看见乘客,对乘客说:接到上一个站的电话了,但是由于车站工作人员很忙,所以没有及时接到乘客。乘客对车站的服务不满。

　　(2)乘客在某站售票口购票,乘客说当时售票室里的女售票员翘着二郎腿,头发散着,还吃着东西,对乘客爱搭不理,乘客购票后,女售票员特别不情愿地给乘客扔出一张票。乘客对女售票员这种表现表示不满。

知识链接

处理乘客抱怨与投诉的七个一点

1. 耐心多一点

在处理乘客投诉的过程中，不要轻易打断乘客的叙述，要耐心地倾听乘客的抱怨，千万不要批评乘客的不足。

2. 态度好一点

在处理乘客投诉时，态度要谦和友好，礼貌热情，这会促使地铁乘客平解心绪，理智地与工作人员协商解决问题。

3. 动作快一点

快速地处理投诉和抱怨，一来可让乘客感觉到被尊重，二来表示解决问题的诚意，三来可以及时防止乘客的负面情绪对其他乘客产生影响。

4. 语言得体一点

为乘客解释问题时要十分注意措辞，要合情合理，得体大方，不要用伤自尊的语言，即使是乘客的行为存在不合理的地方，也要尽量用婉转的语言与乘客沟通。

5. 补偿多一点

乘客在投诉之后，应尽量物质及精神补偿同时进行，让乘客看到诚意。

6. 层次高一点

处理投诉和抱怨时，应尽可能提高处理问题的工作人员的级别，如值班站长等，这可让乘客感觉受到重视，从而平复情绪。

7. 办法多一点

处理乘客投诉和抱怨的方法，除了给他们道歉或补偿外，也可采用回访及参观等多种方法。

任务五　处理乘客投诉技巧

🖥 情境导入

乘客吴小姐使用自动售票机购票时，投入 10 元纸币购买 1 张单程票，设备找出 5 元后，自动转为"暂停服务模式"，设备少找乘客 2 元钱，同时未出单程票。吴小姐希望工作人员可以解决这个问题，但站务人员不相信吴小姐说的话，因为不能提供"发售异常凭据"，不能办理退款。因此，乘客不满，对车站工作人员进行了投诉。

作为一名城市轨道交通工作人员该如何处理投诉？（图 4-6）。

如果你是车站负责人，该如何解决这个问题呢？其中用到了哪些常用的技巧呢？（表 4-7）

值班站长根据描述，初步认为是面向乘客打印机故障和TVM找零器故障，因此，值班站长首先向乘客表示歉意，同时提出可以为乘客办理退票

↓

值班站长通过TVM2维护面板查询异常交易信息，与乘客投诉信息一致

↓

值班站长通过面向站务人员打印机操作补打印"发售异常凭据"为乘客在人工BOM机上办理退款，并引导乘客通过其他设备购票

↓

由于设备故障，值班站长立即指示综控员向通号公司维修人员报修

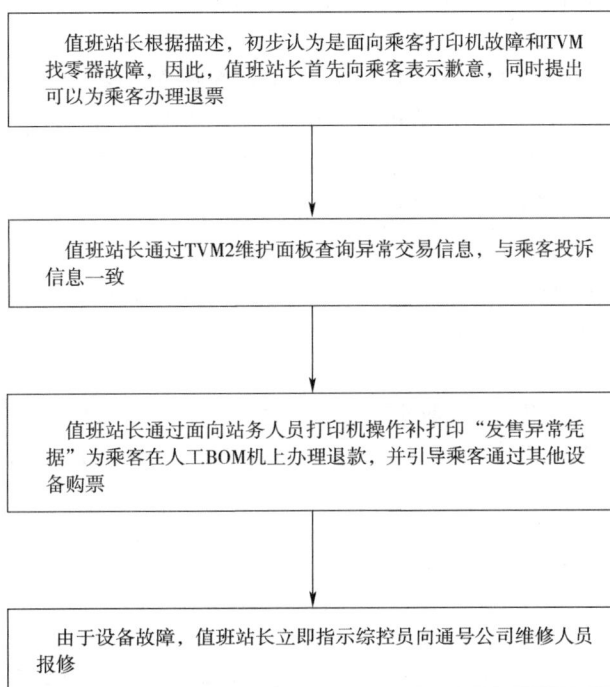

图4-6　处置投诉流程图

针对上述事件，投诉处理技巧总结见表4-7。

处 理 投 诉 技 巧　　　　　　　　　　　　　　　　　表4-7

序　　号	处理技巧	工作人员不当行为
技巧一	站务人员在接到乘客反映设备故障找零错误后，应积极主动了解事情经过，安抚乘客，了解需求	对乘客不信任态度，言语急慢
技巧二	站务人员和值班站长和颜悦色，保持微笑，会说话就能有效避免投诉的发生	对乘客居高临下，语言粗暴，表情严肃
技巧三	值班站长通过查询设备异常交易记录，了解事情的真相，确认故障信息	凭空臆断，造成事件处理效果偏差
技巧四	现场确认故障信息，对设备报修，向乘客进行解释安抚	对乘客不闻不问

根据城市轨道交通运营企业乘客投诉情况来看，一些投诉本来是可以避免的，只是件不起眼的小事引发，但令人惋惜的还是成了有责投诉。原因就是少部分员工缺少与乘客进行沟通的技巧和能力，缺少敢于承认过错的勇气，甚至连一句向乘客表示歉意的话都很吝啬，从而引起乘客的不满。

我们在长期的服务当中，难免会出现一些小过失，给乘客造成某些不便或者伤害。这就

要求员工必须具备与乘客进行沟通、交流的能力和技巧,取得乘客的谅解,尽可能地把矛盾处理在萌芽状态。

比如说,站务员在维持乘客秩序时不小心用胳膊砸了乘客一下,就必须及时向乘客表示歉意,而不是不声不响,表情冷漠,甚至遭乘客质问时态度生硬等。其实,当人发生过错时,一般在心里多少会产生一种负疚感,也曾想给对方道个歉,但是往往出于一种我不是故意的或者是为了自己那一点点所谓的自尊而最终没有说出口,结果错失了化解乘客怨气的良机。这就是缺乏沟通能力的表现。当对方发觉你竟毫无愧疚之意时,他的出言也许会比较刻薄,从而将矛盾升级引起投诉。其实原本是一两句好话就能平息的。有些人投诉并不针对事件的本身,而是不能接受当事人冷漠或蛮横的态度。

在处理投诉的过程中,我们会遇到各式各样的乘客。除了要好好把握乘客投诉处理的基本原则外,还需要掌握一定的处理技巧,只有这样我们才能更好地为乘客服务,提升城市轨道交通运营企业的服务质量。

一、车站服务投诉处理技巧

案例导学

某日早晨4:50,站务人员因为个人原因,没有准时起床,4:57急忙拿着钥匙到车站A口开门,但是钥匙无法转动,站门无法开启。在通知值班站长后,5:02其他站务员将门链锁强行剪断,5分钟之后,A口打开。这时许多乘客已经守在门外。因为站门晚开,耽误了早班车,于是乘客纷纷投诉,谴责站务人员未向乘客做解释,浪费了大家的时间。最后,值班站长处理了这起投诉。

作为一名城市轨道交通工作人员该如何处理投诉(图4-7)?

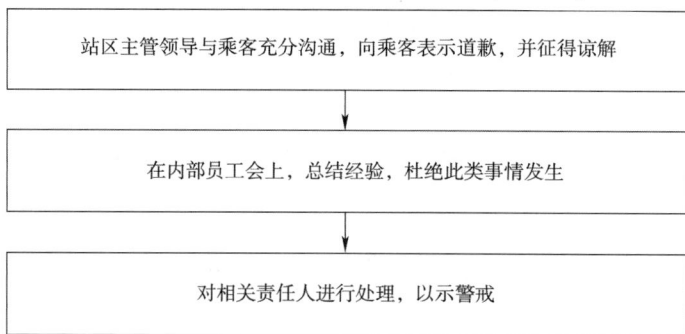

站区主管领导与乘客充分沟通,向乘客表示道歉,并征得谅解

在内部员工会上,总结经验,杜绝此类事情发生

对相关责任人进行处理,以示警戒

图4-7 处置投诉流程图

针对上述事件,处理技巧总结见表4-8。

处 理 投 诉 技 巧　　　　　　　　　　　　　　　　　表4-8

序　　号	处理技巧	工作人员不当行为
技巧一	对车站客运服务设施进行日常检查,若发现故障,应及时向乘客解释宣传	设备故障处理不及时,对乘客隐瞒

序　　号	处 理 技 巧	工作人员不当行为
技巧二	诚恳道歉	态度差
技巧三	对相关责任人进行处理,防止工作人员疏忽大意,给乘客一个交代	对责任人处理不当,工作人员不认真负责

二、列车运行投诉处理技巧

案例导学

　　某日 23:00 左右,乘客从 5 号线某站进站买票,售票室工作人员问乘客去哪儿。乘客说:坐 2 号线到西直门站,车站工作人员告诉乘客 2 号线没车了,于是乘客打车回家,后乘客咨询地铁热线 2 号线往西直门方向末班车为 23:45,于是引发乘客投诉。

　　作为一名城市轨道交通工作人员该如何处理投诉(图 4-8)?

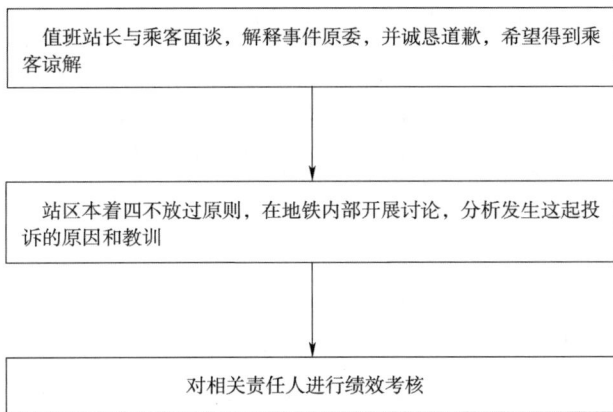

```
┌─────────────────────────────────────────┐
│ 值班站长与乘客面谈,解释事件原委,并诚恳道歉,希望得到乘 │
│ 客谅解                                       │
└─────────────────────────────────────────┘
                    │
                    ▼
┌─────────────────────────────────────────┐
│ 站区本着四不放过原则,在地铁内部开展讨论,分析发生这起投 │
│ 诉的原因和教训                                 │
└─────────────────────────────────────────┘
                    │
                    ▼
┌─────────────────────────────────────────┐
│ 对相关责任人进行绩效考核                          │
└─────────────────────────────────────────┘
```

图 4-8　处置投诉流程图

针对上述事件,处理技巧总结见表 4-9。

处 理 投 诉 技 巧　　　　　　　　　　　　　　　　表 4-9

序　　号	处 理 技 巧	工作人员不当行为
技巧一	加强业务学习,掌握地铁线路各方向列车首末班车时间	业务知识匮乏,误导乘客
技巧二	与乘客有效沟通,热情	主观臆测,理解错乘客路线
技巧三	临近末班车时,对乘客进行问询,提出乘车建议,避免造成乘客进站后所乘方向无车	对乘客不闻不问,冷漠

练一练

如果出现下述投诉,应如何解决?

北京地铁1号线建国门站换乘2号线的位置写着禁止通行,导致乘客滞留,无法换乘,但乘客发现有人在此经过。询问在换乘处的工作人员,工作人员称那是工作人员,乘客表示工作人员应该穿制服,该工作人员称我们就这么规定,不穿制服也能走。于是乘客进行投诉。

三、乘车环境投诉处理技巧

案例导学

经调查了解,某站运行车辆上存在一个长期发放楼盘广告的人员,给乘客出行造成打扰,而且使车厢内出现很多小广告的纸片,乘车环境变差。在接到乘客投诉后,车站工作人员紧急进行了投诉处理。

作为一名城市轨道交通工作人员该如何处理投诉(图4-9)?

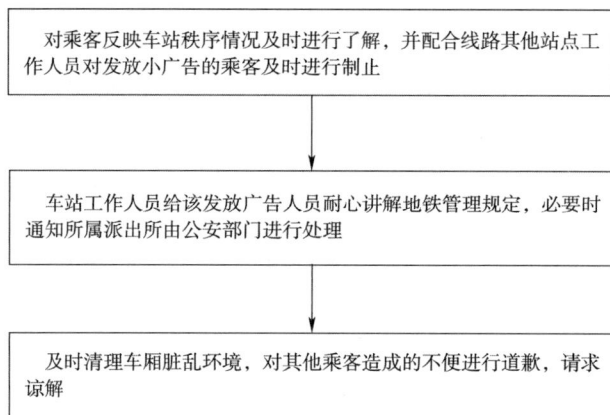

对乘客反映车站秩序情况及时进行了解,并配合线路其他站点工作人员对发放小广告的乘客及时进行制止

↓

车站工作人员给该发放广告人员耐心讲解地铁管理规定,必要时通知所属派出所由公安部门进行处理

↓

及时清理车厢脏乱环境,对其他乘客造成的不便进行道歉,请求谅解

图4-9 处置投诉流程图

针对上述事件,处理技巧总结见表4-10。

处 理 投 诉 技 巧   表4-10

序　号	处理技巧	工作人员不当行为
技巧一	值班站长可灵活运用变通的整治办法,维持车内秩序,增强乘客满意度	忽视列车秩序和环境整治,影响乘客出行和企业形象
技巧二	相邻车站工作人员密切配合,防止不法人员中间逃脱	本站处理,忽视与相邻车站工作人员合作
技巧三	站务人员在车站秩序整治时,要坚持原则,敢于管理,同时要根据环境变化及时采取措施,要巧干、要得法。当不法分子聚集闹事时,要及时召集周围群众帮忙找民警过来治理	工作畏首畏尾、蛮干、不懂求助

练一练

如果出现下述投诉,应如何解决?

某站运行车辆上存在一个长期以乞讨为生的社会人员,向乘客索要钱物,并对乘客进行骚扰,在遭到乘客投诉后,屡教不改。这个时候车站值班站长应该怎么处理呢?

四、票款差错投诉处理技巧

案例导学

乘客肖先生反映在 A 站使用一卡通储值卡进站,刷卡后进站闸机扇门未打开,经过站务人员帮助正常进站。到达 B 站出站后肖先生发现储值卡被多扣了 3 元钱,B 站站务人员告知乘客钱是在 A 站扣的,乘客肖先生要求 A 站给予解决。

作为一名城市轨道交通工作人员该如何处理这起投诉(图 4-10)?

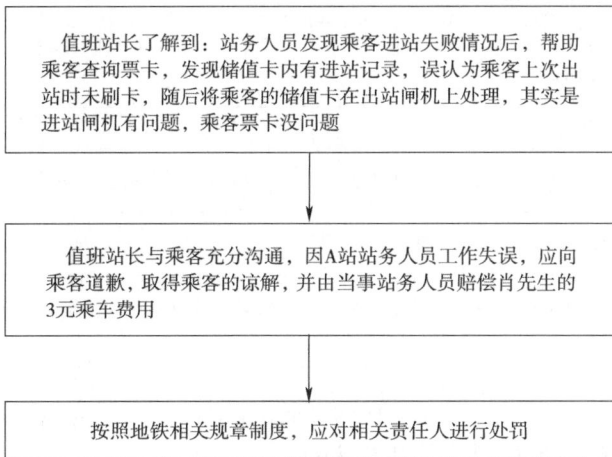

值班站长了解到:站务人员发现乘客进站失败情况后,帮助乘客查询票卡,发现储值卡内有进站记录,误认为乘客上次出站时未刷卡,随后将乘客的储值卡在出站闸机上处理,其实是进站闸机有问题,乘客票卡没问题

↓

值班站长与乘客充分沟通,因A站站务人员工作失误,应向乘客道歉,取得乘客的谅解,并由当事站务人员赔偿肖先生的3元乘车费用

↓

按照地铁相关规章制度,应对相关责任人进行处罚

图 4-10　处置投诉流程图

针对上述事件,处理技巧总结如下:

站务人员在检票过程中,如果刷卡后无法进出车站,站务人员应主动问询乘客进出站需求,并通过 BOM 设备对票卡进行车票分析,认真确认票卡信息(上次交易时间、交易车站、票卡状态)后,为乘客办理补票。

练一练

如果出现下述投诉,应如何解决?

某日晚乘客从某站 B 口进站,买票时乘客发现没有整钱,只剩下 1 角的硬币,于是乘客用 1 角的硬币凑足 3 元钱买票,但工作人员拒收,要求乘客无票进站并对乘客说可以在出站时进行补票。乘客问为什么现在不能买票,工作人员没做解释,但称可以自己出钱补张票给乘客。乘客觉得自己有钱买票,没有必要其他人出钱,于是向地铁进行了投诉。

五、当乘客无理取闹或进行无理投诉时的处理技巧

案例导学

两名乘客在车站站台候车时,因为私事进行激烈争吵并发生肢体冲突。工作人员发现后及时上前制止,并告知值班站长和综控员,但是还没等公安人员到场,其中一名乘客被推下站台,造成脚踝骨折。在被救上来之后,该乘客要求车站进行赔偿,对工作人员投诉。

作为一名城市轨道交通工作人员该如何处理该投诉(图4-11)?

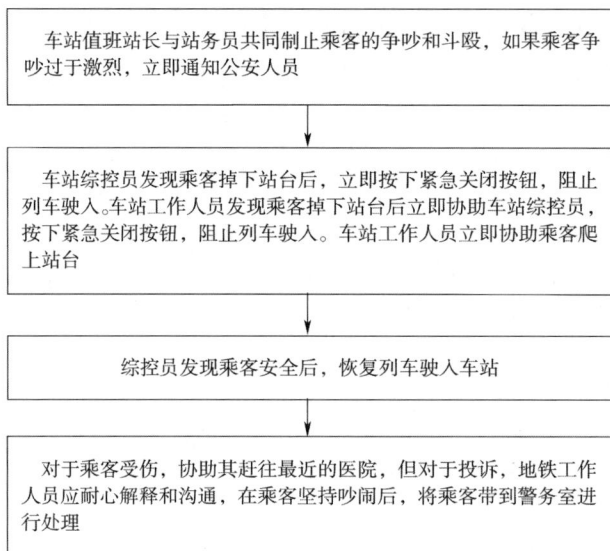

```
┌──────────────────────────────────────────┐
│ 车站值班站长与站务员共同制止乘客的争吵和斗殴,如果乘客争 │
│ 吵过于激烈,立即通知公安人员                      │
└──────────────────────────────────────────┘
                     ↓
┌──────────────────────────────────────────┐
│ 车站综控员发现乘客掉下站台后,立即按下紧急关闭按钮,阻止 │
│ 列车驶入。车站工作人员发现乘客掉下站台后立即协助车站综控员, │
│ 按下紧急关闭按钮,阻止列车驶入。车站工作人员立即协助乘客爬 │
│ 上站台                                     │
└──────────────────────────────────────────┘
                     ↓
┌──────────────────────────────────────────┐
│ 综控员发现乘客安全后,恢复列车驶入车站               │
└──────────────────────────────────────────┘
                     ↓
┌──────────────────────────────────────────┐
│ 对于乘客受伤,协助其赶往最近的医院,但对于投诉,地铁工作 │
│ 人员应耐心解释和沟通,在乘客坚持吵闹后,将乘客带到警务室进 │
│ 行处理                                     │
└──────────────────────────────────────────┘
```

图4-11 处置投诉流程图

针对上述事件,处理技巧总结见表4-11。

处 理 投 诉 技 巧　　　　　　　　　　表4-11

序　　号	处 理 技 巧
技巧一	在发生此类事件后,综控员应立即安排警务人员到场,对乘客起到威慑作用
技巧二	公安人员未到场之前,疏散围观乘客,避免误伤
技巧三	对于乘客无理要求,地铁不能一味妥协,要采取异地处理的方式交由公安人员处理

练一练

如果出现下述投诉,应如何解决?

在5号线某站,客流高峰期间,3名乘客拒不安检,在安检人员的阻拦下,有一定的肢体接触,一名女乘客大喊安检人员图谋不轨,并大哭了起来。这时安检人员应该怎么办呢?

六、因业务能力不强而引起的投诉

案例导学

　　某日下午三点左右,北京地铁某车站内,一名外籍乘客找到站务人员,用英语询问如何去天安门,如何乘车? 站务人员不能完全听懂英语是什么意思,很无奈。在乘客拿出英文地图向站务人员指示"天安门"的位置时,站务人员明白了乘客的意图,但不会用英语表达,导致乘客很郁闷,要求见值班站长,进行投诉。

　　作为一名城市轨道交通工作人员该如何处理该投诉(图4-12)?

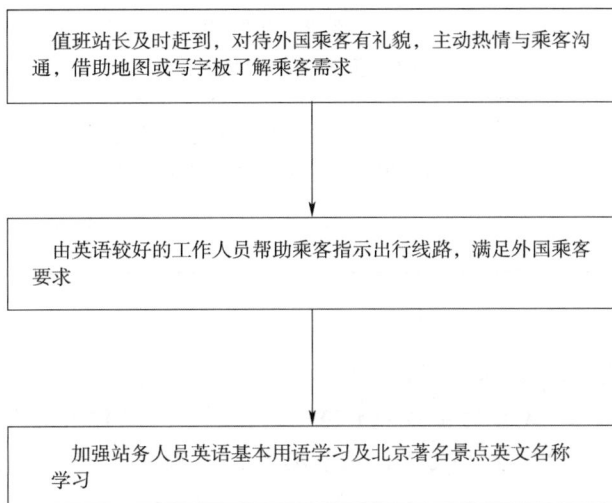

```
┌─────────────────────────────────────┐
│ 值班站长及时赶到,对待外国乘客有礼貌,主动热情与乘客沟 │
│ 通,借助地图或写字板了解乘客需求            │
└─────────────────────────────────────┘
                  ↓
┌─────────────────────────────────────┐
│ 由英语较好的工作人员帮助乘客指示出行线路,满足外国乘客 │
│ 要求                          │
└─────────────────────────────────────┘
                  ↓
┌─────────────────────────────────────┐
│ 加强站务人员英语基本用语学习及北京著名景点英文名称    │
│ 学习                          │
└─────────────────────────────────────┘
```

图4-12　处置投诉流程图

　　针对上述事件,处理技巧总结见表4-12。

处 理 投 诉 技 巧　　　　　　　　　　　　　　　表4-12

序　　号	处 理 技 巧
技巧一	对外国乘客的服务要克服恐惧心理
技巧二	加强英语水平,特别是对于名胜古迹及游览景点的英文要很熟练

七、因乘客不了解地铁规定而引起的投诉

案例导学

　　某日,乘客刘先生因携带两个大的行李,在车站上下楼梯不便,于是询问站务员:"可否将2楼到1楼的电梯向下开,运送行李下楼"。站务人员说:"不行,我们有规定,我也没办法"。乘客不得不从楼梯上搬下去,站务员笑着看着他。事后,乘客很生气,进行了投诉。

　　作为一名城市轨道交通工作人员该如何处理该投诉(图4-13)?

　　针对上述事件,处理技巧总结见表4-13。

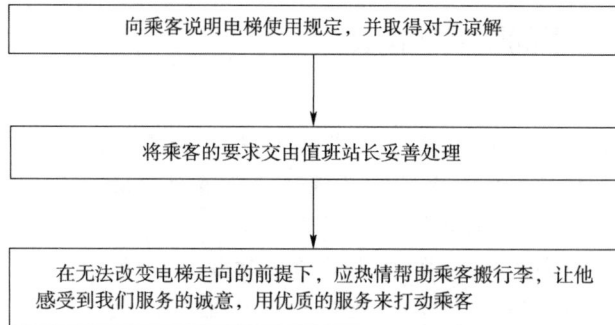

图 4-13　处置投诉流程图

处 理 投 诉 技 巧　　　　　　　　　　表 4-13

序　　号	处 理 技 巧
技巧一	对于乘客提出的要求应尽可能提供帮助,如果乘客的要求不能完成,应向乘客做好解释工作,并取得乘客谅解
技巧二	以实际行动感动乘客

练一练

如果出现下述投诉,应如何解决?

某站乘客在售票口充值时把钱和卡递给工作人员。工作人员看后将卡和钱扔到台面上,乘客问什么原因,员工大声答说卡坏了。乘客对工作人员的行为表示不满,说储值卡是有押金的,并要求售票员更换新卡,并进行充值,在遭到售票员拒绝后,遂引起投诉。

八、因客运服务人员主观臆断引起的投诉

案例导学

乘客在某地铁站刷卡出不了闸机,便去客服中心查询。工作人员告诉其卡上余额不足,乘客表示没带足够钱,能否把卡押在客服中心,出去取钱再来充值。工作人员听后态度恶劣起来,说乘客没带钱坐什么车,不会是想逃票吧,随后不理乘客,也没告诉乘客怎么做,遂引起乘客投诉。

作为一名城市轨道交通工作人员该如何处理该投诉(图 4-14)?

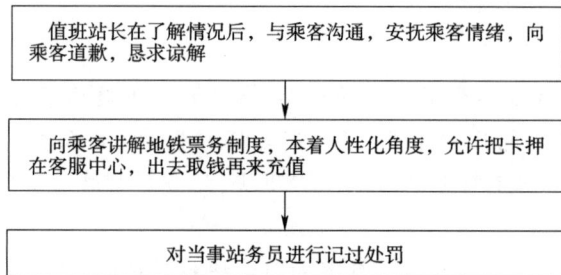

图 4-14　处置投诉流程图

针对上述事件,投诉处理技巧见表4-14。

处 理 投 诉 技 巧　　　　　　　　　　　　　　　　表4-14

序　　号	处 理 技 巧
技巧一	发现情况后,站务员不能主观臆断,应该先礼貌地了解原因
技巧二	对票务员的工作失误向乘客表示抱歉,并向乘客做好票务政策的解释,在和乘客沟通的过程中应耐心地使用礼貌用语
技巧三	如果乘客谅解,站务员应向乘客表示感谢,如"谢谢您的理解和配合"

练一练

如果出现下述投诉,应如何解决?

一名女乘客和盲人朋友(两人均60多岁)经常坐地铁出行,由于盲人走闸机投票不方便经常被闸机夹,所以乘客每次都求助工作人员帮忙投票。某日乘客和她的盲人朋友在出站,向该站的工作人员求助,希望她能帮助投票。女士对工作人员说:"姑娘麻烦你把我们送出去。"当时工作人员正在和旁边的人聊天,对女士和盲人说:"把票塞进去就可以了。"女士回答:"我要能塞进去还要你们干吗呀。"工作人员又说:"那你不会塞进去呀。"女士说:"我塞不了,我带着她进不来,我们这位是残疾人,国家都照顾。"工作人员又说:"国家够照顾你们的了,还要怎么照顾呀。"乘客向工作人员询问工号,工作人员不给还与乘客争吵,而且态度特别差。最后乘客对该工作人员进行了投诉。

知识拓展

六步骤平息乘客不满

1.让乘客发泄

当乘客发泄时,不要让乘客觉得你在敷衍他,地铁工作人员最好做到:闭口不言、仔细聆听,同时也要保持情感上的交流,让乘客把事情说清楚。

2.充分道歉,让乘客知道你已经了解了他的问题

了解乘客的问题,并请他确认是否正确,然后诚恳道歉。道歉并不意味着地铁工作人员做错了什么。乘客的对错不重要,重要的是我们该如何解决问题而不让问题蔓延。

3.收集事故信息

乘客有时候会省略一些重要的信息,或者忘了告诉工作人员。当然,也有的乘客知道自己也有错而刻意隐瞒。你的任务是:了解当时的实际情况,并做到:①知道问什么样的问题;②问足够的问题;③倾听回答。

4.提出解决办法

对乘客的问题提出解决办法才是根本。

5.询问乘客的意见

乘客的想法有时和地铁工作人员想的差许多。你最好在提供了解决方案后再询问乘客的意见。如果乘客的要求可以接受,那最好的办法是迅速、愉快地完成。

6.跟踪服务

是否处理完成后就万事大吉了呢?不是,给乘客一个电话或者传真,当然,亲自去一趟更好。看乘客对该解决方案有什么不满意的地方,是否需要更改。

任务实施

处理乘客投诉练习

实训4-1:认识乘客投诉

(1)实训内容

仔细阅读下列乘客投诉事件,小组讨论该投诉属于什么类型、乘客投诉原因以及乘客投诉发生过程,完成角色扮演。

案例:某日上午十点,在北京地铁苹果园站,一位乘客因为有急事,在站台候车的时候一直跨越安全线,并且有扒站台门的现象,站务员上前阻止,一把将乘客拽了过来,并大声斥责乘客:"你是不是不要命了"。在撕扯的过程中,乘客胳膊被拽伤,非常生气,要求站务员立即赔偿医药费,站务员拒绝后,乘客进行了投诉。

根据"认识乘客投诉实训考核评分表"上的考核内容进行活动,见表4-15。

认识乘客投诉实训考核评分表 表4-15

学生姓名: 所在小组:

考核名称	考核内容	分值	自评分	小组评分	实得分
小组讨论	乘客投诉类型	15分			
	乘客投诉原因	15分			
	乘客投诉产生过程	15分			
角色扮演	表演情节符合要求	10分			
	小组成员分工合理	10分			
	小组成员表演投入	15分			
	有简单投诉处理方法	10分			
总结	组长发言流畅、全面、言简意赅	5分			
	书面总结出正确的投诉处理流程	5分			

(2)实训组织

根据学生人数4~6人组成一个小组,选出组长,小组分工合作完成,担任站务员的同学要求穿正装,其他同学着校服。

（3）实训素材

实训教室、桌子、椅子，书、笔等若干材料。

（4）实训步骤与实施

①各组进行讨论，讨论内容为该投诉属于什么类型、乘客投诉原因以及乘客投诉发生过程，并记录。教师根据学生的讨论情况给予指导。

②小组成员按照剧情合理分工，角色扮演。表演完成后根据"认识乘客投诉实训考核评分表"进行评比。

③小组总结和汇报。

每个小组由组长负责，充分调动小组同学的积极性来完成活动，一个小组考核时，其他小组可以进行监督，对发言踊跃的小组给予加分，最后小组之间相互打分评价。

（5）活动评价与反馈（表4-16）

认识乘客投诉训练评价表　　　　　　　　　　　　　　　表4-16

班级：　　　　　　　　姓名：　　　　　　　　小组：

活动名称		处理乘客投诉训练					
考核内容		评价标准			参考分值	考核得分	
		优秀	良好	合格		自评(10%)	互评(30%)	师评(60%)
1	活动参与情况	积极参与，及时按任务要求做，小组合作良好，能够发挥每个人的作用	按时完成任务要求，有个别人没有发挥作用	能够参加任务活动，认真思考，小组没有合作，主要依赖1~2个人	30			
2	技能掌握情况	能够准确说出乘客投诉分类、乘客投诉原因以及乘客投诉发生过程，角色表演恰当	基本了解乘客投诉分类、乘客投诉原因以及乘客投诉发生过程，角色表演基本符合要求	基本了解乘客投诉分类、乘客投诉原因以及乘客投诉发生过程，但不全面，角色扮演初步完成	40			
3	总结归纳相应知识情况	按时保质完成活动中要求的内容	按时完成活动中要求的内容	基本能够按时完成活动中要求的内容	30			
总体评价					总分			

（6）活动效果（表4-17）

学生学习过程量表

表4-17

姓名：　　　　　　　班级：　　　　　　　组别：

要素	A 优秀 （80~100分）	B 合格 （60~79分）	C 不合格 （60分以下）	总　评		
				自评 （20%）	互评 （30%）	师评 （50%）
学习态度	学习态度好，并且能积极主动帮助别人纠正错误	学习态度较好，有时帮助他人但不思考别人错误方面	没兴趣参与学习活动，认为本次训练没有任何意义			
参与情况	积极参与到教师布置的各项任务中来，并且能够配合教师做各种示范动作，在小组练习中能够参与，有团队精神和合作意识	能按照教师的要求参与各项任务活动，但是需要别人指引，很少能够自己主动参与进来，缺少团队精神和合作意识	参与被动或不愿意参加各项任务，基本没有团队精神和合作意识			
创新情况	在活动过程中，有自己独到的观点或主张，并愿意展示给老师和同学，与大家一起分享成功的喜悦	基本能够按照规程进行训练，完成并按照别人意图进行训练，基本没有自己的观点或主张	没有达到学习和训练的目的，没有新观点			
你在本任务实施活动中有什么收获，有什么不足之处，准备如何改进提高？						

实训4-2：处理乘客投诉的原则运用

（1）实训内容

根据下列乘客投诉事件，小组讨论处理乘客投诉的一般原则，并运用基本原则处理这起投诉事件。

案例：某日早晨，因为工作人员迟到，导致地铁站门延迟15分钟才开，大批乘客在站外等候,乘客问站务员为什么晚开门,站务员什么都不说,径直离开,随后乘客进行了投诉。

根据"处理乘客投诉一般原则实训考核评分表"上的考核内容进行活动,见表4-18。

处理乘客投诉一般原则实训考核评分表　　　　　　　　　　　　　表4-18

学生姓名:　　　　　　　　　　　　　　　所在小组:

考核名称	考核内容	分值	自 评 分	小组评分	实 得 分
小组讨论	安全第一、乘客至上、服务为本原则	10分			
	及时、客观、公正、不推脱责任原则	10分			
	四不放过原则	10分			
	先处理情感,后处理事件原则	10分			
	态度亲切、语言得体、包容乘客原则	10分			
投诉处理	按照基本原则处理投诉	15分			
	小组成员分工合理	10分			
	投诉处理语言行为规范	15分			
总结	书面总结出正确的投诉处理流程	10分			

(2)实训组织

根据学生人数4~6人组成一个小组,选出组长,小组分工合作完成,担任车站工作人员的同学要求穿正装,其他同学着校服。

(3)实训素材

多媒体教室、桌子、椅子、书、笔、表演道具等若干材料。

(4)实训步骤与实施

①各组小组进行讨论,分析出投诉处理的基本原则,并记录。教师根据学生的讨论情况给予指导。

②小组成员合理分工,运用投诉处理基本原则处理投诉。模拟完成后根据"处理乘客投诉一般原则实训考核评分表"进行评比。

③小组总结和汇报。

每个小组由组长负责,充分调动小组同学的积极性完成活动,一个小组考核时,其他小组可以进行监督,对发言踊跃的小组给予加分,最后小组之间相互打分评价。

(5)活动评价与反馈(表4-19)

处理乘客投诉一般原则训练评价表　　　　　　　　　　　　　表4-19

班级:　　　　　　　　　　姓名:　　　　　　　　　　组别:

活动名称		处理乘客投诉一般原则训练						
考核内容		评价标准			参考分值	考核得分		
		优秀	良好	合格		自评(10%)	互评(30%)	师评(60%)
1	活动参与情况	积极参与,及时按任务要求做,小组合作良好,能够发挥每个人的作用	按时完成任务要求,有个别人没有发挥作用	能够参加任务活动,认真思考,小组没有合作,主要依赖1~2个人	30			

考核内容		评价标准			参考分值	考核得分		
		优秀	良好	合格		自评（10%）	互评（30%）	师评（60%）
2	技能掌握情况	能够严格按照投诉处理基本原则处理投诉,处理过程中言行规范	基本能够理解乘客投诉处理基本原则,并全部应用,处理过程言行基本符合要求	处理投诉过程中,能够理解乘客投诉处理基本原则,但应用有偏差	40			
3	总结归纳相应知识情况	按时保质完成活动中要求的内容	按时完成活动中要求的内容	基本能够完成活动中要求的内容	30			
总体评价					总分			

（6）活动效果（表4-20）

学生学习过程量表   表4-20

姓名：   班级：   组别：

要素	A 优秀（80~100分）	B 合格（60~79分）	C 不合格（60分以下）	总评		
				自评（20%）	互评（30%）	师评（50%）
学习态度	学习态度好,并且能积极主动帮助别人纠正错误	学习态度较好,有时帮助他人但不思考别人错误方面	没兴趣参与学习活动,认为本次训练没有任何意义			
参与情况	积极参与到教师布置的各项任务中来,并且能够配合教师做各种示范动作,在小组练习中能够参与,有团队精神和合作意识	能按照教师的要求参与各项任务活动,但是需要别人指引,很少能够自己主动参与进来,缺少团队精神和合作意识	参与被动或不愿意参加各项任务,基本没有团队精神和合作意识			
创新情况	在活动的过程中,有自己独到的观点或主张,并愿意展示给老师和同学,与大家一起分享成功的喜悦	基本能够按照规程进行训练,完成并按照别人意图进行训练,基本没有自己的观点或主张	没有达到学习和训练的目的,没有新观点			

续上表

你在本任务实施活动中有什么收获,有什么不足之处,准备如何改进提高?

实训4-3：处理乘客投诉基本流程

（1）实训内容

根据下列乘客投诉事件,小组讨论后,模拟处理乘客投诉的基本流程。

案例：某日客流高峰期,一位乘客在上车的过程中,由于过于拥挤,手机掉落轨行区,这时旁边的站务员被乘客叫了过来,但因为掉落地点在第三轨附近,不方便拿取,所以站务员说："你把电话留下吧,拿到手机后,你来取。"三天后,乘客来拿手机,发现手机已被施工人员拿走,遂引起投诉。

根据"处理乘客投诉流程实训考核评分表"上的考核内容进行活动,见表4-21。

处理乘客投诉流程实训考核评分表　　　　表4-21

学生姓名：　　　　　　　　　所在小组：

考核名称	考核内容	分值	自评分	小组评分	实得分
小组讨论	投诉受理	10分			
	投诉审核	10分			
	调查核实	10分			
	处理	10分			
	统计分析	10分			
	改进	10分			
	记录归档	5分			
流程模拟	投诉处理得当	10分			
	小组成员分工合理	10分			
	投诉处理语言行为规范	10分			
总结	书面总结出正确的投诉处理流程	5分			

（2）实训组织

根据学生人数4~6人组成一个小组,选出组长,小组分工合作完成,担任车站工作人员的同学要求穿正装,其他同学着校服。

（3）实训素材

多媒体教室、桌子、椅子、书、笔、文件夹等若干材料。

（4）实训步骤与实施

①各组小组进行讨论,分析投诉处理的基本流程,并记录。教师根据学生的讨论情况给予指导。

②小组成员合理分工,对投诉处理流程进行模拟。模拟完成后根据"处理乘客投诉流程实训考核评分表"进行评比。

③小组总结和汇报。

每个小组由组长负责,充分调动小组同学的积极性完成活动,一个小组考核时,其他小组可以进行监督,对发言踊跃的小组给予加分,最后小组之间相互打分评价。

（5）活动评价与反馈(表4-22)

处理乘客投诉流程训练评价表   表4-22

班级: 姓名: 组别:

活动名称		处理乘客投诉流程训练					
考核内容		评价标准			参考分值	考核得分		
		优秀	良好	合格		自评（10%）	互评（30%）	师评（60%）
1	活动参与情况	积极参与,及时按任务要求做,小组合作良好,能够发挥每个人的作用	按时完成任务要求,有个别人没有发挥作用	能够参加任务活动,认真思考,小组没有合作,主要依赖1~2个人	30			
2	技能掌握情况	能够严格按照下列投诉流程处理:投诉受理、投诉审核、调查核实、处理、统计分析、改进、记录归档。处理过程中言行规范	基本能够按照下列投诉流程处理:投诉受理、投诉审核、调查核实、处理、统计分析、改进、记录归档。处理过程言行基本符合要求	某些处理投诉流程有缺失(投诉受理、投诉审核、调查核实、处理、统计分析、改进、记录归档)	40			
3	总结归纳相应知识情况	按时保质完成活动中要求的内容	按时完成活动中要求的内容	基本能够按时完成活动中要求的内容	30			
总体评价					总分			

（6）活动效果（表4-23）

学生学习过程量表

表4-23

姓名：　　　　　　　　　班级：　　　　　　　　　组别：

要素	A 优秀 （80~100分）	B 合格 （60~79分）	C 不合格 （60分以下）	总　评		
				自评 （20%）	互评 （30%）	师评 （50%）
学习态度	学习态度好，并且能积极主动帮助别人纠正错误	学习态度较好，有时帮助他人但不思考别人错误方面	没兴趣参与学习活动，认为本次训练没有任何意义			
参与情况	积极参与到教师布置的各项任务中来，并且能够配合教师做各种示范动作，在小组练习中能够参与，有团队精神和合作意识	能按照教师的要求参与各项任务活动，但是需要别人指引，很少能够自己主动参与进来，缺少团队精神和合作意识	参与被动或不愿意参加各项任务，基本没有团队精神和合作意识			
创新情况	在活动过程中，有自己独到的观点或主张，并愿意展示给老师和同学，与大家一起分享成功的喜悦	基本能够按照规程进行训练，完成并按照别人意图进行训练，基本没有自己的观点或主张	没有达到学习和训练的目的，没有新观点			
你在本任务实施活动中有什么收获，有什么不足之处，准备如何改进提高？						

实训4-4：正确处理乘客投诉

（1）实训内容

根据下列乘客投诉事件，小组讨论后，完成角色扮演，并运用处理投诉和纠纷的规范流程进行处理。

案例：某日上午，一位乘客从地铁站出站，因为该乘客没有乘坐地铁的经验，在刷卡时，急于通过闸门,被夹住了裙子,站务人员看到情况后,没有及时为乘客排忧解难,反而对乘客大加指责:"你怎么回事啊,出站那么急,夹到人谁负责啊。"乘客听后很生气:"当然是你们负责,你看我裙子都夹坏了。"虽然工作人员最后将乘客解救出来,但乘客要求地铁公司赔偿,引起投诉。

根据"处理乘客投诉步骤实训考核评分表"上的考核内容进行活动,见表4-24。

处理乘客投诉步骤实训考核评分表 表4-24

学生姓名: 　　　　　　　　　所在小组:

考核名称	考核内容	分值	自 评 分	小组评分	实 得 分
小组讨论	态度真诚地接待乘客	10分			
	对乘客表示同情和歉意	10分			
	根据乘客要求采取合理措施	10分			
	感谢乘客的批评指教	10分			
	快速补偿乘客投诉损失	10分			
	落实、监督、检查补偿乘客投诉的具体措施	10分			
角色扮演	剧情安排合理	5分			
	小组成员分工合理	10分			
	小组成员表演投入	5分			
	投诉处理方法得当	10分			
总结	组长发言流畅、全面、言简意赅	5分			
	书面总结出正确的投诉处理流程	5分			

(2)实训组织

根据学生人数4~6人组成一个小组,选出组长,小组分工合作完成,担任站务员的同学要求穿正装,其他同学着校服。

(3)实训素材

多媒体教室、桌子、椅子、书、笔、地铁闸机等若干材料。

(4)实训步骤与实施

①各组小组进行讨论,分析投诉处理的基本步骤,并记录。教师根据学生的讨论情况给予指导。

②小组成员按照剧情合理分工,角色扮演。表演完成后根据"处理乘客投诉步骤实训考核评分表"进行评比。

③小组总结和汇报。

每个小组由组长负责,充分调动小组同学的积极性完成活动,一个小组考核时,其他小组可以进行监督,对发言踊跃的小组给予加分,最后小组之间相互打分评价。

(5)活动评价与反馈(表4-25)

处理乘客投诉步骤训练评价表　　　　　　　　　表 4-25

班级：　　　　　　　　姓名：　　　　　　　　组别：

活动名称	处理乘客投诉步骤训练						
考核内容	评价标准			参考分值	考核得分		
	优秀	良好	合格		自评（10%）	互评（30%）	师评（60%）
1　活动参与情况	积极参与，及时按任务要求做，小组合作良好，能够发挥每个人的作用	按时完成任务要求，有个别人没有发挥作用	能够参加任务活动，认真思考，小组没有合作，主要依赖 1~2 个人	30			
2　技能掌握情况	能够态度真诚地接待乘客，并且能够对乘客投诉表达深深的歉意，能够根据乘客要求快速采取措施，对乘客进行补偿，最后真诚地对乘客表示感谢	能够接待乘客，并且能够对乘客投诉表达歉意，能够根据乘客要求采取措施，对乘客进行补偿，最后对乘客进行简单的感谢	能够接待乘客，能够根据乘客要求采取措施，简单处理乘客投诉事件	40			
3　总结归纳相应知识情况	按时保质完成活动中要求的内容	按时完成活动中要求的内容	基本能够按时完成活动中要求的内容	30			
总体评价				总分			

（6）活动效果（表 4-26）

学生学习过程量表　　　　　　　　　　表 4-26

姓名：　　　　　　　　班级：　　　　　　　　组别：

要素	A 优秀（80~100 分）	B 合格（60~79 分）	C 不合格（60 分以下）	总评		
				自评（20%）	互评（30%）	师评（50%）
学习态度	学习态度好，并且能积极主动帮助别人纠正错误	学习态度较好，有时帮助他人但不思考别人错误方面	没兴趣参与学习活动，认为本次训练没有任何意义			
参与情况	积极参与到教师布置的各项任务中来，并且能够配合教师做各种示范动作，在小组练习中能够参与，有团队精神和合作意识	能按照教师的要求参与各项任务活动，但是需要别人指引，很少能够自己主动参与进来，缺少团队精神和合作意识	参与被动或不愿意参加各项任务，基本没有团队精神和合作意识			

续上表

要素	A 优秀 （80～100分）	B 合格 （60～79分）	C 不合格 （60分以下）	总　评		
				自评 （20%）	互评 （30%）	师评 （50%）
创新情况	在活动过程中，有自己独到的观点或主张，并愿意展示给老师和同学，与大家一起分享成功的喜悦	基本能够按照规程进行训练，完成并按照别人意图进行训练，基本没有自己的观点或主张	没有达到学习和训练的目的，没有新观点			
你在本任务实施活动中有什么收获，有什么不足之处，准备如何改进提高？						

实训4-5：处理乘客投诉技巧

（1）实训内容

根据下列乘客投诉事件，小组讨论后，完成角色扮演，并运用技巧处理投诉。

案例：某日上午，车站人比较多，站务人员在售票亭售票，一位乘客王先生使用多个5分硬币购买单程票，见到这种情况，站务人员说："您还是给我整钱吧，我们不收零钱。"

王先生说："为什么呀？什么钱不行啊，又不少。"站务人员回答："上级有规定不收这样的零钱，现在正常人谁使用5分硬币啊。"乘客很气愤，很不情愿地把钱给了站务员买到车票，但乘客购票后，随即拨打地铁服务热线对站区人员拒收零钱购票表示不满。

根据"处理乘客投诉技巧实训考核评分表"上的考核内容进行活动，见表4-27。

处理乘客投诉技巧实训考核评分表　　　　　　　　　　　　表4-27

学生姓名：　　　　　　　　　　　　所在小组：

考核名称	考核内容	分值	自评分	小组评分	实得分
小组讨论	分析投诉产生原因	15分			
	分析乘客需求	15分			
	分析投诉处理流程	15分			
	小组成员分工合理	10分			
	设置剧情合理	5分			
	组长发言流畅、全面、言简意赅	5分			

考核名称	考核内容	分值	自　评　分	小组评分	实　得　分
角色扮演	剧情安排合理	5分			
	小组成员表演投入	10分			
	投诉处理方法得当	15分			
总结	书面总结出正确的投诉处理流程	5分			

（2）实训组织

根据学生人数4~6人组成一个小组，选出组长，小组分工合作完成，担任站务员的同学要求穿正装，其他同学着校服。

（3）实训素材

多媒体教室、桌子、椅子，书、笔、表演道具等若干材料。

（4）实训步骤与实施

①各组小组进行讨论，分析乘客投诉原因、乘客需求及投诉处理流程，并记录。教师根据学生的讨论情况给予指导。

②小组成员按照剧情合理分工，角色扮演。表演完成后根据"处理乘客投诉技巧实训考核评分表"进行评比。

③小组总结和汇报。

每个小组由组长负责，充分调动小组同学的积极性完成活动，一个小组考核时，其他小组可以进行监督，对发言踊跃的小组给予加分，最后小组之间相互打分评价。

（5）活动评价与反馈（表4-28）

处理乘客投诉技巧训练评价表　　　　　　表4-28

班级：　　　　　　　　　姓名：　　　　　　　　组别：

活动名称		处理乘客投诉技巧训练						
考核内容		评价标准			参考分值	考核得分		
		优秀	良好	合格		自评（10%）	互评（30%）	师评（60%）
1	活动参与情况	积极参与，及时按任务要求做，小组合作良好，能够发挥每个人的作用	按时完成任务要求，有个别人没有发挥作用	能够参加任务活动，认真思考，小组没有合作，主要依赖1~2个人	30			
2	技能掌握情况	能够认识产生投诉的原因，并且能够深入理解乘客投诉的需求，能够熟练运用处理投诉的技巧	能够初步认识产生投诉的原因，并且能够初步了解乘客投诉的需求，能够运用处理投诉的技巧	投诉的原因认识不全面，并且基本能满足乘客投诉的需求，能够运用部分处理投诉的技巧	40			

续上表

考核内容		评价标准			参考分值	考核得分		
		优秀	良好	合格		自评 (10%)	互评 (30%)	师评 (60%)
3	总结归纳相应知识情况	按时保质完成活动中要求的内容	按时完成活动中要求的内容	基本能够按时完成活动中要求的内容	30			
总体评价					总分			

（6）活动效果（表4-29）

学生学习过程量表　　　　　　　　　　　　　　　　表4-29

姓名：　　　　　　　　　　　班级：　　　　　　　　　　　组别：

要素	A 优秀 (80～100分)	B 合格 (60～79分)	C 不合格 (60分以下)	总　评		
				自评 (20%)	互评 (30%)	师评 (50%)
学习态度	学习态度好，并且能积极主动帮助别人纠正错误	学习态度较好，有时帮助他人但不思考别人错误方面	没兴趣参与学习活动，认为本次训练没有任何意义			
参与情况	积极参与到教师布置的各项任务中来，并且能够配合教师做各种示范动作，在小组练习中能够参与，有团队精神和合作意识	能按照教师的要求参与各项任务活动，但是需要别人指引，很少能够自己主动参与进来，缺少团队精神和合作意识	参与被动或不愿意参加各项任务，基本没有团队精神和合作意识			
创新情况	在活动过程中，有自己独到的观点或主张，并愿意展示给老师和同学，与大家一起分享成功的喜悦	基本能够按照规程进行训练，完成并按照别人意图进行训练，基本没有自己的观点或主张	没有达到学习和训练的目的，没有新观点			

续上表

你在本任务实施活动中有什么收获,有什么不足之处,准备如何改进提高?

拓展提升

有效处理投诉,树立地铁品牌

社会竞争日益激烈,地铁企业想要在竞争环境下生存,甚至于壮大,必须占有一定的市场,树立自己的品牌。而有效处理投诉,增强工作人员的服务意识非常重要。

树立城市轨道交通企业品牌的重要意义如下:

(1)保证一定的市场占有率。

(2)吸引更多新的乘客乘坐地铁,开拓市场。

(3)增强同行业的市场竞争力。

面对乘客投诉,地铁工作人员应做到:

(1)在提供服务时,尊重服务对象。车站的服务人员在穿着、谈吐等行为方面,要有基本的“素质”,坚持平等待人、以理服人;尊重别人,也尊重自己,才能得到真正的尊重和沟通。

(2)懂得地铁运营的基本原理,与乘客取得沟通。

(3)耐心倾听对方提出的建议,接受其合理部分。

(4)对乘客的建议一定要耐心倾听,这是尊重对方、满足对方“自我实现”的最好方法。

(5)向乘客做合理解释,绝不强词夺理。

项目总结

随着消费水平的提高,消费者越来越注重自己的权益问题。以前是多一事不如少一事,但现在越来越多的乘客为了自己的权益会选择投诉。当乘客乘坐城市轨道交通工具时,会对出行的本身和企业的服务抱有良好的愿望和期盼值,如果这些要求和愿望得不到满足,就会失去心理平衡。由此产生“讨个说法”的行为,这就是投诉。

在对乘客投诉有了一定认识后,本项目主要介绍了处理乘客投诉的一般原则和基本流程。通过对一些城市轨道交通投诉案例的分析,让学生初步掌握车站服务投诉、列车运行投诉、乘车环境投诉、票款差错投诉、乘客无理投诉以及由客运服务人员引起的投诉的处理技巧,并能够正确处理与乘客的纠纷和投诉。

正确认识、妥善接待和处理投诉是良好的企业形象和一流企业管理水平的体现。因此,作为直接面向乘客的服务人员尤其需要掌握投诉处理的相关知识,处理好乘客投诉,以提高企业运营服务质量,切实维护城市轨道交通的声誉。

复习与思考题

一、填空题

1. 乘客投诉时的心理包括三种：_____ 的心理、_____ 的心理和 _____ 的心理。

2. 城市轨道交通是专门_____ 的服务行业，运营生产过程是运送对象在空间上的_____。其生产效能是满足人们的_____，具有鲜明的社会服务特点。

3. 面对乘客投诉和不满情绪，站务员首先要反思_____，向乘客 _____，只有表明了这种态度，才能更好地处理乘客投诉。

二、判断题

1. 乘客对服务的期望值过高，乘客要求的服务无法满足，这是产生投诉的主要原因。
（　　）

2. 乘客找上门来只是最终投诉的结果，实际上投诉之前就已经产生了潜在化的抱怨。
（　　）

3. 包容乘客就是指站务员对乘客的一些错误行为给予无条件理解和宽容。（　　）

4. 在乘客投诉的过程中，不要轻易打断乘客讲话，要仔细思考乘客提供的信息，如果有不明白的地方，要等乘客说完后，以婉转的方式请乘客提供情况。　　（　　）

三、简答题

1. 什么是乘客投诉？产生乘客投诉的原因有哪些？
2. 根据投诉的表达方式、内容和性质，请分别写出投诉的分类。
3. 简述处理乘客投诉的基本原则。
4. 简述处理乘客投诉的常用技巧。

四、案例分析

1. 乘客在某站人工售票窗口充值，充值后发现当时的工作人员未给乘客提供发票。乘客在一旁观察，该员工所有充值的业务都未给乘客提供发票，而且乘客看到该员工前面的信息服务卡照片不是本人。乘客对此产生不满，希望加强培训管理。

2. 某站末班车后，乘客上完厕所准备从 B1 口出站，当乘客走楼梯到一半时，看见一名工作人员正从楼梯上下来，乘客称这名工作人员并没有提示自己上面门已经锁闭。当乘客走到站口才发现站门已锁，乘客又返回到楼梯处问询刚才那位工作人员怎么出站，工作人员说：从那边出去。在乘客拨打服务热线反馈并寻求帮助后，车站工作人员才把站门打开让乘客出站。

【思考】

(1) 上述案例中，引起乘客投诉的原因是什么？

(2) 如果你是值班站长，应如何处理该乘客投诉？

项目五 城市轨道交通客运服务质量评价

学习目标

1. 了解城市轨道交通客运服务质量调查方式。
2. 掌握城市轨道交通客运服务质量评价指标。
3. 掌握城市轨道交通客运服务质量评价方法。
4. 会设计城市轨道交通客运服务质量乘客满意度调查问卷。
5. 能够用至少一种方法对城市轨道交通企业的客运服务质量进行测评。
6. 提升服务意识,增强服务水平。

项目导入

　　城市轨道交通客运服务质量测评是通过定性或定量的方法,了解乘客对服务水平的期望,并将其与现有服务水平进行比较,找出其中的差距,为进一步提高服务质量奠定基础。城市轨道交通运营企业只有在满足乘客需求的基础上取得经济效益,才能得以长期生存和发展。作为城市轨道交通行业从业者,要提高自身的服务水平,发扬劳模精神、工匠精神,保质保量完成客运服务工作。

　　思考:乘客对目前城市轨道交通企业的服务质量是否满意? 我们可以从哪些方面测评城市轨道交通企业的服务质量? 如何获悉乘客对服务质量的满意度? 这些是本项目探讨的主要问题。

任务一　城市轨道交通客运服务质量评价方式

情境导入

随着城市轨道交通路网的不断发展,越来越多的乘客选择乘坐地铁、轻轨出行。城市轨道交通企业也在尽力为乘客提供优质的出行服务。如果你所在的地铁公司想要了解乘客对当前地铁服务项目的满意状况,你可以用什么方法进行调查和统计呢?

一、城市轨道交通客运服务质量调查方式

城市轨道交通客运服务评价工作的首要任务是确定调查方式,主要包括选定调查对象、确定调查方法和设计调查问卷。调查方式是否合理,会直接影响调查结果是否准确。选择合理的调查方式是城市轨道交通客运服务评价工作中重要的一环。

1.选定调查对象

城市轨道交通客运服务质量调查的对象是正在接受地铁服务的乘客。通常可以将乘客按照社会人口特征分类,即从乘客的性别、年龄、居住地、学历、职业、收入等方面进行分类。例如,将乘客按照生理年龄分类,可以分为少年乘客(年龄小于 18 岁的未成年人)、青年乘客(18 ~ 35 岁之间的成年人)、中年乘客(35 ~ 60 岁之间的成年人)和老年乘客(年龄大于 60 岁)4 种;将乘客按学历分类,可以分为初中及以下、高中/中专、大专/本科、硕士/博士等;按职业分类,可以分公务员、企业员工、自由职业、私营业主、学生、军人、农民等。

不同类型的乘客,其需求和期望往往是有差别的,针对不同类型的乘客统计调查结果,可以明确各类型乘客对城市轨道交通客运服务质量的满意情况。

> **练一练**
>
> 选取一种类别,将乘客按该类别进行分类。

2.确定调查方法

客运服务质量调查中常用的调查方法有面谈调查和自填式调查。每一种调查方式都有其优缺点,要结合具体的调查情况进行选择。

(1)面谈调查法

面谈调查法,是调查人员与一个被调查者(或者与几个被调查者集体)直接进行面谈(图5-1)。可以面谈一次,也可以面谈多次。

面谈调查法的优点是能直接与被调查者见面,听取意见并能观察其反应,灵活性较大。既可以简单面谈,也可以深入详细面谈,能够互相启发,得到资料也较真实,但面谈法的成本较高,调查结果受调查人员素质水平的影响较大。

(2)自填式调查法

自填式调查法是指被调查者在没有调查人员协助的情况下完成问卷调查(图5-2)。调查者将调查问卷发放给(或者邮寄给)被调查者,由被调查者自己阅读和填答,然后再由调查

者收回。在进行城市轨道交通客运服务质量调查时,可以通过很多种方式把问卷递送给被调查者。例如,调查人员定点拦截被调查者、通过邮寄调查的方式发放问卷、通过网络调查的方式发放问卷、通过媒体刊登问卷进行调查或通过传真的方式将调查问卷发给企业组织。但是,除了拦截式问卷调查的时效性比较强以外,其他自填式调查的时效性较差。

图 5-1　面谈调查　　　　　　　图 5-2　自填式调查

想一想

　　1. 请指出面谈调查法和自填式调查法的区别。
　　2. 如果值班站长安排你(站务员)运用自填式调查法收集调查问卷,请问你将如何完成这项任务,并使调查的结果更加准确。

3. 设计调查问卷

在设计调查问卷的时候要做到:问卷的设计体现乘客的需求、问卷问题直观清晰、问卷结构编排整齐,并结合客运服务评价指标体系进行人性化设计,方便乘客填写。

（1）编写问卷题目

①问卷题目内容合适。

第一,要询问被调查者能够可靠回答的题目,避免提出超越被调查者回答能力的题目。问卷题目的内容不仅要满足调查者的需求,还要适合被调查者作答。

第二,不要在题目中让被调查者简单阐述事情的原因。一种结果的出现可能源于多方面的原因,直接向被调查者询问,不一定能得到可信或者有用的资料。对事情做因果分析,必须依赖多方面的资料,才能得到可靠而有价值的结论。

第三,调查者最好放弃让被调查者提供解决问题方法的想法,尤其是比较复杂的问题。任何复杂问题的解决,都需要拥有多方面的信息,而调查中的题目和选项无法为被调查者提供足够充分的信息。调查者之所以会求教于被调查者,往往是因为自己熟知某项议题,而高估大多数人对该议题的了解程度。其实,被调查者所能提供的只能是自己知道的有关信息,而解决问题的方法则是调查者在对有关信息进行研究分析后的结果。

②问卷题目措辞清楚。

问卷题目的措辞要力求简单、清晰和口语化。

第一,要避免使用专业术语和缩略语。专业术语的使用通常局限于某个特殊的专业人群,对一般大众而言很可能是陌生的,如城市轨道交通中的"乘降""AFC"等专业术语。对于不熟悉或者不知道的语句,被调查者很可能会拒答或者任意勾选答案。因此,应使用被调查者容易理解的字词。如果无法避免使用术语或缩略语,应该对术语或缩略语的含义予以适当的解释。

第二,要避免使用语义模糊不清的语句。由于调查者对调查议题很熟悉,经常不考虑被调查者的感受,对题目做出潜在的假定。例如"您通常乘坐多少次地铁?"调查者预先假设被调查者对"通常"的理解与自己一致。其实被调查者可能对"通常"有多种理解:一周的次数、一个月的次数或一年的次数。正确的做法是具体解释清楚究竟想了解哪个时间段的乘坐次数,例如"您每周乘坐地铁多少次?"

第三,要避免使用双重否定形式的题目。双重否定的表述会增加思考的难度,相比之下,人们更习惯直接肯定式的表述。被调查者容易混淆双重否定题目的意思,选取自己原本不同意的选项。

③问卷题目客观公正。

问卷题目设计应遵循客观公正的原则,要避免诱导被调查者朝某个设定方向回答问题。

第一,避免在题目中使用引导性语句。合适的题目语句应使被调查者认为所有答案选项都是正当可选的。而带有引导性的语句通过措辞用字,会引导被调查者选择某个选项或者某一方向的选项。例如,在调查乘客对车厢内饮食的看法时,可以问"您对在车厢内饮食有什么看法?",而不要问"您不赞成在车厢内饮食,对吗?"。

第二,避免在题目中使用倾向性语句。撰写题目应该使用中立语句,避免带有情绪化的用语,以防止被调查者选择答案受某个情感字眼影响,而非题目内容本身。一些社会头衔、权威地位、职业、情感字眼都容易影响被调查者对题目的理解和答案的选择。例如"专家普遍认为……,你同意吗?"会比"有人认为……,你同意吗?"给被调查者带来更多的倾向性影响。

(2)问卷格式与编排

在问卷设计中,问卷的编排和格式也是非常重要的环节,一份结构分明、编排整齐的问卷有利于提高调查效率和质量。

①问卷结构。

不论是自填式调查还是面谈式调查,两者的问卷结构基本相同。一份完整的问卷通常包括:问卷标题、问卷说明、题目与选项、编码和调查执行记录。

A. 问卷标题。问卷标题是对调查主题的概括说明,目的是使被调查者对将要接受哪方面的调查有一个大致了解。在确定标题时,要尽量做到简明扼要,而且最好能引起被调查者的回答兴趣。

B. 问卷说明。问卷说明包括两项内容。第一项内容是调查者对调查项目的概括说明,包括调查目的、大概内容、调查发起单位以及调查结果的保密措施等。此类说明一般比较简洁,目的就是引起被调查者对调查的重视,认真填写问卷。第二项内容是对问卷填写相关事项的说明。填写说明又分两种:一是整个问卷填写的一般性说明,即对填写方法、要求和注意事项总的说明;另一种则是对复杂题目的填写方法及要求进行说明,通常放在题目之后(在自填问卷中,要尽量减少这类说明)。

C. 题目与选项。题目与选项是问卷的主要组成部分。从内容上看,主要包括以下几种类型的题目:

a. 被访者的背景资料题目。

b. 有关事实、行为及后果的题目。

c.有关态度、意见、感觉和偏好等主观意向的题目。

背景资料题目指被访者的一些主要特征,包括性别、年龄、民族、文化程度、职业、所在地区等;后两类题目视不同议题而定。

从形式上看,主要有开放式题目和封闭式题目两类。

开放式问题,即让调查对象自由回答的问题,这类问题不提供具体答案,不规定回答范围,允许调查对象不受限制地填写答案。

封闭式问题,指事先设计好备选答案,问题的回答被限制在被选答案中,主要是从备选答案中挑选自己认同的答案。

自填问卷应严格限制题目为封闭,因为在缺乏指导的情况下被调查者用自己的话来回答题目,答案经常是不完整或语义不清的,很难转换成数字代码,对统计分析价值不大。

D.编码。问卷调查通常涉及大量被调查者,大量调查结果只有借助计算机才能进行处理和分析,因此,需要对调查结果进行编码,即将文字资料转换成数字形式。编码既可以与问卷设计同步进行,也可以在调查结束后进行。前者称为预编码,后者称为后编码。一般情况下,封闭式题目多采用预编码,即在设计问卷时,就预先赋予每个题目及选项一个数字作为它的代码。同时,每份问卷还必须有编号,即问卷编号。

E.调查执行记录。为了核查资料、计算工作量的需要,问卷还应该留出空间,让调查者记录调查执行的相关信息,包括调查者的姓名及编号、访问地点、访问日期、访问开始和结束时间等内容。如有必要,还可记录被调查者的电话号码、家庭住址等信息,以便于审核和进一步追踪调查。但要注意,如果记录被调查者的信息,一定要征得被调查者的同意。

②题目的排列顺序。

在问卷格式编排过程中,确定问卷题目的先后顺序是一项重要内容,被调查者对前面题目的回答,可能会影响对后面题目的回答。给问卷题目排序会面临两个问题:一是题目在问卷中的总体布局,即哪些题目应该放在问卷的哪一个部分;另一个是问卷的顺序效应,即哪个题目应该在哪个题目的前面。

A.总体布局。在编排问卷题目的总体布局时,应尽量使题目的出现由浅而深、由易而难。如果将问卷分为开始、中间与结束三个部分,那么在开始部分,题目要尽量设计得浅显易懂、有趣,吸引被调查者作答。在问卷的中间部分,可以安排比较复杂、敏感的题目,这时被调查者已经建立起对调查者的信任和合作态度,增强了回答复杂、敏感题目的心理承受能力。对于回答起来比较困难的题目,要适当安排在后面一些,以减少拒访、拒答的可能。如果问卷中包含敏感题目,在结束部分最好再次重申尊重被调查者隐私权的承诺。

另外,在问卷总体布局上还要注意层次分明,尽可能将相同主题的题目放在一起。一个主题与另一个主题之间要有所区分,从一个话题转入另一个话题时最好有一个简短的陈述说明,有利于正确答题。不同主题的题目尽量按一定的逻辑顺序组织,使被调查者更顺畅地考虑题目答案。

B.顺序效应。问卷的顺序效应是指由于前面题目的影响,使被调查者改变了对后面题目的回答。在实际调查中,有些调查者想通过随机编排题目的方式,消除顺序效应。但由于随机编排大大增加了被调查者的回答难度,一般是得不偿失的。比较妥当的办法是,在设计问卷时,对可能产生顺序效应的题目,预先估计一下它的影响程度。具体做法是将被调查者随机分为两组,分别给他们发放按不同顺序排列的问卷,然后比较两组对象的回答结果,检验是否存在顺序效应。如果结果基本相同,则表明没有太大的顺序效应;如果结果有较大差异,说明顺序效应影响较大。

③问卷的排列与印刷。

在问卷设计中,版面设计也是一项很重要的工作。在给问卷排版时尽量不要让卷面过于拥挤。有的调查者怕问卷页数太多,被调查者没有足够耐心作答,便把几个题目挤在同一行里,结果导致被调查者读完前面的题目就开始选择答案,完全忽略了后面的题目。保持一个排版比较宽松的卷面,不仅有助于问卷阅读的流畅度,而且能减少填答错误,提高调查资料的质量。

此外,对于复杂题目、特殊情况的说明,如标明题目不适用于某个被调查者时的跳答提示,最好用特殊的形式来排版,如用不同字体、加重字体颜色、使用斜体等。这不仅能提高访问速度,而且也会降低访问失误。总之,问卷的排版和印刷,应该清晰、整齐和容易阅读,以达到使调查双方轻松自如地进行访谈的目的。

> **练一练**
>
> 以下是北京地铁客运服务质量的调查问卷,请你根据所学调查问卷相关知识,指出这个问卷哪些地方设计得好,哪些地方可以改进。
>
> ### 北京地铁城市轨道交通客运服务质量调查问卷
>
> 随着经济发展和科学技术进步,地铁作为城市轨道交通的一种方式,凭着其运量大、快捷、准时、低能耗等优点于近年来迅速发展。地铁是否也给您的生活带来便利呢,以及您对北京地铁服务是否满意呢? 为此,我们特地展开此调查,望您能在百忙之中抽出时间帮助我们完成此问卷,谢谢合作!
>
> 1.您的性别:
> ○男　○女
>
> 2.您的年龄:
> ○0～20岁　○20～40岁　○40～60岁　○60岁以上
>
> 3.您的职业:
> ○学生　○上班族　○其他
>
> 4.对乘车距离、发车频率,您的满意程度是多少?
> ○1　○2　○3　○4　○5
>
> 5.对换乘服务、方便程度,您的满意程度是多少?
> ○1　○2　○3　○4　○5
>
> 6.对地铁提供的乘车信息服务,您的满意程度是多少?
> ○1　○2　○3　○4　○5
>
> 7.对列车运行时间、到站时间、换乘时间的守时性和准时性,您的满意程度是多少?
> ○1　○2　○3　○4　○5
>
> 8.对地铁的环境设施、卫生条件,您的满意程度是多少?
> ○1　○2　○3　○4　○5
>
> 9.对治安设备、安全设施,您的满意程度是多少?

○1　○2　○3　○4　○5

10. 对运营环境,包括通风、噪声、垃圾、气味,您的满意程度是多少?

○1　○2　○3　○4　○5

11. 根据地铁公司向您做出的承诺,包括服务方面声明、公示告示,您的满意程度是多少?

○1　○2　○3　○4　○5

12. 北京地铁众多条线路中,您对哪条线路最满意、对哪条线路最不满意,对不好的方面,您有什么建议呢?

二、城市轨道交通客运服务质量评价指标

虽然各城市轨道交通建设和管理的情况各异,但提高客运服务水平、打造城市轨道交通的优质服务品牌是各运营企业的共同目标。通过构建多指标、层次化的质量评价指标体系,有助于全面、清晰、客观地描述乘客对城市轨道交通客运服务质量的满意度。

1. 评价指标体系构建原则

(1)系统性原则

乘客满意度测评指标体系的建立必须完整,能够反映服务质量的全貌,各指标之间应具有一定的逻辑关系,指标要与测评目标和对象相适应。

(2)繁简得当的原则

建立乘客满意度测评指标体系时,应选择代表性强的指标,不要面面俱到,否则会增大测评的难度。

(3)可操作性原则

测评指标必须是可量化的,具有较强的可操作性。乘客满意度测评的结果是一个量化的值,因此设定的测评指标必须是可以进行统计、计算和分析的参数。

(4)遵循乘客意愿的原则

由乘客来确定测评指标体系是设定测评指标体系最基本的要求,要准确把握乘客的需求,选择乘客认为最关键的测评指标。

2. 服务质量评价指标的确立

城市轨道交通客运服务评价指标体系中,乘客满意度指数是总的评价目标,为一级指标。将满意度指数展开,由企业/品牌形象、感知质量、预期质量等具有轨道交通行业特性的7个指标构成二级指标。根据城市轨道交通服务系统的特点,将7个二级指标分别展开为具体的三级指标,例如安全性、便捷性、舒适性等共13项;最后把三级指标展开形成评价指标体系的四级指标,共41项。

四级质量评价指标体系中,只有第四级指标是可以被量化直接进行测量的,可将其转化为乘客满意度问卷中的问题,用以获得乘客满意信息。四级指标能否充分体现上一级指标的内涵,对评价体系能否完全反映乘客真实满意程度产生关键影响。最终建立的城市轨道交通乘客满意度测评指标体系如表5-1所示。

城市轨道交通乘客满意度测评指标体系　　　　　　　　　　　　　表 5-1

一级指标	二级指标	三级指标	四 级 指 标
乘客满意度指数	企业/品牌形象	品牌辨识度	乘客对城市轨道交通企业或品牌的辨识度
	感知质量	便捷性	1. 进出站时间
			2. 购票时间
			3. 上下车时间
			4. 列车运行速度
			5. 列车发车间隔
			6. 首末车时间
			7. 不同城市轨道交通线路间换乘时间或距离
			8. 城市轨道交通与公交之间换乘时间或距离
		舒适性	1. 高峰时段车厢拥挤情况
			2. 列车运行平稳性(起动、制动、加减速变化舒适程度)
			3. 站厅、通道、站台整洁程度
			4. 车厢整洁程度
			5. 站、车噪声低
			6. 空气温湿度适宜
			7. 空气流通性
			8. 工作人员响应乘客要求的程度及速度
			9. 便民设施齐全
		安全性	1. 进出站秩序(通道、楼梯、扶梯)
			2. 站台候车安全性
			3. 上下车秩序
			4. 车厢内秩序
			5. 安全服务设施标识及使用说明醒目
			6. 紧急疏散标识清楚准确
		可靠性	1. 地铁安检设施(数量、速度)
			2. 自动售票机(布局、数量、速度)
			3. 自动检票机(布局、数量、灵敏度)
			4. 自动扶梯(数量、运转情况)
			5. 导乘标识信息准确
			6. 报站准确及时
			7. 列车准点运行
		经济性	1. 票价
			2. 可选票种

续上表

一级指标	二级指标	三级指标	四级指标
乘客满意度指数	预期质量	期望水平	对城市轨道交通服务质量的总体期望
	感知价值	对总体价值的感知	性价比
	乘客满意度	总体满意程度	对总体服务质量的满意程度
		达到要求程度	相比于事先期望的满意程度
	乘客抱怨	有无抱怨	有无抱怨
		有无投诉	有无投诉
	乘客忠诚度	出行是否首选	1. 可直达时的选乘意愿
			2. 非直达时的选乘意愿

练一练

　　请根据"城市轨道交通乘客满意度测评指标体系"表格中四级指标的内容,尝试设定不同的调查问卷题目,完成指标的测定,进而完成乘客满意度测评。

三、城市轨道交通客运服务质量评价方式

　　按照评价的主体,城市轨道交通服务质量评价可分为政府评价、社会评价、企业评价和乘客评价。政府评价主要针对城市轨道交通企业的管理及运营,侧重于企业所提供的服务水平,并对企业的等级进行划分。社会评价主要侧重于企业所树立的社会形象和整体服务水平的辨识及评估,评价主体包括各类社会群体,如社会媒体、行业管理机构等。企业评价主要是通过员工调查评价企业的内部服务质量,显示内部规章制度对服务质量的控制能力。乘客评价是乘客根据实际的交通服务消费体验对城市轨道交通服务质量进行的综合评价。其中,最具影响力的是乘客满意度评价,对服务质量的改进更具有针对性。

　　服务质量评价的关键和难点在于为服务质量各项因素提供有效而实用的测评方法。按照评价标准来分,城市轨道交通服务质量评价主要包括两类——软性测评和硬性测评。软性测评是指城市轨道交通企业通过调查乘客、轨道交通企业员工等人员,对服务质量进行主观评价。硬性测评是指城市轨道交通企业通过对各种客观指标(例如准点率、列车运行图兑现率、投诉事件发生率等影响服务质量的指标)进行量化统计,衡量服务过程和结果的质量测评方法。

1. 软性测评

　　软性测评中常用的方法有 SERVQUAL 方法、步行穿越调查法和关键事件技术测评法。我们下面依次对这三种方法进行介绍。

　　(1)SERVQUAL 方法

　　SERVQUAL 是 Service Quality(服务质量)的缩写,是衡量顾客对服务质量感知的有效工具。SERVQUAL 方法使用的基础模型是格罗鲁斯(Gronroos)1982 年提出的可感知服务质量模型和服务质量差异评价模型。SERVQUAL 评价方法完全建立在顾客感知的基础之上,即以顾客的主观认识来衡量服务质量。首先度量顾客对服务的期望,然后度量顾客对服务的

感知,根据顾客对服务的感知与期望的差异比较,得出企业的服务质量,将其作为判断服务质量水平的依据。

┌─ 知识拓展 ─────────────────────────────

感知服务质量模型

格罗斯指出服务质量具有技术质量和功能质量两个基本构成要素,另外还包括对顾客服务质量具有过滤器作用的企业形象质量。

技术质量指乘客在服务过程中实际得到的东西,又称为结果质量,如乘客通过运输服务得到了"位移"。由于技术质量对很多人来说有较为统一的标准,所以容易评价。

功能质量是指顾客如何得到服务的,具体表现为在服务接触的过程中,服务人员的工作方式、工作效率、工作态度等给顾客带来的利益和享受。例如乘客在服务体验过程中得到身心的愉悦。由于功能质量完全取决于顾客的主观感受,与顾客自身的习惯、个性有关,不同的顾客对同一服务的评价可能是不同的,因此难以进行量化。

企业形象质量是指企业在社会公众心目中的总体印象,影响着顾客的服务期望和服务感知。而顾客的服务质量感知反过来又决定着企业的形象质量。格罗斯的可感知服务质量模型如图 5-3 所示。

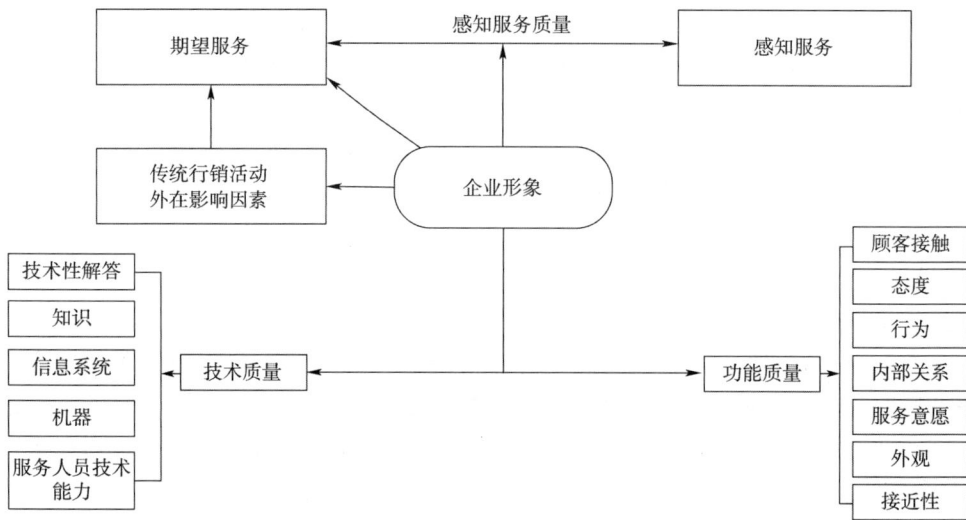

图 5-3 格罗斯的可感知服务质量模型

服务质量差异评价模型

格罗斯认为服务质量是存在于顾客头脑中的主观印象,主要取决于顾客对此服务的期望质量(接受服务前对服务水平的期望)与其感知质量(接受服务时实际感知到的服务水平)的差距,即服务质量(SQ)=服务感知(P)-服务期望(E)。

当服务感知远大于服务期望时,认为服务质量是优异的;当服务感知大于服务期望时,认为服务质量是良好的;当两者基本相等,认为服务质量是可接受的;当服务感知小于服务期望,则认为服务质量是差的。服务质量差异评价模型有助于企业管理者发现引发服务质量问题的根源,并寻找适当的措施消除差距。格罗斯的服务质

└─────────────────────────────────────

量差异评价模型如图 5-4 所示。

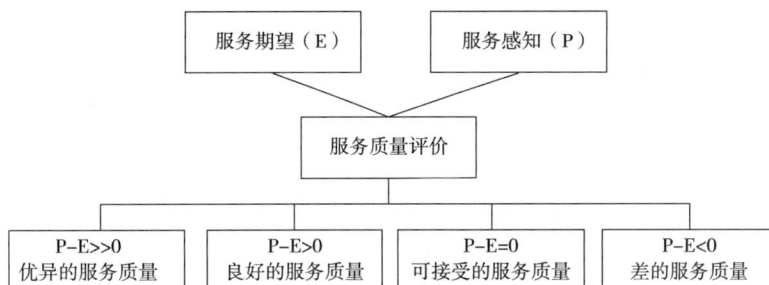

图 5-4　格罗鲁斯的服务质量差异评价模型

SERVQUAL 将服务质量分为 5 个层面：

a. 有形性(Tangibles)：外观感受，包括实际设施、设备以及服务人员的外表等。

b. 可靠性(Reliability)：是可靠地、准确地履行服务承诺的能力。

c. 响应性(Responsiveness)：也称回应性，指帮助顾客并迅速提高服务水平的愿望。

d. 保障性(Assurance)：也称确实性，是指员工所具有的知识、礼节以及表达出自信与可信的能力。

e. 移情性(Empathy)：也称关怀性，关心并为顾客提供个性化服务。

将每一层面细分为若干个问题，设计成调查问卷，让顾客对每个方面的期望值、实际感知值及最低可接受值进行评分，由其确定出相关的 22 个具体因素来说明。然后综合计算得出服务质量的分数。SERVQUAL 量表及 SERVQUAL 计算过程如下：

①SERVQUAL 量表。

SERVQUAL 量表包含 5 个维度，共 22 个小项目。一部分记录顾客对某一服务行业中优秀公司的期望，另一部分度量顾客对该行业中某特定公司(即被评价的公司)的感知。顾客期望和感知问卷采用 7 分制，7 表示完全同意，1 表示完全不同意。然后把这两部分中得到的结果进行比较，就得到 5 个维度的每一个"差距分值"。SERVQUAL 分数 = 实际感受分数 – 期望分数。差距越小，服务质量的评价就越高；差距越大，服务质量的评价越低。SERVQUAL 量表如表 5-2 所示。

SERVQUAL 量表　　　　　　　　　　　　　　　　　　　　　表 5-2

要　　素	组 成 项 目	期　望　值	感　知　值
有行性	有现代化的服务设施		
	员工有整洁的服装和外表		
	服务设施具有吸引力		
	公司的设施与他们所提供的服务相匹配		
可靠性	公司向顾客承诺的事情都能及时完成		
	顾客遇到困难时，能表现出关心并提供帮助		
	能准时地提供所承诺的服务		
	公司是可靠的		
	正确记录相关的服务		

续上表

要　素	组成项目	期望值	感知值
响应性	员工非常愿意帮助顾客		
	员工能满足顾客的需求		
	能告诉顾客提供服务的准确时间		
	提供及时的服务		
保证性	员工是值得信赖的		
	员工是有礼貌的		
	在从事交易时顾客会感到放心		
	员工可以从公司得到适当的支持,以提供更好的服务		
移情性	公司优先考虑顾客的利益		
	公司会针对不同的顾客提供个性化的服务		
	员工了解顾客的需求		
	员工会给予顾客个别的关怀		
	公司提供的服务时间能符合所有顾客的需求		

不同行业中,5个维度的重要性存在差异,但排序基本一致。在具体行业的应用当中,必须对 SERVQUAL 量表进行修正(例如增加和删减某些问项或维度)并重新验证其有效性,以便量表适应不同的行业环境、服务环境和文化背景,全面真实地反映所研究的行业领域。

在城市轨道交通行业中,某城市轨道交通运营企业根据其服务产品的质量特性或标准,在安全性、可靠性、舒适性、经济性、便捷性的每一种质量属性下面设计相关的具体因素,其 SERVQUAL 量表如表5-3所示。

某城市轨道交通运营企业的服务质量 SERVQUAL 量表　　　　表5-3

要　素	组成项目	期望值	感知值
安全性	1. 进出站秩序状况 X_1		
	2. 站台候车秩序状况 X_2		
	3. 上下车秩序状况 X_3		
	4. 车厢秩序状况 X_4		
	5. 安全服务设施标识及使用说明 X_5		
	6. 紧急疏散标识清楚醒目 X_6		
可靠性	7. 进出站闸机可靠 X_7		
	8. 导乘标识信息准确 X_8		
	9. 报站准确及时 X_9		
	10. 列车准点运行 X_{10}		
经济性	11. 票价合理 X_{11}		
	12. 票种多样 X_{12}		

续上表

要　素	组　成　项　目	期　望　值	感　知　值
便捷性	13. 购票时间短 X_{13}		
	14. 进出站时间短 X_{14}		
	15. 列车可达性强 X_{15}		
	16. 列车发车间隔合理 X_{16}		
	17. 列车运行速度快 X_{17}		
舒适性	18. 列车运行平稳性 X_{18}		
	19. 车厢拥挤度低 X_{19}		
	20. 车站及车厢环境整洁 X_{20}		
	21. 工作人员响应乘客要求 X_{21}		
	22. 设置便民设施 X_{22}		

练一练

根据你对所在城市的轨道交通运营服务期望,以及你对企业实际服务质量的感受,填写 SERVQUAL 量表(表5-3)。

②SERVQUAL 计算过程。

以城市轨道交通运营企业为例,利用 SERVQUAL 方法进行计算时,要根据客运服务的具体情况设计 SERVQUAL 量表,发放调查问卷,让乘客打分,最后通过综合计算得出客运服务质量的分数。具体计算公式如下:

$$SQ_{单} = \sum_{i=1}^{n}(P_i - E_i)$$

式中:$SQ_{单}$——感知服务质量;

P_i——对乘客第 i 个因素的感知分数,$i = 1, 2, \cdots, 22$;

E_i——对乘客第 i 个因素的期望分数。

由上式获得的 $SQ_{单}$ 是在 5 个属性(安全性、可靠性、经济性、便捷性、舒适性)同等重要条件下单个乘客的总感知质量,但在现实生活中乘客对决定客运服务质量每个属性的重要性的看法是不同的。因此,在调查后,应确定每个客运服务质量属性的权重,通过加权平均可以得出更为合理的 SERVQUAL 分数。公式为:

$$SQ_{总} = \sum_{j=1}^{5}\left[w_j\sum_{i=1}^{n_j}(P_i - E_i)\right]$$

式中:w_j——第 j 个属性的权重;

n_j——第 j 个属性包含的因素个数。

将此时的 $SQ_{总}$ 除以因素数 n,就得到单个乘客平均的 SERVQUAL 分数。

$$SQ_{均} = \frac{1}{n}\sum_{j=1}^{5}\left[w_j\sum_{i=1}^{n}(P_i - E_i)\right]$$

最后,将调查中所有乘客的 SERVQUAL 分数加总,再除以乘客数目 m,就得到城市轨道交通企业客运服务质量的平均 SERVQUAL 分数,即:

$$SQ = \frac{1}{m}\sum_{i=1}^{m} SQ_i$$

式中:SQ——感知服务质量;

　　　m——被调查乘客的人数。

┌─ 练一练 ─────────────────────────────────────┐

　　在你上一题填写完成的 SERVQUAL 量表中,先不考虑 5 个属性的权重,计算自己的 SREVQUAL 分数。

└──┘

③SERVQUAL 方法测评城市轨道交通客运服务质量的优点和局限性。

A. SERVQUAL 方法的优点。

a. SERVQUAL 方法是一种比较简单的多项目评价方法,通过问卷形式了解乘客对城市轨道交通企业服务质量的期望值和感知认识,有效性和可靠性较好。

b. SERVQUAL 方法可以比较全面地衡量城市轨道交通企业服务质量,既可以对某一方面(如安全性、便捷性、舒适性等)的服务质量水平进行评价,也可以综合各方面因素全面地对服务质量进行衡量。

c. SERVQUAL 方法可以测量影响感知城市轨道交通客运服务质量各属性的相对重要性。通过对每个质量属性的 SERVQUAL 分数进行回归分析,即可获得影响感知服务质量各属性相对重要性的结果。

d. 定期使用 SERVQUAL 方法可以有效追踪城市轨道交通企业服务质量的发展趋势。如果城市轨道交通企业一年多次运用 SERVQUAL 模型测量服务质量,同时配合使用员工对服务质量看法的调查,征求和分析乘客的建议和抱怨,企业将会得到较为准确的客运服务质量现状,从而更加有针对性地改进服务质量。

e. SERVQUAL 方法可以对城市轨道交通行业的多个企业所提供的服务质量水平进行比较。通过乘客对不同城市轨道交通运营企业 SERVQUAL 模型调查问卷的感知分数,计算出每个企业的平均 SERVQUAL 分数,并进行比较,可作为评价不同企业服务质量的依据之一。

B. SERVQUAL 方法的局限性。

a. SERVQUAL 方法是在多个维度中开展调查分析的,在面对不同的服务行业或是不同的服务产品时,各个维度的选取及重要性有所不同,这会给权重的赋值及问卷设计带来困难,也会影响 SERVQUAL 评价模型的运用和正确性。

b. SERVQUAL 评价模型是一种事前研究,即在顾客最终体验服务产品带来利益前就对 SERVQUAL 的问卷做出了回答。事实告诉我们,顾客的期望和感知可能在时间上具有很强的间断性,但 SERVQUAL 评价方法在实际运用中却需要时间上的连续性,以保证研究顺利开展。

(2)步行穿越调查法

步行穿越调查法是从顾客的角度出发,通过评价顾客在整个服务过程中经历的各个环节来测评服务质量的方法。

①步行穿越调查法的具体步骤。

a. 绘制顾客消费的流程图。以城市轨道交通为例,步行穿越调查的整个过程分为进入车站、安检、进入站厅、购票、检票、上站台、候车、上车、乘车、下车、到站台、通过出站闸机、从出站口离开 13 步,如图 5-5 所示。

图 5-5　城市轨道交通步行穿越调查过程

b. 按照流程图,列出乘客在上述环节中所能接触的各个要素,并设计成调查问卷。例如,某城市轨道交通企业针对某个车站进行步行穿越调查,设计调查问卷如表 5-4 所示。

某城市轨道交通企业针对某车站进行的步行穿越调查问卷　　　　表 5-4

服务阶段	服务项目	强烈反对	反对	无法判断	赞同	完全赞同
进站	1. 容易看到站外引导标识 X_1					
	2. 站外引导标识清楚准确 X_2					
	3. 车站入口标识醒目 X_3					
	4. 安检顺畅 X_4					
	5. 进入站厅过程顺利通畅 X_5					
	6. 问询服务周到规范 X_6					
	7. 购票便捷 X_7					
	8. 检票过程通畅、无延误 X_8					
候车	9. 进入站台路径清晰 X_9					
	10. 站台信息标识明确 X_{10}					
	11. 候车时间较短 X_{11}					
	12. 上车过程不拥挤 X_{12}					
乘车	13. 车厢内整洁无异味 X_{13}					
	14. 车厢温度适宜 X_{14}					
	15. 车厢广播音量适中 X_{15}					
	16. 报站清楚准确 X_{16}					
	17. 车厢内路线图醒目 X_{17}					
	18. 座位及扶手设置合理 X_{18}					
下车及出站	19. 下车有序、先下后上 X_{19}					
	20. 出站或换乘标识醒目 X_{20}					
	21. 出站或换乘路程短 X_{21}					
	22. 出站口信息准确清楚 X_{22}					
	23. 验票出站方便、快捷 X_{23}					
评价	24. 服务总体来说很优秀 X_{24}					
	25. 服务还有较大的改进空间 X_{25}					
	26. 工作人员态度热情 X_{26}					

c. 发放问卷,由乘客对从进站、乘车到出站全过程中涉及的每个服务项目进行评判。

d. 回收调查问卷,对有效问卷进行统计分析,找出乘客满意与不满意之处,并分析其原

因。计算分析步骤如下:

第一步,计算乘客、客运服务人员、企业管理者对各服务项目的评价值。

让乘客、客运服务人员和运营企业管理者分别填写问卷,使用 5 点量法来测量乘客、客运服务人员和运营企业管理者的感知:1 代表完全赞同,5 代表强烈反对。

问卷数据可以初步评价乘客(服务人员、管理者)对每个服务项目的感知程度。每一项目得分取样本的均值,即可认为是乘客(服务人员、管理者)对此项目的感知值,公式如下:

$$\overline{X_i^k} = \frac{\sum_{j=1}^{n^k} X_{ij}^k}{n^k}$$

式中:$\overline{X_i^k}$——第 k 类评价者对第 i 项服务项目的平均感知值,$i = 1, 2, \cdots, 26$;$k = 1, 2, 3$,其中,$k = 1$ 代表乘客,$k = 2$ 代表企业管理者,$k = 3$ 代表客运服务人员;

X_{ij}^k——第 k 类评价者中,第 j 位对第 i 项服务项目的感知值,$j = 1, 2, 3 \cdots, n^k$;n^k 为第 i 项服务项目的 k 类评价者参评人数。

数值小表示对该服务项目的认同程度高,数值大表示对服务项目的否定程度高。当乘客(管理者、服务人员)感知值没有小于 3.5 的服务项目,则认为是乘客(管理者、服务人员)对此项目持较大的否定态度,乘客(管理者、服务人员)感知值小于 2,表示对此项目持较认同的态度。

第二步,计算各服务项目评价差距。

城市轨道交通运营企业针对各项服务项目的评价差距,即管理者、客运服务人员、乘客对某项服务内容评价的差距,包括管理者与乘客之间、管理者与客运服务人员之间、客运服务人员与乘客之间的评价差距。差距越大表示二者之间评价相关差异越大,反之评价相关一致性越好。对调查数据分析取值的绝对值大于评价差值的服务项目,可以认为是双方感知有较大差距的项目,按"客户至上"的原则,对这些服务项目需重点关注并改进,以进一步完善服务。

$$c_i^{k-k'} = |\overline{X_i^k} - \overline{X_i^{k'}}|$$

式中:$c_i^{k-k'}$——管理者、客运服务人员或乘客针对第 i 项服务内容评价差值;

$\overline{X_i^k} - \overline{X_i^{k'}}$——管理者、客运服务人员或乘客针对第 i 项服务内容的平均感知评价;

k,k'——管理者、客运服务人员或乘客,$k \neq k'$。

当 $c_i^{k-k'} \leq c_i$ 时,两类评价者之间的差距较小,相关一致性较好;$c_i^{k-k'} > c_i$ 时,两类评价者之间的差距较大,需要根据具体情况改进服务质量。

e. 按照对顾客意见的调查分析结论,对企业的实际情况进行纠偏、改进。

步行穿越调查法可以通过多种途径进行,如信件、电话访谈、调查人员亲自访谈乘客等,最有效的方式是在乘客体验客运服务之后,调查人员立刻对乘客进行访谈。为乘客提供礼券或折扣可以明显增加乘客参与的积极性。

步行穿越调查法的问卷同样要发给企业管理者和客运服务人员,让管理者和客运服务人员按照乘车流程进行步行穿越调查,填写调查问卷。之后,评价乘客、管理者和客运服务人员三者在服务质量评价中的差距,找出差距原因并改进服务。

　　站在乘客角度,根据你对所在城市的轨道交通运营企业服务质量的感受,填写表5-4的步行穿越调查问卷。

　　将班级(或小组内)同学填写的调查问卷汇总,计算班级(或小组)成员对每个服务项目的感知值(即$\overline{X}_i^{乘客}$)。

　　②步行穿越调查法评价。

　　步行穿越调查是一种从顾客角度出发,评价服务感知质量的方法,顾客往往能意识到那些被所有者和管理者忽视的因素。步行穿越调查确实能够提供顾客所期望的服务设计信息,通过其提供的涉及语言的、环境的、感知的及服务提示的信息,企业能够更好地定义面向乘客的服务和提高乘客的忠诚度。

　　(3)关键事件技术测评法

　　关键事件技术(Critical Incident Technique,CIT)测评法是通过记录服务过程中成功或失败的事件和行为,来发现质量问题或质量优势,从而对服务质量现状做出评价,并采取措施,提高顾客感知质量和满意度的一种分析方法。

　　①关键事件技术简介。

　　CIT测评法记录顾客描述的在服务接触过程中发生的事件并询问与事件相关的问题,进而对事件进行分类。从根本上说,CIT测评法是一种对事件或关键事件等数据进行内容分析的系统分类技术。CIT测评法同因子分析、聚类分析一样也是一种归纳分组方法,不同的是在数据分析阶段,CIT测评法对事件进行内容分析,而非定量分析。

　　很多学者认为,CIT是一种有效的测量顾客在服务接触中是否满意的工具,利用该方法可以揭示服务接触过程中导致顾客满意或不满意的特定事件和行为,进而为形成满意度监测计划、设计服务程序和策略及训练一线员工提供可靠的依据。

　　②关键事件技术基本程序。

　　CIT方法是:首先询问顾客(包括乘客和内部员工)对服务质量的看法,即哪些服务环节(包括服务结果)与服务标准不一致,这些经常与服务标准产生偏差的服务环节就是所谓的关键事件;然后被测评者要具体说明为什么他会将这些环节列入关键事件范畴;最后,研究人员要对顾客关于关键事件的描述进行分析,以寻求服务质量问题及其产生的原因,对评价良好的服务环节同样要找出原因并将其标准化,以指导以后的服务过程。

　　CIT测评法的基本程序为:

　　a.设计开放式表格,收集顾客在近期内经历的具体服务事件,内容包括事件发生的原因、造成这种局面的特定环境等,并要求顾客做出满意或不满意的评价,进而提出质量改进建议。

　　b.对调查表进行分类。

　　c.对分类后的调查表进行分析,从而得出结论和改进策略。

　　③关键事件技术方法的优缺点。

　　使用关键事件技术方法能够得到更丰富和更详尽的服务过程描述数据,被访者也不必对他们认为不重要的属性进行评价。当被访者分类系统确定后,不必使用大样本。使用关键事件技术方法能更深刻地理解顾客需要、员工行为及与员工行为相关的服务质量属性,比如"友好""有效""专业"等。CIT测评法不仅能确定哪些类型的服务接触更重要,而且还能确定改善服务质量需要的知识和手段,管理者可以用它来确定一套行为方案来训练员工。

也有一些学者对CIT测评法提出了一些批评意见,比如信息处理困难、阐释带有主观性、由于顾客感知随时间推移的改变导致事件具有暂时性特征,由于词语、类别及编码规则的含义模糊导致信度和效度问题等。

2.硬性测评

硬性测评不依赖于乘客的主观感受,而是通过对列车运行准点率、列车运行图兑现率、投诉事件发生率等影响服务质量的客观指标进行量化统计,从而对城市轨道交通客运服务质量进行评价。常用的硬性测评指标如下。

（1）列车准点率

列车准点率是准点列车次数与全部开行列车次数之比,用来表示列车按规定时间准点运行的程度。列车准点率与客运服务质量成正比,其计算公式为:

$$列车准点率 = \frac{准点列车次数}{全部开行列车次数} \times 100\%$$

其中,准点列车是指按运行图图定的时间运行,早晚不超过规定时间界限的列车。准点的时间界限指终点到站时间误差小于或等于2min的列车(市域快速轨道交通系统除外)。市域快速轨道交通系统准点的时间界限指终点到站时间误差小于或等于3min的列车。

（2）列车运行图兑现率

列车运行图兑现率是实际开行列车数与运行图图定开行列车数之比(实际开行列车数中不包括临时加开的列车)。列车运行图兑现率与客运服务质量成正比,其计算公式为:

$$列车运行图兑现率 = \frac{实际开行列车数}{运行图图定开行列车数} \times 100\%$$

（3）列车拥挤度

列车拥挤度是线路高峰小时平均断面客运量与线路实际运输能力之比,用以表示列车的拥挤程度。列车拥挤度与客运服务质量成反比,其计算公式为:

$$列车拥挤度 = \frac{高峰小时平均断面客运量}{线路实际运输能力} \times 100\%$$

$$线路实际运输能力 = 列车定员 \times 线路高峰小时发车量$$

（4）售票机可靠度

售票机可靠度是售票机实际服务时间与售票机应服务时间之比,实际服务时间包括正常的加票和加币时间。售票机可靠度与客运服务质量成正比,其计算公式为:

$$售票机可靠度 = \frac{售票机实际服务时间}{售票机应服务时间} \times 100\%$$

（5）储值卡充值机可靠度

储值卡充值机可靠度是储值卡充值机的实际服务时间与应服务时间之比,实际服务时间包括正常的加票和加币时间。储值卡充值机可靠度与客运服务质量成正比,其计算公式为:

$$储值卡充值机可靠度 = \frac{储值卡充值机实际服务时间}{储值卡充值机应服务时间} \times 100\%$$

（6）进出站闸机可靠度

进出站闸机可靠度是进出站闸机的实际服务时间与应服务时间之比。进出站闸机可靠度与客运服务质量成正比，其计算公式为：

$$进出站闸机可靠度 = \frac{闸机实际服务时间}{闸机应服务时间} \times 100\%$$

（7）自动扶梯可靠度

自动扶梯可靠度是自动扶梯实际服务时间与应服务时间之比。自动扶梯可靠度与客运服务质量成正比，其计算公式为：

$$自动扶梯可靠度 = \frac{自动扶梯实际服务时间}{自动扶梯应服务时间} \times 100\%$$

（8）垂直电梯可靠度

垂直电梯可靠度是垂直电梯实际服务时间与应服务时间之比。垂直电梯可靠度与客运服务质量成正比，其计算公式为：

$$垂直电梯可靠度 = \frac{垂直电梯实际服务时间}{垂直电梯应服务时间} \times 100\%$$

（9）车站乘客信息系统可靠度

车站乘客信息系统可靠度是车站乘客信息系统实际服务时间与应服务时间之比。车站乘客信息系统可靠度与客运服务质量成正比，其计算公式为：

$$车站乘客信息系统可靠度 = \frac{车站乘客信息系统实际服务时间}{车站乘客信息系统应服务时间} \times 100\%$$

（10）列车乘客信息系统可靠度

列车乘客信息系统可靠度是列车乘客信息系统实际服务时间与应服务时间之比。列车乘客信息系统可靠度与客运服务质量成正比，其计算公式为：

$$列车乘客信息系统可靠度 = \frac{列车乘客信息系统实际服务时间}{列车乘客信息系统应服务时间} \times 100\%$$

（11）有效乘客投诉率

有效乘客投诉率是有效乘客投诉次数与客运量之比。有效乘客投诉率与客运服务质量成反比，其计算公式为：

$$有效乘客投诉率 = \frac{有效乘客投诉次数}{客运量} \times 100\%$$

（12）有效乘客投诉回复率

有效乘客投诉回复率是已经回复的有效乘客投诉次数与有效乘客投诉次数之比。有效乘客投诉回复率与客运服务质量成反比，其计算公式为：

$$有效乘客投诉回复率 = \frac{已回复的有效乘客投诉次数}{有效乘客投诉次数} \times 100\%$$

有效乘客投诉应在接到投诉之日起 7 个工作日内回复，超过 7 个工作日按未回复处理。

以上各项指标是城市轨道交通企业进行服务内容和标准设计及运输和服务资源配置的依据，是对社会的服务承诺，也是内部运输生产组织和服务管理的内容和方向。

任务实施

设计客运服务质量乘客满意度调查问卷

（1）实训内容

构建地铁客运服务质量评价指标体系，设计一份乘客满意度调查问卷。

①构建客运服务质量评价指标体系。在影响乘客满意度的众多因素中，选取可量化的因素，构建可操作性的测评指标体系，使得测评结果有效、可靠。

②确定问卷题目。按照已经建立的满意度指数测评指标体系，把最后一级指标展开，成为问卷上的问题。

③问卷格式编排。编排问卷标题、问卷说明、问卷题目和选项，形成一份结构分明、编排整齐的问卷。

（2）实训组织

根据学生人数4~6人组成一个小组，选出组长，小组合作完成。

（3）实训素材

计算机、笔、纸等。

（4）实训步骤与实施

①组长给组内成员分配任务，充分调动小组同学的积极性，合作完成调查问卷的设计。教师在学生完成任务的过程中答疑指导。

②调查问卷展示。调查问卷设计完成以后，由组长进行调查问卷展示，并阐述评价指标构建的过程。

（5）活动评价与反馈（表5-5）

调查问卷设计训练评价表　　　　　　　　　　　表5-5

班级：　　　　　　　　姓名：　　　　　　　　组别：

活动名称		设计客运服务质量乘客满意度调查问卷						
考核内容		评价标准			参考分值	考核得分		
		优秀	良好	合格		自评（10%）	互评（30%）	师评（60%）
1	活动参与情况	积极参与，及时按任务要求做，小组合作良好，能够发挥每个人的作用	基本能够按时完成任务要求，有个别人没有发挥作用	基本能够参加任务活动，但小组缺乏合作，主要依赖1~2个人	30			
2	技能掌握情况	能够客观、全面地构建城市轨道交通质量评价指标体系；各项指标可以量化，方便测评；能够设计一份问题直观清晰、结构编排整齐的调查问卷	评价指标基本能够反映城市轨道交通企业服务情况；大多数指标可以量化测评；问卷格式基本符合要求	评价指标不够全面，勉强能够反映城市轨道交通企业服务情况；问卷格式存在少量问题	40			

续上表

考核内容		评价标准			参考分值	考核得分		
		优秀	良好	合格		自评（10%）	互评（30%）	师评（60%）
3	总结归纳相应知识情况	按时保质完成活动中要求的内容	按时完成活动中要求的内容	基本能够按时完成活动中要求的内容	30			
总体评价					总分			

（6）活动效果（表5-6）

学生学习过程量表   表5-6

姓名：　　　　　　　　班级：　　　　　　　　组别：

要素	A 优秀（80~100分）	B 合格（60~79分）	C 不合格（60分以下）	总 评		
				自评（20%）	互评（30%）	师评（50%）
学习态度	学习态度好，并且能积极主动帮助小组其他成员共同完成任务	学习态度较好，能够完成自己的实训任务，缺少乐于助人的精神	没兴趣参与学习活动，认为本次实训任务没有任何意义			
参与情况	积极参与到教师布置的各项任务中，在小组练习中能够参与，有团队精神和合作意识	能按照教师的要求参与各项任务活动，但是需要别人指引，很少能够自己主动参与进来，缺少团队精神和合作意识	参与被动或不愿意参加各项任务，基本没有团队精神和合作意识			
创新情况	在活动过程中，有自己独到的观点或主张，并愿意展示给老师和同学，与大家一起分享成功的喜悦	基本能够按照规程进行训练，完成并按照别人意图进行训练，基本没有自己的观点或主张	没有达到学习和训练的目的，没有新观点			
你在本任务实施活动中有什么收获，有什么不足之处，准备如何改进提高？						

193

乘客满意度测评步骤

城市轨道交通乘客满意度测评可分为六步:确定乘客满意度测评结构模型,建立满意度测评指标体系,确定测评指标权重,测评指标量化,问卷设计及调查,生成调查结果。具体步骤如图5-6所示。

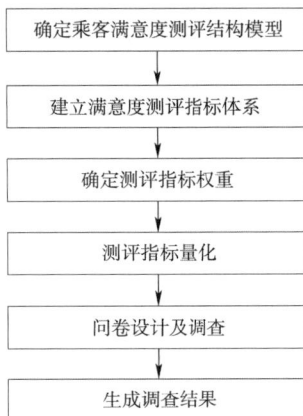

确定乘客满意度测评结构模型

建立满意度测评指标体系

确定测评指标权重

测评指标量化

问卷设计及调查

生成调查结果

图5-6 城市轨道交通乘客满意度测评步骤

(1)确定乘客满意度测评结构模型

根据乘客在购买及消费城市轨道交通服务过程中满意度形成的因果关系,确定城市轨道交通服务满意度测评结构模型。测评结构模型可以在对国内外顾客满意度模型进行分析的基础上设定。

(2)建立满意度测评指标体系

建立评价指标体系是乘客满意度测评的核心部分,在很大程度上决定了测评结果的有效性、可靠性。影响乘客满意度的因素很多,其中有些因素难以直接测量,所以需要进行逐级展开,直到形成一系列具有可操作性的测评指标体系。

(3)确定测评指标权重

由于每一测评指标的变化对用户满意指数的影响程度不同,所以需要给各项指标分别赋以不同的权重。权重的确定与分配是测评指标体系设计中非常关键的一个步骤,对于能否客观、真实地反映用户满意度起着至关重要的作用。

(4)测评指标量化

指标量化是测评的基础。由于指标构成具有多样性,指标量化也有多种方法。对指标体系中可以直接查得的数据,采用直接赋值法;对一些相对测评指标,可采用利用已有公式或建立新公式先计算后赋值的间接赋值法。由于用户满意度测评了解的是用户对产品、服务或企业的看法、偏好和态度,所以在顾客满意度测评中,这两种方法的应用受到限制,这时一般采取专家定性对比分析,即根据某个指标的分布情况,规定若干个等级,比如A、B、C、D四等,以及相应的得分值,然后根据样本中该指标的实际数值或品质,确定落在哪一个等级,对照后得到指标的评分值。这种方法比较简单,容易理解和操作,而且可以将量纲不同、单位不一致的指标值进行归一化处理。

(5)问卷设计及调查

确定要调查的乘客群体,以便有针对性地设计问卷,并按照已经建立的满意度指数测评指标体系,把最后一级指标展开,成为问卷上的问题。问卷设计是整个测评工作中关键的环节,测评结果是否准确、有效,很大程度上取决于此。问卷设计结束之后,就按照抽样方法进行问卷调查。

(6)生成调查结果

收集问卷后,应统计每个问题的每项回答结果,汇总出最后一级指标的评分值,最后计算出乘客满意度。

任务二　城市轨道交通客运服务质量评价分析

情境导入

很多城市轨道交通企业为了了解其客运服务质量的薄弱环节,向乘客发放调查问卷,希望尽可能客观、全面地了解乘客对每项服务的满意度。如果你所在的地铁公司让你编写一份乘客满意度调查问卷,分析服务质量满意度,并找到公司需要改进服务的地方,你该如何去做?

一、城市轨道交通运营企业服务质量乘客满意度调查问卷样例

××地铁服务质量乘客满意度调查问卷

尊敬的女士/先生:

您好!

××地铁为了更好地为您服务,通过本次不记名调查了解您对地铁服务质量的满意情况。请您根据下表的相关信息如实填写,在认可的选项处画"√"。

1. 个人信息(表5-7)

个人信息　　　　　　　　　　　　　　　　　表5-7

性别	□男　　□女	常住人口(本市半年以上)	□是　　□否
年龄	□<20；□21～30；□31～40；□41～50；□51～60；□>60		
学历	□初中及以下；□高中/中专；□大专/本科；□硕士/博士		
职业	□公务员；□企业员工；□自由职业；□私营业主；□学生；□军人；□农民；□离退休人员；□技术人员；□其他＿＿＿＿＿＿＿＿＿		
月收入	□无收入；□少于2000；□2000～4000；□4000～6000；□6000～8000；□8000元以上		
乘坐地铁支出来源	□完全自费；□单位部分报销；□单位全额报销；□领取交通补贴		

2. 综合评价

请您根据××地铁服务的总体印象,为地铁的综合服务打分(满分100)＿＿＿＿＿＿。

3. 服务项目评价(表5-8)

服务项目评价　　　　　　　　　　　　　　表5-8

类别	服务项目	很满意	比较满意	一般	不太满意	非常不满意
服务设施	1. 车站座椅	5	4	3	2	1
	2. 车站广播	5	4	3	2	1
	3. 列车广播	5	4	3	2	1
	4. 便民设施(公用电话、ATM、报刊销售等)	5	4	3	2	1

续上表

类　别	服 务 项 目	很满意	比较满意	一般	不太满意	非常不满意
服务设施	5.卫生间设施设备	5	4	3	2	1
	6.交通一卡通信息查询	5	4	3	2	1
	7 导向标志(进出站、乘车等)	5	4	3	2	1
	8.自动售票	5	4	3	2	1
	9.自动检票	5	4	3	2	1
	10.自动扶梯运转状况	5	4	3	2	1
	11.车内扶手杆、拉环的设置	5	4	3	2	1
	12.盲道和其他无障碍设施	5	4	3	2	1
	13.车站地面、墙面平整完好情况	5	4	3	2	1
列车运行	14.首末车时间	5	4	3	2	1
	15.列车运行速度	5	4	3	2	1
	16.列车运行准点情况	5	4	3	2	1
	17.列车间隔时间	5	4	3	2	1
安全保障	18.行车安全	5	4	3	2	1
	19.上下车秩序	5	4	3	2	1
	20.上下车组织疏导	5	4	3	2	1
	21.出入口进出站秩序	5	4	3	2	1
	22.安全乘车宣传(报警、处置、逃生方法等)	5	4	3	2	1
	23.列车关门前提示(提示铃、提示音)	5	4	3	2	1
	24.列车运行平稳度	5	4	3	2	1
应急服务	25.紧急情况下的车站广播	5	4	3	2	1
	26.紧急情况下的列车广播	5	4	3	2	1
	27.紧急情况下的站务员引导与信息提供	5	4	3	2	1
车站环境	28.车站设备噪声量	5	4	3	2	1
	29.车站卫生	5	4	3	2	1
	30.车站通风	5	4	3	2	1
	31.车站温度	5	4	3	2	1
	32.车站照明	5	4	3	2	1
	33.卫生间卫生	5	4	3	2	1

类　别	服 务 项 目	很满意	比较满意	一般	不太满意	非常不满意
车站环境	34. 垃圾箱的数量和位置	5	4	3	2	1
	35. 车站广告数量	5	4	3	2	1
车厢环境	36. 列车运行噪声量	5	4	3	2	1
	37. 车厢内卫生	5	4	3	2	1
	38. 车厢内温度	5	4	3	2	1
	39. 车厢内通风	5	4	3	2	1
	40. 车厢照明	5	4	3	2	1
	41. 列车广告数量	5	4	3	2	1
人员服务	42. 服务人员的着装及精神面貌	5	4	3	2	1
	43. 服务人员的行为举止	5	4	3	2	1
	44. 服务人员的服务主动性	5	4	3	2	1
	45. 服务人员的服务态度和语言	5	4	3	2	1
	46. 服务人员解答问询快速、准确	5	4	3	2	1
换乘	47. 地铁线路之间的换乘	5	4	3	2	1
	48. 换乘的候车时间	5	4	3	2	1

4. 投诉处理

(1)您是否有投诉经历: □是　　□否

(2)您若有投诉经历,请填写表5-9。

投诉处理评价项目表　　　　　　　　　　　　　　　　　　表5-9

类　别	投诉处理评价项目	很满意	比较满意	一般	不太满意	非常不满意
投诉处理	1. 接待投诉乘客的态度、语言	5	4	3	2	1
	2. 热线接听及时	5	4	3	2	1
	3. 热线接线员说话语气、音量	5	4	3	2	1
	4. 投诉处理速度	5	4	3	2	1
	5. 投诉处理结果	5	4	3	2	1

调查日期:＿＿＿＿＿＿＿＿＿　　　　　　　　调查时间:＿＿＿＿时＿＿＿＿分

线　　路:＿＿＿＿＿＿＿＿＿　　　　　　　　站　　名:＿＿＿＿＿＿＿＿＿

调查员:＿＿＿＿＿＿＿＿＿　　　　　　　　监督员:＿＿＿＿＿＿＿＿＿

练一练

　　参照本节给出的调查问卷,尝试设计一个完整的城市轨道交通乘客满意度调查问卷,包括问卷标题、问卷说明、若干题目及相应选项。

二、北京地铁客运服务质量乘客满意度评价案例

1.调查目的和主要内容

北京地铁乘客满意度调查主要是了解乘客对当前地铁服务项目的满意状况,进行乘客对地铁服务的总体评价及对各二级、三级服务指标的满意度评价。通过统计分析,了解乘客对地铁服务项目的满意度。具体内容如下。

（1）调查乘客对北京地铁的总体评价。

（2）调查乘客对地铁服务项目的评价。

（3）服务项目共分8个二级指标:服务设施、列车运行、安全保障、应急服务、车站环境、车厢环境、人员服务、换乘。将二级指标分别展开,共得到48个三级指标。通过对48个三级指标的评价结果做分析,获悉当前被调查乘客对哪些服务项目比较满意,对哪些服务项目不满意,由此为今后的优质服务提供参考依据。

2.调查对象、方式和地点

（1）调查对象

北京地铁车站内具有代表性的乘客(按照年龄、职业等因素选取)。

（2）调查方式

现场问卷与访谈相结合。

（3）调查地点

北京地铁1号线、2号线、13号线、5号线、八通线各站的站厅或站台上,必要时跟随乘客上车填写。

三、北京地铁乘客满意度评价指标体系

根据乘客满意度评价指标体系的建立原则,以乘客需求为出发点,选取具有代表性、独立性、可测量的项目进行构建,如表5-10所示。

服务项目满意度评价指标体系   表5-10

类 别		服务项目	类 别		服务项目
一级指标	二级指标	三级指标	一级指标	二级指标	三级指标
综合	服务设施	车站座椅	综合	服务设施	自动扶梯
		车站广播			车内扶手
		列车广播			无障碍设施
		便民设施		列车运行	地面平整
		卫生间设施			首末车时间
		信息查询			运行速度
		导向标志			准点状况
		自动售票		安全保障	间隔时间
		自动检票			行车安全

类　　别		服　务　项　目	类　　别		服　务　项　目
一级指标	二级指标	三级指标	一级指标	二级指标	三级指标
综合	安全保障	上车秩序	综合	车站环境	垃圾箱设置
		组织疏导			车站广告
		站口秩序		车厢环境	列车噪声
		安全宣传			车内卫生
		关门提示			车内通风
		运行平稳			车内温度
	应急服务	紧急车站广播			车厢照明
		紧急车内广播			列车广告
		紧急引导		人员服务	精神面貌
	车站环境	车站噪声			行为举止
		车站卫生			服务主动性
		车站通风			服务态度
		车站温度			解答问询
		车站照明		换乘	线路间换乘
		卫生间卫生			换乘时间

四、满意度指数测评方法

(1)被调查乘客根据乘坐北京地铁的感受,对各服务项目打分,非常满意 5 分、比较满意 4 分、一般 3 分、不太满意 2 分、非常不满意 1 分。

(2)平均得分按 5 分制标准测评,按照人数加权平均得出结果。

(3)满意度指数根据平均得分按照百分制换算得出:

$$满意度指数 = 平均得分 \times 20$$

(4)满意度是实际满意人数占总人数的百分比:

$$满意度 = (非常满意人数 + 比较满意人数 + 一般满意人数)/总人数 \times 100\%$$

五、满意度测评结果

通过对乘坐北京地铁的 2554 人进行调查,统计分析后得到三级指标满意度指数 (表 5-11)。其中 80 分以上的有 22 项,75 ~ 80 分的有 19 项,75 分以下的有 7 项。75 分以下的指标依次是:车站噪声 74.6、列车噪声 74.4、组织疏导 74.2、垃圾箱设置 74、便民设施 73.8、上车秩序 73.2、卫生间设施 72.6,这些指标值得地铁车站注意改善。

三级指标满意度情况　　　　　　　　　　　　表 5-11

二级指标	三级指标	非常满意（%）	比较满意（%）	一般（%）	不太满意（%）	非常不满意（%）	平均得分（%）	满意度指数
服务设施	车站座椅	26.9	44.1	22.7	5.2	1	3.91	78.2
	车站广播	33.2	42.3	20.5	3.6	0.4	4.04	80.8
	列车广播	34.7	40.8	19.3	4.6	0.7	4.04	80.8
	便民设施	22.6	35.3	31.8	8.7	1.6	3.69	73.8
	卫生间设施	21.4	35.2	31.2	9.6	2.7	3.63	72.6
	信息查询	34.5	39.1	20.8	4.8	0.8	4.02	80.4
	导向标志	42.1	39	15	3.3	0.6	4.19	83.8
	自动售票	40.1	38.1	16.7	4	1.1	4.12	82.4
	自动检票	45.1	37.3	13.6	3.3	0.7	4.23	84.6
	自动扶梯	30.4	40.7	22.2	5.5	1.2	3.94	78.8
	车内扶手	31.8	43.1	21	3.3	0.7	4.02	80.4
	无障碍设施	32.8	41.5	21.4	3.4	0.8	4.02	80.4
	地面平整	39.1	41.5	17.2	1.7	0.4	4.17	83.4
列车运行	首末车时间	39.4	40.4	14.5	4.5	1.3	4.12	82.4
	运行速度	37.9	43.7	14.5	3.2	0.6	4.15	83
	准点状况	37	42.6	16.2	3.3	0.9	4.11	82.2
	间隔时间	33.8	43.6	18.3	3.3	1	4.06	81.2
安全保障	行车安全	47.4	36.9	13.2	2	0.5	4.29	85.8
	上车秩序	23.1	36.5	27.6	9.2	3.6	3.66	73.2
	组织疏导	23.7	37	28.1	8.9	2.3	3.71	74.2
	站口秩序	27	37.1	26.6	7.4	1.9	3.8	76
	安全宣传	29.1	36.5	26.6	6.3	1.5	3.85	77
	关门提示	40.5	39.6	16.1	3.1	0.7	4.16	83.2
	运行平稳	35.7	42.4	17.9	3.1	0.9	4.09	81.8
应急服务	紧急车站广播	31.6	40.1	23.6	3.3	1.3	3.97	79.4
	紧急车内广播	31.2	40	24.3	3.3	1.2	3.97	79.4
	紧急引导	30	39.1	25.6	4	1.3	3.92	78.4
车站环境	车站噪声	22.1	41.1	26.7	8.4	1.7	3.73	74.6
	车站卫生	34.1	41.5	19.7	3.8	0.9	4.04	80.8
	车站通风	31.7	40.8	20.4	5.9	1.3	3.96	79.2
	车站温度	26.9	42.4	21.6	7.3	1.7	3.86	77.2
	车站照明	37.2	45.3	14.7	2.5	0.4	4.17	83.4

二级指标	三级指标	非常满意（%）	比较满意（%）	一般（%）	不太满意（%）	非常不满意（%）	平均得分（%）	满意度指数
车站环境	卫生间卫生	23.8	40.5	26.8	7.1	1.7	3.78	75.6
	垃圾箱设置	20.8	39.6	29.8	8.5	1.3	3.7	74
	车站广告	25.6	40.6	28.3	4.5	1.1	3.85	77
车厢环境	列车噪声	21.6	40	28.9	8.1	1.4	3.72	74.4
	车内卫生	32.1	43.1	19.5	4.8	0.5	4.01	80.2
	车内通风	29	41.4	21.3	6.9	1.4	3.9	78
	车内温度	30.4	41.1	21.4	6	1.2	3.94	78.8
	车厢照明	36.7	45.4	14.6	2.9	0.5	4.15	83
	列车广告	28.3	40.8	25.1	4.9	0.9	3.91	78.2
人员服务	精神面貌	35.2	40.3	19.9	3.9	0.6	4.06	81.2
	行为举止	33.8	40.3	20.7	4.3	0.8	4.02	80.4
	服务主动性	30.4	35.3	25.8	7.1	1.4	3.86	77.2
	服务态度	33.6	38.2	21.5	5.8	1	3.98	79.6
	解答问询	33.5	38.3	22.2	5	1	3.98	79.6
换乘	线路间换乘	27.3	37.3	24	9.4	2	3.78	75.6
	换乘时间	27.8	40.2	23.6	6.9	1.6	3.86	77.2

任务实施

运用一种测评方法对客运服务项目进行质量测评

（1）实训内容

采集、分析乘客满意度数据，对服务质量进行测评。

①发放调查问卷。将实训5-1中设计的调查问卷发放给班级其他同学填写。

②数据采集和处理。将填写好的问卷收回，统计每项指标的乘客满意度情况。

③得出结论。总结地铁客运服务中乘客较为满意的地方和需要改进的地方。

（2）实训组织

分组情况同实训5-1，根据学生人数4~6人组成一个小组，选出组长，小组合作完成。

（3）实训素材

计算机、计算器、笔、纸等。

（4）实训步骤与实施

①组长给组内成员分配任务，充分调动小组同学的积极性，共同合作完成调查问卷的发放、回收、数据统计和分析。教师在学生完成任务的过程中答疑指导。

②调查结果展示。统计结果分析完成以后，由组长进行测评结果展示。

（5）活动评价与反馈（表 5-12）

服务项目质量测评训练评价表   表 5-12

班级：   姓名：   组别：

活动名称	客运服务项目质量测评						
考核内容	评价标准			参考分值	考核得分		
	优秀	良好	合格		自评（10%）	互评（30%）	师评（60%）
1 活动参与情况	积极参与，及时按任务要求做，小组合作良好，能够发挥每个人的作用	基本能够按时完成任务要求，有个别人没有发挥作用	基本能够按时参加任务活动，但小组欠缺合作，主要依赖1~2个人	30			
2 技能掌握情况	能够灵活运用一种质量评价方法，量化分析每项服务的乘客满意度；能够根据统计结果指出客运服务质量不足之处，提出改进建议	基本能够运用一种质量评价方法，分析每项服务的乘客满意度；能够根据统计结果指出客运服务质量的不足之处	勉强运用质量评价方法，分析大部分服务项目的乘客满意度	40			
3 总结归纳相应知识情况	按时保质完成活动中要求的内容	按时完成活动中要求的内容	基本能够按时完成活动中要求的内容	30			
总体评价				总分			

（6）活动效果（表 5-13）

学生学习过程量表   表 5-13

姓名：   班级：   组别：

要素	A 优秀（80~100分）	B 合格（60~79分）	C 不合格（60分以下）	总评		
				自评（20%）	互评（30%）	师评（50%）
学习态度	学习态度好，并且能积极主动帮助小组其他成员共同完成任务	学习态度较好，能够完成自己的实训任务，缺少乐于助人的精神	没兴趣参与学习活动，认为本次实训任务没有任何意义			

要素	A 优秀 (80 ~ 100分)	B 合格 (60 ~ 79分)	C 不合格 (60分以下)	总　　评		
				自评 (20%)	互评 (30%)	师评 (50%)
参与情况	积极参与到教师布置的各项任务中,在小组练习中能够参与,有团队精神和合作意识	能按照教师的要求参与各项任务活动,但是需要别人指引,很少能够自己主动参与进来,缺少团队精神和合作意识	参与被动或不愿意参加各项任务,基本没有团队精神和合作意识			
创新情况	在活动过程中,有自己独到的观点或主张,并愿意展示给老师和同学,与大家一起分享成功的喜悦	基本能够按照规程进行训练,完成并按照别人意图进行训练,基本没有自己的观点或主张	没有达到学习和训练的目的,没有新观点			
你在本任务实施活动中有什么收获,有什么不足之处,准备如何改进提高?						

拓展提升

评价指标体系的建立和筛选

在实际评价过程中,选取评价指标数量要适度。评价指标过多,难免存在重复,评价结果会受到干扰;评价指标过少,可能所选的指标缺乏足够的代表性,使评价体系不能全面描述评价对象的特点。因此,在建立评价指标体系时要遵循一定的原则。

1. 客观、科学性原则

指标体系的设计应符合客观实际,符合已被实践证明了的科学理论,能充分反映乘客心理及需求。

2. 全面、简明性原则

要求指标体系覆盖面广,能全面并综合地反映乘客的各种需求,以及影响乘客满意度各因素之间的协调关系。同时要求指标体系内容简单明了且准确,并具有代表性。指标往往是经过加工处理过的,要能够准确、清楚地反映问题。

3. 相关、动态性原则

要求指标之间有一定的内在的联系,才能更好地评估乘客满意度水平。乘客满意度评价又是一个动态过程,要求一些指标充分考虑动态变化的特点,既有静态指标,也要有动态指标,同时要根据实际情况适时调整评价体系的部分指标,以适应时代发展的要求。

4. 可测性原则

指标要能够被测定或度量,含义要明确,数据要规范,口径要统一,资料收集要简便。指标设计必须符合国家和地方的方针、政策、法规。

5. 可比性原则

系统评价的指标体系可比性越强,评价结果的可信度就越大。评价指标和评价标准的制定要客观实际,便于比较。指标标准化处理中要保持同趋势化,以保证指标之间的可比性。

只有坚持以上原则,才能更有效地建立合适的评价指标体系,使评价结果更能反映出服务质量的本来面貌。

项目总结

城市轨道交通系统作为一种可持续公共交通方式,在解决城市交通拥堵、改善城市空间结构、保护城市环境、节约城市土地资源、促进城市精益发展等方面具有突出表现。为了吸引客流,提升客运服务质量,需要高度重视城市轨道交通运营服务质量的客观测评方法和提升策略的研究。本项目主要介绍了城市轨道交通客运服务质量评价方式,包括服务质量调查方法、构建评价指标体系、选择评价方式,同时列举了城市轨道交通客运服务满意度评价案例,学生可参考案例对城市轨道交通运营企业服务质量进行尽可能客观、全面的测评。通过对客运服务质量评价的学习,掌握服务质量评价指标,熟知未来在工作中的服务质量要求,为乘客做好服务。

请留下个性化的看法(写出本项目的要点)

启发和心得体会(可结合生活中的例子进行说明)

复习与思考题

一、填空题

1.城市轨道交通客运服务评价工作的首要任务是确定调查方式,主要包括_____、_____、和_____。

2.城市轨道交通服务质量评价可分为_____、_____、_____和_____。

3.软性评价中常用的方法有_____、_____和_____。

二、判断题

1.在设计调查问卷时,可以加入一些专业词汇表现出调查问卷设计者的专业性。
　　　　　　　　　　　　　　　　　　　　　　　　　　　　　　　(　　)

2.调查问卷可以多设置主观题,少设置客观题。　　　　　　　　　(　　)

3.调查问卷中避免使用双重否定形式的题目。　　　　　　　　　　(　　)

4.硬性测评依赖于乘客的主观感受。　　　　　　　　　　　　　　(　　)

三、简答题

1.城市轨道交通服务质量评价的含义是什么?如何理解城市轨道交通服务质量评价的重要性?

2.编写调查问卷题目要注意哪些问题?

3.简要评价各种服务质量测评方法的特点。

4.简述建立客运服务质量满意度评价指标体系时应注意的问题。

5.练习运用某种测评方法,针对一项具体服务进行质量测评(包括评价指标体系的建立及数据采集与处理过程)。

参 考 文 献

［1］周思敏.你的礼仪价值百万［M］.北京:中国纺织出版社,2012.

［2］任宪宝.实用礼仪大全［M］.北京:中国商业出版社,2014.

［3］高蓉.城市轨道交通客运服务［M］.3 版.北京:人民交通出版社股份有限公司,2021.

［4］上海申通地铁集团有限公司.城市轨道交通车站客运服务［M］.北京:中国铁道出版社,2011.

［5］高蓉.城市轨道交通服务礼仪［M］.2 版.北京:人民交通出版社股份有限公司,2017.

［6］高彩凤.顾客投诉及突发事件应对技巧［M］.北京:中国发展出版社,2009.

［7］李卫军,刘正,马剑.城市轨道交通服务质量与满意度评价［M］.北京:中国铁道出版社,2011.

［8］贾俊芳.城市轨道交通服务质量管理［M］.北京:北京交通大学出版社,2012.